实践教学改革与创新研究

王之颖 ◎ 著

吉林出版集团股份有限公司

图书在版编目（CIP）数据

实践教学改革与创新研究 / 王之颖著. — 长春：吉林出版集团股份有限公司，2023.10
ISBN 978-7-5731-4419-5

Ⅰ．①实… Ⅱ．①王… Ⅲ．①高等学校－教学改革－研究－中国 Ⅳ．①G642.0

中国国家版本馆CIP数据核字（2023）第207662号

实践教学改革与创新研究
SHIJIAN JIAOXUE GAIGE YU CHUANGXIN YANJIU

著　　者	王之颖
责任编辑	王　平
封面设计	林　吉
开　　本	787mm×1092mm　1/16
字　　数	210千
印　　张	14
版　　次	2023年10月第1版
印　　次	2024年1月第1次印刷
出版发行	吉林出版集团股份有限公司
电　　话	总编办：010-63109269
	发行部：010-63109269
印　　刷	廊坊市广阳区九洲印刷厂

ISBN 978-7-5731-4419-5　　　　　　　　　　定价：78.00元

版权所有　侵权必究

前　言

随着科学技术的发展和社会的进步，人们的知识观、人生观发生了巨大转变，社会对培养具有创新精神和实践能力的创新型人才的需求愈发迫切。由此，大学教学方法的改革成为世人关注的焦点。教学方法的改革与创新对当前深化教学改革、提高教学质量、培养创新型人才以及加快创新型国家建设具有十分重要的现实意义。

通过教学方法使教学效果达到最佳状态，看似是一个既简单又容易解决的问题，但实际的教学过程并非像人们想象的那样简单。从近几十年我国大学教学方法改革的过程可以看出，虽然大学的教学方法每阶段都有变化，但是并没有完全达到预期的效果。随着我国经济的快速发展，大学教学已经进入关键时期，而影响教学方法的因素有很多，因此找准改革的着力点对教学方法进行系统性的改革与创新具有重大意义。

本书在撰写过程中参考和借鉴了一些专家、学者的研究成果和观点，由于出版时间紧促，未能及时与相关作者取得联系，在此致以最诚挚的谢意。此外，由于时间和精力有限，书中难免存在局限与差错，不足之处敬请指正。

目 录

第一章 实践教学导论 … 1
- 第一节 概念 … 1
- 第二节 实践教学的主要特征体现 … 6
- 第三节 实践教学的问题及解决的问题 … 10
- 第四节 实践教学的意义 … 14

第二章 课程改革与实践教学改革发展 … 18
- 第一节 高校课程改革 … 18
- 第二节 高校课程与教学改革 … 42

第三章 互联网＋背景下的教育变革 … 65
- 第一节 互联网教育产生的原因 … 65
- 第二节 互联网作用下的教育新格局 … 68
- 第三节 互联网＋给教育带来的机遇和挑战 … 78

第四章 互联网＋下的教学转型 … 86
- 第一节 互联网＋视角下高职教育的转变 … 86
- 第二节 互联网＋教育与传统教育的对比 … 88
- 第三节 互联网＋背景下高职教育应以质量为核心 … 96
- 第四节 高职教育拥抱互联网＋ … 99
- 第五节 互联网＋中国高职教育的转型思考 … 101

第五章 信息化背景下课程教学设计实践 … 105
- 第一节 信息化教育的教学模式 … 105
- 第二节 信息化教学设计 … 115
- 第三节 信息化教学的学习评价 … 124

第六章 大学教学方法改革创新的理论基础及实践 … 130
- 第一节 基于认识论的教学方法 … 130

第二节　基于价值论的教学方法 ·· 136
　　第三节　教师的职业价值及教学方法创新主体 ······························ 147
　　第四节　大学教学方法创新的原则 ··· 152
　　第五节　大学教学方法创新路径与评价 ·· 158
　　第六节　大学教学方法文化创新 ·· 165

第七章　实践教学创新之慕课教学 ··· 170
　　第一节　慕课教学模式的优势 ··· 170
　　第二节　慕课教学模式带来的影响 ··· 177
　　第三节　慕课教学模式的创新举措 ··· 186

第八章　移动自主课堂教学创新模式的构建 ·· 195
　　第一节　云课堂中师生进入自主学习角色 ··································· 195
　　第二节　云计算网络移动自主课堂的改革突破 ······························ 199
　　第三节　构建网络移动自主课堂教学的重要性 ······························ 204

参考文献 ·· 217

第一章　实践教学导论

第一节　概念

一、实践教学的定义及辨析

（一）实践教学定义

在学校的引导下，学生以获得直接经验或将间接经验转化为直接经验为主要目的，参与理论教学之外的具体社会生活的教学活动。

（二）实践教学的辨析

1. 实践教学的目的是获得技能

较早对实践教学作出的定义是：在教师的指导下，学生通过课堂的、实验室的、工厂的独立实践活动，运用其所掌握的理论知识去分析和解决实际问题，是进行技能训练的重要途径。这种解释中有三个观点值得注意：

一是实践教学必须是学生在教师指导下完成的；

二是实践教学在理论教学之后；

三是实践教学的目的是获得技能。

这些观点非常具有代表性，得到了之后的很多学者的认同，例如：有学者将实践教学的特征概括为培养能力。也有学者认为实践教学是"让学生把学到的理论知识拿到实际工作中去应用和检验"。但是这三个观点都是片面的。首先，学生自主进行的实践学习活动也是实践教学，而不是必须要有教师的指导；其次，获得知识和态度也是实践教学中的重要目标，并不只是技能；再次，实践教学并不是必须在理论教学之后，也可以在理论教学之前。

（二）实践教学的目的是获得感性认识

被广为引用的实践教学定义是《教育大辞典（增订合编本）》中的说法：实践教学是指相对于理论教学的多种教学活动的总称，包括实验、实习、设计以及社会调查等，其主要目的是使学生获得感性知识，掌握技能、技艺，养成理论联系实际的作风以及独立工作的能力，通常在实验室、实习场所等一定的职业活动情景下进行，作业是按照专业或工种的需要设计的。

上述定义是对常见实践教学形式和功能的描述，并没有包含实践教学的所有形式和功能，所以是比较片面的。特别是其中认为"实践教学使学生获得感性知识"是片面的。实践教学和理论教学是教学形态的不同分类，感性认识和理性认识是认识层次的分类，不能划等号，因为无论任何教学都要从感性认识开始，达到理性认识才算是完成。虽然理论本身是理性认识，而不是感性认识，但是其对理论的学习也是要从感性认识开始的。而实践教学如果不能够达到理性认识，就没有完成主要任务。感性认识和理性认识也不能与直接经验和间接经验划等号。直接经验和间接经验中，都既包含感性认识又包含理性认识。

（三）实践教学是实际操作

还有一种流传较广的实践教学的定义：学生在教师指导下以实际操作为主，获得感性知识和基本技能，提高综合素质的一系列教学活动的组合。其中基本技能的实际操作，概括了多数实践教学的表面特征，但是其并不能包含所有实践教学，例如实地观摩；而且含义也不是太明确，很难界定。另外，实践教学也不仅仅是培养基本技能，还培养创新能力以及创业能力等特殊能力。

《中国教育百科全书》将实践教学解释为：根据高等学校培养目标，按照教学计划的要求所进行的参观、实习、习题课、讨论课、设计等教学环节。从形式上面来看，这只是对实践教学的常见形式进行了描述，并不是对实践教学的科学定义。从内容上面来看，将习题课、讨论课作为实践教学是不合适的，因为这些教学形式的主要目的还是获得间接经验，而不是直接经验，也不是与具体社会生活的接触。

（五）实践教学不是教学活动

有些学者认为实践教学不是教学活动，也不是教学形式，而是教学理念。

这显然时有失偏颇的，实践教学作为一种教学形态，其包含着多种教学理念，同时也包含着多种教学形式和教学活动。这部分学者将高等职业教育实践教学定义为"高职院校根据不同专业的培养目标，按照工学结合的人才培养模式，以完成一定的工作任务，借助特定的项目训练为主要形式，以鼓励学生主动参与、主动探索、主动思考为基本特征，以掌握相应岗位技能，养成一定的职业态度并以提高职业素养和职业能力为目的的教学"，实际上也只是对多数实践教学的多种表面特征进行了一定的描述，并没有揭示其本质特征。

二、实践教学的外延

（一）从教学的范围看，包括课内实践、课外实践和校外实践

课内实践主要指的是采取课程形式进行的实践教学活动。这里的课程，是狭义的课程，显性课程，不包括隐性课程。根据实践教学在其中的地位，课程可以分为两类：理论（实践）课程和实践（理论）课程。前者主要是指理论教学为主、实践教学为辅的课程，后者是指实践教学为主、理论教学为辅的课程。课内实践的内容主要是技能方面训练，经常会采取实验、情景模拟等形式，多数在虚拟的环境中以练习的方式进行。

课外实践是指以课外（校内）活动形式进行实践教学，有些可以称为隐性课程，形式丰富多样。

校外实践是指在校外进行的实践教学活动，一般在真实的社会生活中进行，但是也可能是在校外的培训机构中进行虚拟练习。

（二）从教学的专业看，包括本专业实践、多专业实践、通用实践

本专业实践主要是指针对本专业特有的教学内容开展的相应的实践教学活动，比如机械专业的机械设计、中文专业的小说创作等。

多专业实践是指多个相关专业都适用的实践教学活动，比如数学建模、文科的写作比赛等。

通用实践是指所有专业都适用的实践教学活动，比如演讲比赛、志愿服务等。

（三）从教学的内容看，包括技能训练、科技创新、生涯规划、组织服务、实习见习、社会体验

技能训练主要是指以获得特定的基本技能为主要目的的实践教学活动，绝大多数都是专业的，但是也可能是非专业的。这是目前最主要的实践教学活动。

科技创新是指以获得创新精神和创新能力为主要目的的专业性实践教学活动，其既包括科学创新活动，也包括技术创新活动。这是目前实践教学发展的重点。

生涯规划主要指的是以促进个人生涯发展为主要目的的实践教学活动，一般包括学业规划、职业规划以及创业计划等具体形式，也包括真实的创业活动。这也是目前实践教学发展的重点。

组织服务是指担任校内活动的组织和服务工作，以获得组织和服务素质为主要目的的校内实践教学活动，包括担任干部、临时参与组织活动、固定担任服务人员等等。多数志愿服务的专业性不明显，但是对于未来发展有明显的价值。

实习见习是指以获得专业素质为主要目的、在校外真实社会生活中进行实践教学活动，其中专业实习是指集中的、长期的、深入的活动，见习是指分散、短期、肤浅的活动。

社会体验是指没有专业性、以获得一般社会经验为主要目的的校外实践教学活动，如与专业无关的参观考察、参与社会活动、打工等等。

（四）从教学的形式看，包括实验、情景模拟、课题研究、项目设计、角色尝试、实地考察

实验主要适用于理工科的专业性实践教学活动，也是目前最为常见的实践教学活动，实验可以在实验室中或实验室外进行，也可以用相关的计算机软件进行模拟实验。

情景模拟是指用学生角色扮演或计算机软件来模拟社会生活情景的方式进行的专业性实践教学活动，通常也被称为文科实验。主要适用于文科专业，也可以用于理工科专业。这是目前迫切需要发展的实践教学活动。课题研究是指围绕特定研究课题进行科学创新的专业性实践教学活动。项目设计主要是指围绕特定工

作任务进行技术研究的专业性实践教学活动。在以往，理工专业和艺术专业都是比较注重这类活动的，但是实际上文科专业，尤其是应用型高校的文科专业也应该大力举办这类活动。

角色尝试是指到真实的社会生活中担任一定任务的实践教学活动。角色尝试可以在校内，也可以在校外，常见的角色尝试有志愿服务、实习、打工、创业等。

实地考察是指到真实的社会生活中进行观摩考察的校外实践教学活动。实地考察可能是专业性的社会调查，也可能是非专业的参观考察，但不包括休闲娱乐性的旅游观光。

（五）从教学的组织看，包括学校集体、学生社团、校外团体、教师个人、学生个人

组织实践教学活动的主体是多种多样的，可以是学校集体，也可以是学生社团或者校外团体，还可以是教师个人或者是学生个人。以往主要是学校集体组织，但是资源、形式和数量都比较有限，远远不能满足需求，所以，应该大力引导学生社团和校外团体，以及教师个人和学生个人，发挥他们各自的优势和积极性，组织更多形式和数量的实践教学，充分满足学生们的需要。

（六）从教学的深度看，包括观摩、练习、比赛

观摩就是指到真实的社会生活中去观察、思考，以了解相关事物。是参与程度最浅，最方便的校外实践教学活动。

练习就是对特定项目进行多次尝试，以提升自身素质。这是参与程度比较深的实践教学活动，包括了大多数实践教学形式。

比赛泛指的是各类具有竞争性的实践教学活动，比如科技创新竞赛、创业计划竞赛、演讲竞赛、发表论文等。因为具有一定的竞争性，所以一般相对于同类内容的练习来说参与程度深得多，因此成为激励学生参加实践教学活动的重要手段。

（七）从教学的环境看，包括真实实践、虚拟实践

真实实践是指在真实的社会生活中进行的实践教学活动。因为其具有真实性，所以培养出来的素质比较全面和真实。但是往往需要较多的条件，很难经常

进行，但是学校、社会和学生个人也应该努力开展。

虚拟实践是指用实验设备、角色扮演或计算机软件等手段模仿社会生活的实践教学活动。虽然不够真实，但是往往需要的条件较低，可以经常进行。随着科学技术的发展，会有越来越多的直接经验可以通过虚拟实践获得，从而大大推动实践教学的发展。

第二节　实践教学的主要特征体现

一、实践教学总体特征

（一）实践教学的基本途径是参与理论教学以外的具体社会生活

实践教学中的"实践"并非指一般意义上的实践，而是指参与理论教学本身以外的各种社会生活，特别是和所学专业相对应的社会生活。如果实践教学中的"实践"指的是所有的实践，那么就无法区别理论教学与实践教学。有的学者就依据哲学中对于实践的一般定义，认为教学活动本身就是一种实践活动，"一切使学生积极参与的教学活动都属于实践教学的范畴。所以理论教学也就是实践教学，称为理论实践教学。这很明显是将哲学领域中的实践概念简单地套用到了教育领域中，是对实践教学的错误理解，对于实践教学理论的发展没有积极意义。

实践教学中的社会生活并不是抽象的社会生活，而是具体的社会生活。理论学习中也有社会生活，比如：列举案例、做应用题、案例教学等，但那是抽象的社会生活。实践教学中的社会生活必须是具体的，是能够直接触摸的。

实践教学中的社会生活并不一定是真实的社会生活，也可以是虚拟的社会生活。例如：用角色扮演的方式模拟社会生活，用计算机软件虚拟的社会生活以及在实验室中简化了的社会生活。

实践教学是对社会生活的积极参与，而不是旁观。参与有深浅之分，但是必须要置身其中。实地观摩是最浅地参与，但是学生也置身其中，能够受到现场的影响，并且可能会影响现场。所以，观看有关社会生活的音像资料并不是实践教学。

（一）实践教学的主要目的是获得直接经验，或者将间接经验转化为直接经验

实践教学是和理论教学相对的教学形态，以获得直接经验或者将间接经验转化为直接经验为主要目的，而理论教学则是以获得间接经验为主要目的。当然，这里的经验主要指的是广义的经验，也就是既包括知识，也包括能力和态度的经验。

实际上实践教学这个词早就已经存在了，从中国知网中查到早在1957年就有相关文献用到了这个词，1975年就有以实践教学为题的文献，但是在这一时期并没有成为一个重要的教育概念。1985年出版的《中国大百科全书（教育卷）》中就没有实践教学这个词条。有相关学者进行考证，官方提出实践教学概念的开端是1982年3月教育部组织的《全国师范专科学校教学工作座谈会》的《纪要》中出现了"实践环节"这一词条，1983年4月教育部颁发的《关于制订职工高等工业专科学校教学计划的暂行规定》中提出了要加强实践性教学环节的要求。之所以提出、命名、重视实践教学，就是源于对直接经验的重视，而实践教学就是获得直接经验的主要途径。

直接经验和间接经验是认识来源的不同分类，与理论教学和实践教学也不可以划等号。在理论教学中也可以获得直接经验，因为理论学习对于学习者来说也是一种实践活动，但是其主要目的显然是获得间接经验。反过来说，实践教学的过程也离不开间接经验，但是其主要目的显然是获得直接经验或者将间接经验转化为直接经验。

二、MOOC视域下实践教学特征

（一）大规模

MOOC视域下的实践教学课程仍然秉承着MOOC中的"Massive"这一思路，具有大规模的特点。具体表现在以下3个方面中。

1. 参与主体的大规模

在传统的实践教学环节中,由于实践环境(包括设备、场所等)的制约,参与人数往往会受到一定的限制,难以实现大规模的参与。而在 MOOC 环境下,实践教学的部分内容可以通过网络的方式呈现出来,一些不具备实践条件的主体也能够很好地参与进来。比如,北京航空航天大学在国内率先开发的实验云平台就借鉴了 MOOC 的思路。通过实验云平台,实践主体只要具有网络机终端,就可以实现自主学习,大大解决了实践教学的环境限制问题,使得优势资源能够得到充分的共享。

2. 课程资源的大规模

由于授课教师实践经验的不足,实践课程的效果往往会受到一定的影响,制约了学生创新能力的培养。在 MOOC 环境下,众多高校、教师以及行业人员能够通过网络平台共享实践教学材料,丰富实践教学资源,弥补个别教师实践经验的不足。在当前我国的高等教育中,存在着中西部高校联盟、应用技术性大学联盟以及行业协会、学会等实践教学资源主体,这些主体都拥有非常丰富的实践课程资源。在 MOOC 环境下,实践教学平台能够充分整合这些优质资源,实现课程资源的大规模。

3. 交互方式的大规模

"教师先讲解演示,学生再参与其中"是传统的实践教学方式,这种方法的不足之处在于学生之间的交互意识比较薄弱,非常不利于团队能力的培养,制约了学生的创新思维。在 MOOC 环境下,课程教学主要是教师以主持人的角色引导学生分析和思考,帮助学生自主学习。为了能够更好地掌握内容,师生之间、学生之间,甚至陌生人之间都需要进行大量的讨论。来自平台允许范围内主体之间思想和观点的碰撞,使得大规模的交互在平台下充分开展起来。

(二)网络化

基于 MOOC 环境的实践教学,是"互联网+"在教育领域中的重要体现,网络化这一重要特征具体表现在以下 3 个方面:

1. 学习过程的网络化

在 MOOC 视域下,网络化是实践课程学习过程中的非常重要的形式。视频学习、实践操作、课程作业、作业批改、问答平台以及师生讨论等工作都能够依托互联网平台开展，学习过程由过去的以课堂为主体向以网络为主体转变。这种网络化的学习过程能够有效解决课堂教学互动较弱的缺点，可以增进学习过程中不同主体之间的交流和理解，还能够拉近师生之间的距离。学生可以根据自己的学习过程提出问题，通过互动问答的方式，增进对知识的掌握。

2. 知识传授的网络化

由于近些年来我国高校的持续扩招，集中传授成为主要的知识传授方式。这种方式忽略了不同主体的知识基础和需求的差异，教学效果很难得到保证。在MOOC视域下，学习过程实现了以网络化为主，学生的自主学习成为非常重要的一种学习方式。在这种背景下，学生可以根据自己的学习过程，提出问题，通过师生以及学生与学生之间，甚至同行业人员之间的交流与沟通，使知识的传授更加具针对性。网络化的知识传授方式能够更好地发挥教育中"传帮带"的优势。

3. 学习主体的网络化

在传统的学习中，学习主体是面对面的，而在MOOC视域下，实践教学的学习主体更多是以网络化的形式存在，学习者之间背景和基础的差异性将会更大，面对同一个实践问题，中国学生、德国学生和美国学生可能会有不同的理解和不同的处理方法。网络化学习主体之间的交流使得知识的交互性更强，从而更容易产生创新思想，有利于促进实践教学内容的进一步丰富。

（三）开放性

在MOOC视域下，实践教学已经不仅仅是在实验室内独立封闭的开展，而是在互联网平台下同行之间进行的开放式交流，开放性是课程具有持续生命力的重要保障。具体表现在以下3个方面：

1. 学习人员的开放性

MOOC视域下的实践教学，能够真正实现教育的"有教无类学习人员无论身在何处，不管种族、年龄、性别、信仰以及收入等因素存在多大差异，只要喜欢课程的内容，都能够参与到课程的学习当中。在当前的社会条件下，基于MOOC的实践教学开发平台，能够让学习者根据自身工作的需求，更加具有针对性地开展岗位学习，从而不断提升自身的岗位操作技能和实践创新能力。

MOOC视域下的实践教学为人们的终身学习提供了非常重要的保障。

2. 学习形式的开放性

集中学习是当前我国高校教育的主要形式，实践教学也往往是在实验室或者企业里面集中进行。这种教学方式使得学习主体不能够灵活的安排时间，学习效果存在一定的局限性。在MOOC视域下，实践教学在云平台下进行，学习主体可以根据自己的工作和生活规律灵活安排学习时间。尤其是小的知识点，短视频式的要点讲解和演示，使得学习者利用零碎时间开展学习成为可能。学习形式的开放性使得学习者能够更加自主地开展学习。

3. 学习内容的开放性

权威思想在教育界具有非常广泛的影响，教师往往被视为知识的权威，学生被视为天然的接受者。有些教师由于没有企业经验，实践教学会出现对学生的误导。在MOOC视域下，教学内容被放在互联网平台下，接受众多人员的检视，将有利于打破权威，充分调动学生学习的积极性，主动思考，促进创新意识的培养。同时，不同学习者之间利用课程平台交流将有利于进一步丰富课程内容，提升课程教学效果。

第三节　实践教学的问题及解决的问题

一、实践教学中的问题与原因分析

（一）惯性作用的影响，认识上轻视实践教学

从我国高等教育的历史来看，高校对实践教学很不重视，始终存在着重知识传授轻能力培养的问题。即便在当前，这种影响也没有完全消除，一些办学者观念陈旧，不顾形势变化的需要，依旧强调以理论教学为主，实践教学为辅，认为实践教学是偏门甚至其可有可无；即使开展实践教学，其重心也不是为了培养学生的动手能力和分析问题的能力，而仅仅是将其作为一种加深对有关理论课程理解和掌握的工具。这种缺乏重要性认识、缺乏全员参与，在很大程度上只是停留

在理念上、宣传上的实践教学，导致相关的工作大打折扣，要求也难以落到实处。

（二）实践教学体系不完整，实践教学课程设置不到位

尽管目前大多数高校都能够认识到实践教学对大学生就业的重要性，并且在制订教学计划的时候明显会增加一些实践教学课程的课时，但是很多实践课程只是虚设的。由于一部分高校教育工作者认为实践教学只是理论教学的一个环节、一个补充，所以实践教学，尤其是文科专业的实践教学被普遍弱化，在教学内容的安排上仍然普遍存在着重理论、轻实践，重知识、轻能力的现象；缺乏培养学生动手能力和分析问题能力的一整套规划。再加上近些年来一些高校在条件尚未具备的情况下，扩招速度比较快，致使办学经费严重缺乏，实践教学基地无法保证，实践教学进一步被削弱，很多实践教学课程和环节无法到位。这些情况不可避免地导致了学生的理论与实践脱节、创新意识与动手能力不强。

（三）实践教学的方法和手段比较落后，教学设施和基地不健全，教学效果差

在我国的高校，以灌输为主的教学方法始终占有非常重要的地位，而一些被国外证明效果很好的教学方法，比如讨论法、案例教学法以及项目课题研究教学法等，在教学中的运用却并不广泛。在实践教学中，一般的做法是，在实验实习之前，教师就要把实验实训的内容、操作方法与步骤、报告格式，甚至包括每一步将会得到什么结果等都要写得一清二楚。这种情况下，学生完成教学大纲的规定内容、掌握基本原理和方法，完全是在教师设定的范围之内，都是机械地完成操作，学生缺少或者说根本不需要主动积极的思考。这就导致一旦离开了教师，学生就会手足无措，其结果只能是学生的独立创造性被日渐消蚀，动手能力较差。当然，教育经费的紧张与逐年扩大招生的现实矛盾也使得很多大学的硬件建设受到忽视，教学设施比较差，教室安排非常紧，这也是导致教育手段、教学方式单一的客观原因之一。

此外，一些高校不重视校外实践基地的建立和完善，没有建立相对稳定的校外实践教学基地，学生的社会实践多是凭关系由学生自己去找，这种基地分散、临时性、随意性较多的实践教学状况，不但给教师及时指导和解决学生在实践中

出现的问题增加了很大难度，而且由于督查的难以到位，学生不参加实践活动的情况也非常突出。以上种种情况，都不利于学生实践能力的培养，不利于学生自主创新意识和良好工作作风的形成，导致学生社会适应性不强。

从高校进入门槛方面来看．当前一大批高学历的年轻教师成为了高校教学的主力军，使教师学历层次有了较大的提升，但是，这同时也成为教学水平提高的瓶颈。目前，高校招聘教师主要看的就是学历，可是我国博士生、硕士生大多是从大学校门到大学校门，日常的教育中重理论、轻实践的现象异常普遍，他们所受到的教育基本上就是理论教育，本身并没有经过职业技能训练，而毕业之后他们或因课务重或基于职称的压力，也很难有实践锻炼的时间和愿望。由于教师们自身先天的缺陷，所以在指导学生动手训练的时候难免会底气不足，很难对学生实施实践性教育，这种情况下，学生学习效果差也就在情理之中了。

从用人方面来看，高校对实践教学人员的重视程度不够，和同等学历、相同专业技术职务的教师相比，实践教学人员往往地位较低、待遇较差，很多人认为从事实践教学工作低人一等。这些情况轻则影响到实践课教师工作的主动性和积极性，重则会导致许多优秀教师不愿意专门从事实践教学。没有好先生就难有好学生，毫无疑问，实践教学师资队伍的不稳定也是我国实践教学发展缓慢、教学水平不高的重要原因。

（五）实践教学考核评价体系不科学，制度不严格

从评价体系方面来看，很多高校不注重营造实践创新的环境，没有制定新的专门的实践教学考核办法和考核标准。而高校长期以来采用的评价体系，多是一种以学习成绩为主的人才培养考核评价体系。这种考核制度，面对学生实践中产生的千差万别的创新成果和创新水平，显然无法做出公正而又科学的评价，其结果往往是既难以考查教师的实践教学水平，也不利于学生创新意识和实践能力的培养。此外，多数高校还缺乏应有的激励机制，对学生参加学术报告、小发明、小创造等各种学科竞赛活动，参加科研立项或参与教师科研课题的科研活动，参加社会实践调查活动、科技服务和科普宣传活动等基本上不给予相应的学分，这些也严重抑制了学生开展实践活动的积极性，阻碍了实践教学的发展。

二、实践教学中需要解决的难题

实践教学内容体系，可以由基本的技能训练、基础实验教学、独立实验（实训）、综合训练以及社会实践等五大模块组成。从教学实践的场所来看，主要是分为校内和校外两个部分。在校内进行实践教学活动相对校外来说容易得多，因为学校自己能够掌控。在校外进行实践教学活动，又具体分为两个部分：一是进行校企合作；二是学生自主进行社会实践。可以说，怎样在校外有效地开展实践教学活动，是目前实践教学中的一大难题。

（一）校企合作问题

校企双方合作目前具有多种方式。但是从实际运行情况来看，校企双方合作情况参差不齐，有的协议签署之后并没有得到实际运行，或只是部分地运行。究其原因，主要是由于学校方面没有任何投入，企业缺乏积极性。因此，建设共享型实践教学基地是解决这一问题的一个有效地选择。

所谓共享型实践教学基地主要具有两层含义：一是校企合作双方共享。即实践教学基地，学校与合作企业都能够使用。学校用来培养学生，企业可以进行职工培训；二是与社会共享。即实践教学基地对其他企业和高校开放，实现社会共享。建设共享型实践教学基地，可以避免重复建设与资源浪费，提高设备利用率。在实践教学基地建设中，可以依托企业现有的设施，采取谁投资谁受益的原则，多渠道投资建设，按照先进性、共享性、效益性的原则，对使用者可以适当收费，有适当的盈利，以保证实践教学基地的可持续发展。

（二）学生自主社会实践问题

学生自主进行的社会实践环节，比如利用假期进行社会调查，最后一个学期（第八学期）参加的毕业实习等，都是学生自主实习，指导教师"遥控"指导，这就使得学生社会实践效果各不相同。有的学生通过自己或其他渠道找到了对口的实习单位；有的虽然找到了实习单位，但是与所学专业相去甚远；有的学生可能没有进入到任何单位实习，只是任意找个单位盖章了事。实践结束之后所撰写的调研报告以及毕业论文，与实习过程联系不大，甚至毫不相干。从近几年学生的论文选题看,其内容大多与毕业实习无关或关系不大,而是选择那些一般来说学生难以驾驭的题目,其难度远远超出了学生的实际水平以及解决问题的能力。

如何使学生的社会调查及实习有的放矢,解决实践教学"老师热、学生冷"的状态,具体措施可以通过学生社团,开展"社会小观察"方面的活动。也就是要求学生从小处着眼,通过观察周边的一个具体问题,开展调研活动,并运用自己所掌握的理论和方法,发现问题、分析问题并解决问题。比如有的同学发现学校教室晚上无人自习或上课时,仍然是灯火通明。"社会小观察"可以要求学生用三段论的方式,进行简单的描述和分析,即发现问题、分析问题、

提出解决问题的建议。然后,发表在学生社团建立的"微博"上,指导教师从中挑选出较有价值的选题,指导学生做进一步的调查研究。如教室不关灯问题,表面看是节约观念问题,如果深入挖掘,可能涉及中国高校"准公共产品"的性质、财政体制、产权等问题。"经济学帝国主义化"趋势,为开展这项活动奠定了理论基础。把写得较好的调研报告或论文,推荐到报刊上发表,以调动学生社会实践的积极性。

第四节　实践教学的意义

教育的本质是一种培养人的重要的社会实践活动,在微观层面上要推进理论教学、促进人的全面发展,在宏观层面上要服务于经济建设、促进社会的进步。华中农业大学王玉萍认为高校人才从宏观上可以划分为学术型和应用型,学术型人才主要指的是发现和研究客观规律的人才;应用型人才则是指应用客观规律为社会谋取直接利益的人才。潘晨光、何强则把研究型人才定义为从事揭示事物发展客观规律的科学研究人员,而应用型人才定义为把科学原理应用到社会实践并转化为产品的工作人员。事实上,实践教学最主要的意义应该就在于其在推进理论教学和促进个人全面发展的同时,能够为经济发展和社会进步培养大量的应用型人才。

一、推进理论教学

潘懋元教授认为,"实践教学培养出来的应用型人才主要是在一定的理论规范指导下,从事非学术研究性工作,其主要任务是将抽象的理论符号转换成为具体M操作构思或产品构型,将知识应用于实践。但是,应用型人才并非只应用知识和理论,不进行研究。恰恰相反,应用型人才不仅在知识的应用方面发挥着重要的作用,而且在理论的创新方面也会常常给人们以启发,特别是应用型人才所开展的应用性研究,更加具广泛的意义与作用。"

随着科学技术的发展,物质生产中的智力因素在不断增长,理论必须运用于实践并在实践的检验中不断发展。根据马克思主义关于理论和实践发展的辩证观点来讲,理论指导实践,实践证实理论并反过来会促进理论的发展。同样的,实践教学在实施的过程中,不断地证实和证伪理论教学中的一些理论,使正确的理论得到证实,并使之转化为学生的应用能力和解决问题的能力,与此同时,那极少一部分被证伪的理论作为对理论教学的反馈,则会成为促进理论教学发展的契机和创新点,在整个实践教学的过程中,学生不仅仅实践能力得到锻炼和提高,而且他们所学的理论知识也能够得到巩固和强化。实践教学的进行是以理论教学为基础和指导的,也正是实践教学的进行反过来极大促进了理论教学的发展,巩固了理论教学的成果。由此可见,实践教学和理论教学是教学和教育发展的两条腿,两者互相补充、互相促进,共同致力于培养所有学生的全面发展。

二、促进个人全面发展

根据马克思主义关于人的全面发展的学说,人类个体的形成主要包括体力和智力两个方面。体力作为生理机能是人类个体形成的一个基本方面,而智力因素则是人类自身构成的更加重要的一个方面,因此,智力和体力的和谐发展是人类发展的基本规律。个人全面发展就是个人智力和体力尽可能多方面的、充分的而又自由的发展,并在此基础上实现脑力劳动和体力劳动的结合。马克思认为实现人的全面发展应当具备三个条件,"一是社会生产力的高度发展,这是人的全面发展的必要物质前提;二是社会主义的生产关系给人的全面发展创造条件,共产主义条件下将使人的全面发展成为现实；三是教育与生产劳动相结合，体现着理论和实践相结合的原则，不仅是获得有用经验的手段，同时还是运用和检验理论知识的一种机会，是造就全面发展的人的唯一途径和方法。"

由此可见，马克思认为人的全面发展基本就是理论水平（智力）和实践能力（体力）的发展，而实践教学则正是人的智力和体力发展多方面、充分的、自由的结合，通过大学生作为活动主体，亲身参与各种实践活动，发现问题、分析问题、解决问题，从而提高个人的理论应用能力和实际动手能力，这正是培养全面发展的人的途径和方法，这也正是面向现代化、面向世界、面向未来的"三个面向"的教育的真实体现。

三、服务于经济发展和社会进步

马克思、恩格斯在肯定了黑格尔"把劳动看作人的本质，看作人的自我确证的本质"的基础上，进一步认为人是在一定的历史和社会中，积极能动地与客观世界和其他人发生着各种对象性关系的社会存在，认为"人的本质并不是单个人所固有的抽象物。在其现实性上，它是一切社会关系的总和二因此，虽然人才的成长过程主要是在学校中，但是人才培养的目的和归宿却主要在社会中。人的社会性本质决定了个体的成长必然要受到社会的影响，而且个体存在的价值也寓于社会发展和进步之中。由此看来，实践教学从存在的第一天起就注定了是要服务于经济发展和社会进步的，以"尚实""应用至上"为突出特点，教育与生产实践相结合，通过提高社会生产力和消除知识与劳动之间的分离和对立现象，在培养全面和谐发展的个性的基础上，服务于我国经济发展和社会进步。

面对新时期经济结构的调整和经济增长方式的转型，社会对现有人才的结构逐渐表现出了一定的不适应和不接纳的态度。自从高校扩招以来，学生数量也越来越明显，很多本科高校出现了大学生毕业即失业的知识失业现象和大学生去从事低学历水平即可从事的工作的知识贬值现象。表面上看好像出现了过度教育的现象，其实并非如此，这主要是由于高校培养的人才的素质结构不能够适应社会经济发展转型的需要所导致的，大学生不能够找到理想的工作与用人单位找不到需要的人才并存，从而导致了人力资源的浪费和社会发展的不经济现象。

面对新时期出现的问题，我国高校实践教学的发展可以说是对症下药，它培养的正是适应知识经济时代社会发展所需要的理论基础扎实、实践能力熟练、下得去、留得住、用得上的综合型实用人才，因此，实践教学的发展和高校对实践教学的重视是有其深刻的事实根据的。根据教育经济学教育和社会经济发展的基本原理，一定时期的教育从属并受制约于一定时期的政治经济，教育必须和经济一同发展或者适度超前于经济的发展，我国高校实践教学的发展实践正是这一理论的恰当体现和真实证明。

第二章　课程改革与实践教学改革发展

第一节　高校课程改革

高校课程改革是高等教育改革的重要内容和重要组成部分。积极推进并深化课程改革，对于提高人才培养质量和学校办学效益具有重要意义。高校课程改革已成为人们关注的焦点和研究的课题。在课程改革过程中，要遵循专业性与综合性相结合的原则、统一性与多样性相结合的原则、理论性与实践性相结合的原则以及尊重传统与变革创新、重视现实与关注未来相统一的原则；要处理好外来与本土课程、课程的国际化与地域化、传统课程与新课程、工具价值与人文价值、传统教学方法与现代化教学手段之间的关系；同时，必须顺应我国课程改革的基本趋势，研究和谐师生关系与课程改革的问题，促进教育教学改革的进一步深化。

一、高校课程改革应遵循的原则

目前，我国高校课程无论是在课程价值取向方面、课程设置方面，还是在课程体系方面、课程内容方面，都存在许许多多问题，影响学生创造能力的培养，影响教育教学质量，所以课程改革势在必行，但改革必须遵循以下几项原则：

（一）专业性与综合性相结合的原则

高等教育培养专门人才，课程自然应具有一定的专业性。高等教育又与社会、科学技术紧密联系，课程又应具有非常强的综合性。专业性与综合性是对立统一的矛盾体，我们应在对立中把握统一。在人才培养过程中，专业性强调专业知识本身的系统性和规范性，综合性则强调知识能力与素质的综合性及其与现实的联系。综合性必须以专业性为基础，培养国家和社会所需要的专业人才。但是，如果只重视专业而轻视综合，学生没有与专业之外领域的沟通与融合的能力，只局限于单一的专业领域那么学生将来不可能融会贯通地解决社会生活中重大而复杂的问题。为此，必须加强知识之间的联系，增强学生对知识整体的理解和掌握，在专业性的基础上体现综合性。所以，在知识经济时代，高校要为国家培养复合型的专业人才，必须在课程改革过程中坚持专业性与综合性相结合的原则，把专业教育与实现学生全面发展结合起来，在抓好专业教育的基础上，努力扩大学生的知识面，拓展学生.解决专业问题的领域，使课程成为专业性与综合性相统一的整体。

（二）统一性与多样性相结合的原则

在进行专业教育、培养专门人才的基础上，张扬学生的个性，实现学生的全面发展和个性发展。这是统一性与多样性相结合原则的要求。高校人才的培养需要一定的标准，有了标准，衡量专业教育下人才质量才有依据。高校人才培养的基本规格和基本质量都有一定的规定和统一的要求。为保证人才培养的基本规格和基本质量，高校设置与专业相对应的必修课程，使学生掌握必须掌握的知识和技能，体现育人目标的统一性。而学生的特点与个性有差异，学生的需要也是多种多样的；况且社会对人才的要求也不相同，学生的需要又往往与社会需求相一致。因此，高校应承认学生的个体差异，为满足个性发展需要，发展个人兴趣、爱好和特长，设置选修课程，给学生更多的、多种的选择机会，体现高校课程的多样性。在课程改革过程中，坚持统一性与多样性相结合的原则，注意以统一为主、多样为辅，以多样促进统一，这样既培养了专门人才，又满足了社会与个人发展的综合需求。

（三）理论性与实践性相结合的原则

理论性与实践性之间的矛盾是高校和高等教育的一个基本矛盾高校应在人才培养过程中，坚持理论性与实践性相结合的原则，实现两者的统一。高校正在改变重理论轻实践的状况，加大了实践课程设置的比例。杜威更是强调实践的作用，"除非是作为行动的产物，否则不可能有真正的知识和富有成效的理解。对事实的分析和重新安排一它是增长知识、获得解释力和正确分类所需的一不可能纯粹在思想上（即在头脑中）获得。人们希望去发现什么时必须对事物做些什么，他必须改变环境。"所以，要在加强学生专业基础理论教学的同时加强实践教学，培养学生运用所学理论知识解决具体问题的能力。理论性与实践性不可对立，不可偏废。理论性反映出学校课程水平的高低，体现了学校课程的生命力。实践性则反映出学校与社会经济发展联系的程度，展示着学校课程的活力。

（四）尊重传统与改革创新、重视现实与关注未来相统一的原则

改革创新是力求尊重人才培养规律，不断适应社会发展需要的过程。课程改革在尊重本国传统的基础上，力求在变革中形成本国特色；充分肯定传统课程建设中的积极因素，吸取其精华，为现阶段的课程改革与创新服务，建立起一种更具适应性的课程模式和现代化的课程体系。这其实体现了传承过去的特点。而未来教育在传授、普及知识与现代科学技术的同时，自觉地分析、研究当前的教育形势，使教育面向未来。

教育是为创造世界的未来培养人才。为使课程充满生机与活力，必须因时合宜地进行课程改革。课程改革很大程度上是由于传统课程不能满足现代社会发展的需要；同时，课程改革又要关注课程未来的发展趋势，缩短课程内涵与未来课程发展之间的差距。"关注未来"这一问题值得人们去研究、去探讨。正如美国比较教育家坎德尔所预测的那样："世界上几乎所有国家将在教育目的与课题上愈来愈趋于接近和类似，只是各国用于解决教育课题的方法和手段，依存于该国的传统和文化罢了。"

总之，只有遵循这些原则，课程改革才有可能取得良好的效果。我们也应清醒地认识到我国课程理论的研究还相当薄弱，与发达国家相比还存有很大的差距。我们要加强课程理论研究，用理论指导课程改革实践，避免改革的盲目性。

二、高校课程改革需处理好的几种关系

为了培养社会需求的高素质人才，应深化教育教学改革，特别是课程改革，更新课程内容，增加课程人文内涵，推进课程综合化，并处理好以下几种关系：

（一）处理好外来化与本土化、国际化与地域化之间的关系

当今，社会经济发展日新月异，科学技术突飞猛进。高校课程设置、课程种类与课程知识体系也应跟上时代发展的步伐，使培养的学生具有国际竞争力，否则会影响国家科技竞争实力。课程设置方面，一是应注意引进国外那些具有先进性和前瞻性的课程。二是要充分挖掘和发扬本土课程优势。本土课程大多是比较成熟的、优质的课程，甚至是精品课程。它经过较长时间的建设，无论是师资队伍还是课程内容，都有明显的优势和显著的特点，我们要充分挖掘、发扬光大，并赋予课程内容以新的时代特征，使之与地方社会经济的发展紧密相联。

国际联系与交流日益密切、频繁，国际形势对高校毕业生就业的影响越来越明显，越来越大，高校课程设置必须具有全球化视野，适应国际化市场需要。高校具有服务社会的职责，特别是要为地方社会经济发展服务。所以在设置课程时要设置一些具有地方特色的课程。学生通过这些课程的学习，也有可能获得更多的就业机会。因此，高校课程设置除了具有全球化的视野外，还应充分考虑课程的地方特色。

（二）处理好传统课程与新课程之间的关系

随着社会和经济的发展，一些新的学科、新的专业不断出现，高校相应地开设了一些新的课程。在改造传统专业的过程中，会对其传统课程进行改造或增设一些新的课程。对于传统课程，要充分挖掘其精华，剔除其糟粕，更新其内容，进行深入研究，使其特色更突出、优势更明显，以形成优质课程或精品课程。对新课程，我们要选择具有强大生命力又具有实用价值的课程加以建设，培植、形成优质课程。

（三）处理好工具价值与人文价值之间的关系

高校的首要任务是培养具有良好的适应社会能力的人。高校授予学生以知识的"工具"，然后学生运用所学的知识，发挥自己的才能，进行有创造性的劳动，服务社会、改造社会，实现个人价值与社会价值的统一。高校要发挥科学研究职能的作用，不断创造新技术，发明新成果，满足社会的需要，促进人类的可持续发展。总之，要使工具性和价值性两者相互渗透、相得益彰。高校在设置课程、

确定人才培养规格时,一定要充分地了解和科学地把握社会结构与生产结构、科学技术发展与应用的总体进程。只有这样,才能更有效地发挥工具价值的作用,从而更好地满足社会的需要,推动社会的发展。

(四)处理好现代化教学手段与传统教学方法之间的关系

现代多媒体网络技术在教学中的运用,使教学方法发生了很大的改变。运用这种现代教学手段,课堂信息量大大增加了,学生能够学到更多的知识;教师的劳动强度大大减轻了,提高了课堂教学效率;教学资源得到了共享,优化了教学过程,学生利用网络进行自主学习,教师利用网络进行答疑辅导。这是传统教学方法难以做到的。而传统教学中,对教师基本功的要求,教师备课时的思考与创造性劳动以及上课时的体验与发挥,还有课堂上师生交流互动的气氛、情景、真实感等等,又是现代化教学手段难以达到的。因此,既不能完全抛弃传统的教学方法,也不能过多地依赖多媒体技术,要充分发挥两者各自的优势和长处,共同为"育人"服务。

三、高校课程改革的原因分析

如何更有效地进行课程改革,应找到引起改革的原因。

(一)社会和科学技术的发展推动高校进行课程改革

社会和科学技术的发展一直推动着高校课程改革。首先,社会和科学技术促使高校进行不断人才培养、科学研究和服务社会。高等教育与社会经济、政治、文化生活紧密相连,高校为适应社会和科学技术的发展,必须进行课程改革。同时,高校的职能也使高校课程逐渐走向多样化,目前追求多样性与统一性的和谐,已成为高校课程改革的重要课题。其次,生产力、科学技术的发展要求高校改变人才培养的规格与类型。一方面,社会和科学技术的发展使产业结构发生了变化,新的产业部门和新的专门化领域不断出现、不断产生;另一方面,各个领域之间的联系越来越紧密,相互交叉与综合的趋势也越来越明显,对高校人才培养的要求不同了。这些变化,推动高校进行课程改革,正确处理博与专、基础与专业、单学科与跨学科的关系,培养出既有宽厚基础和广泛适应性,又有一定专门化知识技能和职业方向性的新型人才。第三，生产力、科学技术的发展改变了人们的教育思想和教育观念。尤其是第三次科技革命以后，终身教育思想深入人心，学校以培养能力特别是创造力为主的新的教育教学思想已形成，推动高校进行课程改革。

（二）高等教育大众化要求高校进行课程改革

我国高等教育已进入大众化阶段，学校规模急剧扩大，学生人数急剧增加，怎样才能满足不同阶层、不同行业的要求，怎样才能保证教学质量，高校必须改变传统的教学模式和单一的人才培养模式，进行课程改革，以适应高等教育形势的变化，在激烈的人才竞争中立于不败之地。

（三）学生发展需要和求知动机促使高校进行课程改革

学生的发展需要和求知动机，是高校进行课程改革的一个重要因素。通过课程改革，使课程能不断满足学生智力和能力发展的需要，解决学生能力素质不能满足社会需要的问题。我国市场经济体制逐步确立，高教体制已发生变革，学生进行自主择业。为此，高校必须充分考虑学生的各种需求，充分考虑学生个人的兴趣、爱好和职业志向，进行课程改革。学生发展需要在一定程度上与社会需要相吻合，满足学生个人需要在一定程度上也是满足社会的需要。

（四）现实中的问题迫使高校进行课程改革

1. 课程价值取向有失偏颇

强调以学科知识为中心，认为教学的主要任务就是传授知识，忽视了学生发展需求和社会发展需求，忽视了对学生能力的培养和创造性的培养。围绕专业构建课程体系，强调专门人才的培养，强调培养目标的工具性，致使学生知识结构单一，缺少人文素质和文化品位，影响学生综合素质的提高。强调分科教育，致使自然科学教育、社会科学教育、人文教育相割裂，导致学生缺乏人文修养或科学素养。过于强调科学知识学习，忽视了学生科学道德、科学态度、科学精神的养成。

2. 课程理念亟待更新

认为教师只是课程的"推行者"、"执行者"，教师的任务是把知识传授给学生，教师没有参与课程研制和开发的权力。

3. 课程内容陈旧重复

课程内容更新速度慢，没能跟上社会、科学技术发展的步伐，没有很好地反映社会、科学技术最新理论成果，致使培养出来的学生不能适应社会经济发展的要求。课程内容繁多，教材越来越厚，书包越来越重，而学生运用知识的能力和动手的能力越来越差。课程内容重复严重，由于高校课程是围绕专业来设置的，表现出专门化、职业化的特征；学科之间联系不够紧密，各门学科都追求自身内容的系统性和完整性，结果有的课程内容大量重复，使学生失去对课程学习的兴趣。

4. 课程结构严重失调

重必修课程轻选修课程，选修课程在整个课程体系中所占比重太小，不能满足学生兴趣爱好和个性发展的需要。重专业课程轻基础课程，基础课程在整个课程体系中所占比重过小，可供选择的课程门类少，致使学生知识结构不全面、不均衡，很难满足社会需求。重理论轻实践，理论性课程在课程体系中所占比重较大，而一些实验性、实践性课程较少，影响学生创造能力的培养。课程设置向纵深发展，破坏了课程体系的整体性、选择性和均衡性，学生个体知识的合理性、综合性。

5. 教学过程中过于标准化

在课程教学过程中，同样的课程、同样的教材、同样的答案与同样的思维模式，阻碍了学生的个性发展，扼杀了学生的兴趣爱好，结果培养的学生像工厂的产品那样一个规格、一个模式。

此外，人才培养目标要求高校进行课程改革。学校在进行课程编制时、选择课程内容时、组织教学过程时，都必须考虑如何更好地实现人才培养目标，如何才能符合德智体全面发展的教育方针。

上述种种原因共同推动着高校课程的改革与发展，加快高校人才培养目标的实现。

四、大众化教育阶段我国高校课程改革的基本趋势

我国高等教育已由精英教育阶段进入大众化教育阶段，不仅仅是简单的量变，更会是深刻的质变。在大众化背景下，我国高校纷纷进行课程改革，基本上考虑到了当今社会政治经济结构对人才的全面发展和终身学习的要求，站在主动适应和促进科学技术进步的战略高度，去分析和预见高等教育课程的构建原则，顺应了高等教育课程现代化的国际潮流，取得了喜人的成就。现结合有关学者的研究成果，梳理出大众化阶段下我国高校课程改革的基本趋势。

（一）注重课程的基础化

耶鲁大学校长列文在清华大学演讲时说："美国最好的研究型大学和文科大学都致力于对本科生的基础教育。它的目标不是传授任何具体的内容，而是发展一种智能素质，用来筛选信息、吸取精华、超越偏见和迷信、进行富有批判性的思考。这种教育能增强学生的推理和创造性思维能力，比掌握一种专业的知识更好，并能产生最大的社会效益」可见基础教育的重要。高等教育可以说是更高层次的基础教育，这就要求注重课程的基础化。

在知识经济时代，科学技术发展迅猛，科技成果不断出现，新技术、新方法不断产生，知识成倍增加。大学四年学生所学只是知识海洋中的一滴，一个人即使穷尽毕生精力也难以掌握某一学科的全部知识，因此，必须注重基础课程的教学。基础知识不容易老化，是整个知识体系中最稳定、最持久的，它是客观事物内部的基本规律、基本特质和普遍意义。注重基础课程，向学生传授宽厚扎实的基础理论、基本知识和基本技能，给学生今后的发展以后劲，使学生能以不变应万变。一是应科技知识更新之变。掌握了基础知识，以后再进行新知识、新技术、新方法的学习会更容易。况且人总是要不断完善自己，不断寻求自身发展，需终身接受教育，学习和掌握了知识体系中比较稳定和持久的基础知识，为终身学习、继续深造打下基础。二是应专业转换、职业和岗位变动之变。现在学生就业压力很大，找到就业单位很不容易，还不一定专业对口，即使是专业基本对口，工作岗位也会有变动。只有掌握基础知识，才能增强适应能力。

总之，要综合考虑基本素质教育、专业教育、多学科知识教育，注重基础课

程，构建多学科知识融会贯通、紧密联系、有机融合的课程体系。

（二）凸显课程的发展性

"高等教育大众化不是一个静态的结果，而是一个动态的过程。……从高等教育自身来看，大众化是高等教育发展的一个阶段向另一个阶段过渡，由量变到质变的动态过程J门】因此，大众化阶段的高等教育课程也应是不断发展变化的。所谓发展性课程，指用发展的眼光看待高等教育大众化背景下的课程质量，用发展的手段来解决课程问题，促进高等教育的健康发展，即课程目标应着眼于发展的理念，在课程设计、课程内容、课程组织、课程实施、课程评价等诸环节中，致力于学生的全面协调发展。在高等教育大众化阶段的大众教育中，我国高校课程改革也不例外，以发展的理念为指引，遵循高等教育的基本规律，体现大众化教育的特点，顺应时代的发展，以促进学生自由、全面和富有个性的发展，满足社会的需求。

在课程目标上，基本上摒弃了精英阶段以少数杰出者为教育对象，通过一次性教育，培养高、专、深人才的相对固化的课程目标，树立了面向全体大众，以动态、发展为特点的课程目标；更加强调教育的全面性、基础性和终身性，不仅授学生以"鱼"，更授学生以"渔"，为学生的发展提供智能储备；更加强调综合能力的培养，从单纯的"知识中心"向技能、能力、素质全面发展转移；更加强调学生的个性发展、创造精神和创新能力的培养，顺应当今世界多元化的价值观及知识经济时代对人才的要求，更加强调国民素质的整体提高，使国家在竞争日益激烈的国际社会中占据优势。

在课程编制上，明确了大众化背景下的高等教育的学科结构的完善，应根据社会要求和学生的特点开设有利于学生形成各种能力的学科；不仅注重知识的逻辑顺序，也注重学生的心理顺序和学习过程的认识顺序，构成最优的知识结构，使学生掌握科学的知识结构，建立起牢固的知识能力结构体系，最大限度地提高各个方面的基本素质。

在课程内容上，基本上摒弃了"精英教育阶段在选取课程内容时，可能更多考虑的是有效达到预期教学目的、掌握知识和技能为主的技术理性，而较少思考有助于培养学生好奇心、兴趣和增进理解力与判断力以及潜能发挥的实践理性"

的做法。根据社会发展和科学技术进步及时更新课程内容，精选生动有趣的、与学生实际、社会实际密切联系的、便于唤起学生心灵深处蕴藏的渴求知识欲望的内容，并注意设置必要的障碍、悬念，使教材内容有吸引力，做到将学生学习动机的外部诱因和内在需求有机统一起来，充分调动学生学习的积极性和主动性。同时，课程内容还逐渐体现了理论知识与实践运用的统一、课堂学习与课外自主学习的统一、科技知识与人文精神的统一、学生普遍需要与个体需要的统一，等等。

在课程实施中，正在改变精英教育阶段的"教师中心论"的教学观念，贯彻公平的价值取向，在学生个体之间一视同仁、有教无类、不存偏见，在师生之间教学相长、宽容大度、相互尊重，让学生真正体会到自己在课程实施中的主体地位，使其在一个没有压力的环境中同教师民主、平等对话，真诚交流，从而自觉地学习和发展。这样使学生的知识水平和各种能力得到有效的增长，使学生的情感、情绪、人格等方面得到充分发展，能够达到学生的全面、自由发展的目标，从而造就了"知识"结构和"能力"结构兼优的人才，满足现代社会对人才的需求。

在课程评价上，正在改变精英教育阶段以单一的课程考试为特点的终结性评价机制，逐渐建立一套突出知识与理解，能力与技能，以及情感、态度与价值观三个维度的评价机制；既包括以过程为主的帮助学生认识自己的长处和弱势并促进其学习的形成性评价，也包括以结果为依据的判断学生学习效果和发展情况的终结性评价；将传统的标准化测试与反映学生能力或技能发展情况的考查相结合，并突出后者，形成以动态化、发展性为特点的行之有效的评价体系。这样做的目的是使大众化阶段的高等教育的课程评价，不仅关注学生在知识和技能上的收获，而且更加关注他们对个人发展的理解、个人潜能的发挥以及价值观的形成，并进一步生成新的理想、信念、设想和行动。

（三）重视课程的多样化

较精英阶段，大众化阶段的高等教育，办学主体更加多元化、办学类型更加多样化、人才培养规格更加多种化、学生需求更加个性化以及各高校办学特色更加鲜明，可以说，多样化是高等教育大众化阶段的必由之路，高等教育大众化国家的实践充分证明这一点。大众化高等教育这种多样化的特点，必然要求我们确立与之相适应、相匹配的多样化高等教育课程理念。正如此，我国高校多样化课程的改革趋势十分鲜明。

多样化的课程理念，指的是从本国本地区本高校、本民族本校学生以及本学科本课程的特点出发，进行个性化的课程建设，培养个性化人才的一种课程理念

1. 多样化的课程目标

正在改变精英教育阶段课程目标专门化、单一化的模式，确立多样化的模式。具体说，这表现在大众化阶段高等教育课程目标的内容、层次、功能等维度上，即在内容上，基本涵盖知识目标、能力目标和素质目标；在学历层次上，必须体现研究生、本科、专科不同层次的不同要求；在功能上，区分学术研究、社会服务、职业准备、提高素养等多种性质。具体到特定专业，课程目标还要考虑不同规格人才的培养目标要求。基于大众化阶段高等教育课程目标这种多样化特征，各高校在遵循教育规律的前提下，正依据学校的实情、学生的特点和社会的需求，存同求异，准确确定课程目标，合理规划各具特色、互相沟通的课程体系。

2. 多种类的选修课程

我国高等教育进入到大众化阶段后，由于社会的进步、科学技术的发展和学生的水平、兴趣的差异增大，要求课程更新越来越快，课程的种类也越来越多，课程体系的弹性也越来越大，以满足学生选择自由度增大的需求，增强学生的社会职业适应能力。我国各高校通过提高选修课程的比例来实现更新课程和课程多样化，促进教学工作由过去的单一呆板向现在的灵活多样转化。学生可以根据自己的水平和兴趣选学适合自己需要的课程，增强对学习的兴趣和信心，发挥个人的特长和才能，促进个性的自由发展。教师也可以尽快地把技术和实践中的发明创造反映到教学中去，促进他们积极性和特长的发挥。有鉴如此，许多高校以实行、强化多种类的选修课程为切入点，编制具有各校自身特色的教学计划和教学内容，使课程体系更富有弹性和个性。

3. 多途径的课程实施

无论课程体系多么完美，离开了课程管理者和实施者对它的重视，一切课程目标都只能成为空中楼阁。我国高等教育进入到大众化阶段后，教育质量有所下降，很大程度上就是课程实施没有抓好，沿袭了精英教育阶段千人一面的课程实

施方式而没有有效地改革。对此，我国各高校正在不断更新观念、紧跟时代步伐，在课程实施中既采取传统的教育传播方式，也利用一切可能的条件引进现代化的教学手段和设备，改革课程实施手段和方法，建构网络课程、信息课程等，促使课程实施方式的多样化。这样不仅大大地拓展和丰富了启发式、讨论式、参与式、个性化等教学方式的内涵与外延，而且能充分发挥学生的学习主体地位，尽最大可能做到师生间的互动，有利于培养学生的创新精神和创造能力，从而达到提高人才培养的质量和效率。

4. 多方式的课程评价

首先，评价主体的多元化。在精英教育阶段，课程评价主体主要是政府和专家委员会；而大众化教育阶段我国高校已逐渐处于一个多元的世界中，它需要服务多种市场和关心大众。这样，课程评价主体也势必由单一化走向多元化，即政府、社会、高校和学生个体都将成为课程评价主体。其次，评价标准的差异化。大众化教育阶段课程评价在符合课程的有关基本理论的前提下，在具体标准、规范上因学校的类型和层次不同而表现出较大的差异性。再次，评价对象的多样化。精英教育阶段的课程质量评价更多地强调学科、专业、课程本身；而大众化阶段的高等教育课程质量的评价将由过去的课程本位向学生和社会的要求、希望方面转化。也就是说，课程评价体系重点正开始关注学生对课程的满意程度和社会对学生通过课程学习后服务社会的实效程度。

（四）强调课程的综合化

与精英教育相比，高等教育大众化阶段更多的是关心大众和服务社会，要求学生获得一定知识跨度和广度，拥有更广泛的适应能力，具有更高的素质；更强调知识的基础性和课程的综合化。高等教育课程的综合化是指为适应学生个别差异、科学发展高度分化义高度综合的趋势以及社会对人才需要，针对高等教育中分科过细、专业过窄而致使学科与学科相割裂、课程与社会需求相脱节、课程与学生相分离的弊端，以形成学生的复合性、技能性、创新性知识结构为目标而系统设计与协调整合高等教育课程结构和内容中各组成要素的一系列动态优化的过程。我国高等教育课程综合化不仅是当代科学技术和社会发展的迫切要求，也是高等教育自身改革、发展的必然结果。

1. 课程结构的综合化

我国高等教育迈入大众化阶段伊始，正值现代科学技术的高度分化及高度综合而又以综合化、系统化、整体化为主导的时代，我国又在此时加入WTO与国际联系更加密切。社会的发展需要大量的复合型、创新型、技能型、国际型人才。社会人才规格需求的变化需要高校课程结构做出相应的调整，建构开放的课程结构，打破各门学科自成门户的壁垒，实现跨学科、跨专业的有机融合，实现课程设置的纵向深入型到横向宽广型转化。这要求改变精英阶段课程结构高度专门化的局限性，强调课程结构的综合化的具体体现。首先，构建"平台+模块"的结构体系。将一些相近或相关的专业联结或合并起来共同构成课程体系，进一步沟通了公共课、基础课、专业基础课、专业课和相关专业课、选修课之间的联系、渗透和整合，构建了"平台+模块"的必修与选修课程结构体系，以实现"厚基础，宽口径"、"淡化专业，强化课程"的综合改革目标。其次，加强文理学科相互渗透与结合。怀特海说过："没有人文教育的技术教育是不完备的，而没有技术教育就没有人文教育……教育应该培养学生成为博学多才和术精艺巧的人才。改革旧课程结构体系，加强文、理、工等课程的相互渗透和交叉，跳出专业的传统窠臼，设置文理交叉课程，鼓励学生跨专业、跨年级、跨系科修读，尤其注意加强人文社科课程，对学生进行文化素质教育，以培养理论基础扎实、知识面宽广、综合能力较强并具有较好的人文素养的优秀人才。

2. 课程内容的综合化

课程内容的综合化是指各门课程内容应及时推陈出新，及时相互整合、综合与融合，以符合大众化阶段高等教育课程内容综合化的基本要求，同时，适应知识经济时代发展的需要。科学技术的迅猛发展，不仅使学科内部的分化更加精细，也使学科之间进一步交叉综合。当今因此成了一个不同领域、不同学科、不同专业甚或不同课程实施创造性融合的时代，综合课程的构建.已迫在眉睫，大势所趋。针对我国长期以来高校课程门类过多，内容交叉重复，缺乏整体优化，大众化阶段高等教育课程改革，以学生的经验、社会需要和问题为核心，合并两门或多门课程中重复的部分、专业中雷同的内容及公共课中交叉的部分，删除不适应培养目标，社会发展、需要的某一门课程或某门课程中的某一部分内容，增加适应知识经济发展需要的探索性、前沿性、创新性、综合性、技能性课程和地方课程与校本课程，实现教育理念、教学形式、教学评价、教学方法等方面重大突破，并体现于综合性专业、综合性学科、边缘学科、交叉学科等教学之中，达到不仅减轻学生课业负担过重，强化对学生综合能力的培养，而且有利于学生形成完整的知识结构的目的。

3. 课程形式的综合化

大众化阶段高等教育课程形式的综合化，就是在科学化、整体化的原则下尽可能灵活多样，使学生通过多渠道、多形式、多侧面、多方向的学习，达到知识的全面掌握。首先，在课程编制形式上，改变了精英教育阶段单纯以学科逻辑编制课程的做法，实行以知识的逻辑结构、主题或解决问题、学生活动三种课程编制形式相互结合、相互渗透、互为补充，使课程不仅有较好的逻辑性，也能够很好地培养学生发现问题、分析问题和解决问题的能力，同时又能符合学生认知活动规律。其次，在课程开发形式上，正在打破精英教育阶段"千校一面，万人一书"单一的国家课程的局面，实行国家课程、地方课程和校本课程三种课程开发形式的有机综合、互为补充，既能够体现国家的共性要求，又能够彰显地方、高校的个性特色，将共性与个性有机统一起来。在课程综合化过程中，各高校以此能够较好地保持特色，依托优势，维护基础，挖掘潜力，正在打造出更多更好的"重点课程"、"优质课程"、"特色课程"、"名牌课程"，实现课程综合化持续、健康发展。再次，在课程实施形式上，实行基础知识、基本技能与科研探索相结合，常规教学、特殊问题研究、独立讨论相结合，传统教学方式、手段与现代技术有机融合等。

综上所述，基础化、发展性、多样化和综合化是当今我国高等教育大众化阶段课程改革的基本趋势。这不仅是高等教育内在发展的基本规定，也是人类社会进步和科学技术发展的外在推动的必然结果。当然，这四个趋势才刚刚呈现，处于研究的起步阶段，还很不成熟，且未能很好地有机融合，未能发挥最大功效。理论与实践还存在着一定的差距，多数改革成果停留在理论层面上，缺少实践操作的印证。当今我国高等教育教学质量问题还很严重，继续加大课程改革的力度、深度和广度迫在眉睫，任重而道远。我国高等教育大众化阶段的课程改革，必须立足于我国国情，注重自身经验的总结、教训的汲取，注意借鉴国外的成功经验，以系统的观点，全面考虑各种因素及其相互交织的复杂性，既注重解决共性问题，也注重解决个性问题，既要顺应时代发展的趋势，也要遵循高等教育自身发展的规律，全面贯彻基础性、发展性、多样化和综合化的现代化课程理念，并将四者有机的融合起来，领悟它们不仅是课程改革手段，更是课程改革目的，然后，在此基础上，进行超越。如此，我国高等教育大众化阶段的课程改革一定会成效卓著，我国高等教育教学质量一定会饮誉全球，我国高等教育事业一定会持续、健康发展，为中华的腾飞提供巨大的推动力。

五、高校课程改革与和谐师生关系

何谓和谐？中华先哲们很早就认识到了和谐的重要性，认为和谐是普遍的、经常的，是推动事物发展的动力，是产生新事物的根源。如荀子在《荀子·天论》中说，"万物各得其和以生"。如今，从一般意义上讲，"和"为"和睦、和谐"之意；"谐"指"和谐"等意。从某种意义上可以说，"和"与"谐"是同义的。和谐就是"配合得适当"。师生关系也是不断变化发展的，由过去"师道尊严"、"一日为师，终身为父"的专制型师生关系，到如今平等、尊重、对话、合作的民主型师生关系。这是时代的发展、历史的进步。同一时代的不同级别的师生关系也是不尽相同的。师生关系不仅随时代的变迁而变化，而且也随学生的成长而变化。大学生虽然仍处于发展时期，但他们的身心已趋向成熟，尤其是他们已具有较强的观察力、注意力、思维能力等，高校师生关系更能凸显出平等、对话、合作的特性。课程作为学生在教师指导下的活动，和谐师生在它的改革与建设中具有基础性作用。正如前苏联教育家赞可夫所说：就教育工作的效果来说，很重要的一点是要看教师和学生的关系如何。那么，何谓高校和谐师生？结合有关学者的看法，我们所追求的高校和谐师生，是指在人本主义教育理念的指导下，基于民主化、人道化、效率化教育的基础上，所形成的一种以民主与平等、宽容与尊重、理解与合作、激励与欣赏等为特征，充满创造活力、和睦相处的师生关系。高校和谐师生的"配合得适当"更强调师生间的平等、尊重、合作和各自价值的实现。

(一)和谐师生关系的基本特性

从内涵上看,高校和谐的师生关系具有以下基本特性:

1. 凸显人本

师生关系是教师与学生在教育教学活动中,通过相互认识、认同与交往而形成的一种人际关系。高校教师与学生为了同一个目的的两个方面而结成的一种特殊的人际关系。高校教师为了促进学生的全面发展、培养人才而服务社会进行"教,高校学生为了完善自我、以自己的才干服务社会、实现自我价值而"学。高校的基本职能是培养人才、发展科学和服务社会,而这一切都是以教师与学生为主体的。高校职能是否能有效实现,直接取决于师生能否充分发挥其主观能动性,能否有效地交流、沟通。高校及师生和谐的基础是以师生为本的。然而,在历史和现实中,我国在构建和谐师生关系中也提倡以人为本,但往往出现两种倾向。一是过分强调以教师为本,结果压制了学生的积极性,不利于师生的良好沟通与交流,影响了高校职能的实现;一是过分强调以学生为本,弱化教师本位,导致教师心理压力过大,不利于教师内在积极性的激发和人本化师生关系的构建,进而影响到高校职能的实现。其实,高校师生关系是矛盾的对立统一。高校构建和谐师生关系就是要在充分认识其对立的基础上,彰显其统一的一面。因此,高校管理者在构建和谐师生关系,贯彻以人为本的理念时,既要从学生出发,也要为教师着想,此"人"既是学生也是教师。

2. 相互尊重

民主、平等的标志是尊重。根据马斯洛的心理需求层次论,尊重是人的一种较高的心理需要。高校学生已基本成年,其心理特点使其特别渴望能够得到别人的尊重,尤其是教师的尊重与肯定。尊重学生,就要学会宽容与接纳学生。宽容就是对学生人格自尊心的一种特殊尊重。高校教师和管理者对学生的内心深入的宽容,为学生提供充分表达自己的机会和空间,才能有针对性地开启顿悟,进行有效的教育,培养他们辨别是非的能力;对学生思维方式的宽容,可以激发学生个性思维的火花,培养创造精神;对学生特殊行为方式的宽容,是尊重个性发展的特点,使学生在自由宽松的环境中展示自我、发展自我;等等。同样,教师也渴望得到学生的尊重,赢得学生的尊重是教师心理的需要,是教师自我实现的表现和追求。而这种追求一旦实现就会使教师心里得到极大的愉悦和满足，并进一步刺激教师在教学工作中追求至善至美，而这又会使教师赢得更大的仰慕与尊重，从此形成一种良性循环，实现师生的双赢。由此可见，在和谐的师生关系里，师生双方都会用宽容的胸怀来相互爱护和包容，架起通向双方心灵的桥梁；都会尊重对方的人格和尊严，并使自己的人格和尊严受到尊重。

3. 注重合作

和谐的师生关系是一种师生在理解基础上的合作关系，需要通过师生间的"情感互动"来实现。高校师生的合作关系更为突出，它不仅体现在高校的教学中，也体现在高校的科研中。高校是培养高级专门人才、探究高深学问的场所。高校学生不仅要学习专业基础理论、基础知识和基本技能，还要进行科学研究，培养科研能力。研究型高校的学生或研究生尤其要注重科研素养和能力的培养。当代科研成果的取得不是"单干"的结果，而是合作的结晶。当代高校教学良好效果的取得不再是教师凭三寸不烂之舌说出来的，而是师生良好交流、协作的成果体现。高校教学和科研是有目的、有意识的协作活动。注重合作是高校和谐师生关系的重要特性。在交往中，师生之间会敞开心扉进行坦诚的交流，以此相互理解、相互信任，形成良好的教育氛围，使教与学得到和谐发展，使科研在合作中出成绩。

（二）和谐师生与课程改革

1. 和谐师生与课程改革的关系

学生、教师、课程是教学活动的三大因素。以和谐理念构建的师生关系才能保证师生的友好互动、良好沟通。培养高素质的创新人才是当今高校的基本职能之一。高校课程改革是为了及时更新课程目标、课程内容、课程学习方式、课程评价体系等，以促进高校培养出适应知识经济时代需要的高素质的创新人才。课程作为师生共同作用的对象及交流的主要媒介，其作用能否有效发挥是以师生间是否能友好互动、良好沟通为前提和基础的。友好互动、良好沟通的师生关系是和谐师生的表现。高校课程改革的每一个环节必须贯彻和谐师生的理念，因为不基于和谐师生理念上的高校课程改革是有违现代教育理念的，不符合教育规律的，在理论上是没有多大意义的，在实践上是难有所成效的。

2. 二元对立的师生观

学校课程教学是在师生关系中展开的，师生关系是影响高校课程教学最重要的一对关系。由于受传统的哲学及文化伦理背景的深刻影响，人们习惯·于用二元对立的思维方式看待、处理师生关系，具体表现为以"教师为中心"的传统师生关系和以"学生为中心"的现代师生关系。这两种师生关系都过于强调某一方，弱化另一方，是典型的非此即彼的二元对立思维的结果。这是不平衡的，也是不和谐的。这两种师生观在历史上产生重要影响，见证了近现代教育的发展历程，对近现代课程改革的影响巨大，分别形成赫尔巴特主义课程观和杜威经验主义课程观。赫尔巴特主义课程观强调知识的逻辑性和完整性，重理性、轻经验，凸显教师的作用（如赫尔巴特的四段教学论所反映的精神）。杜威经验主义课程观强调以学生为中心，重经验，着重于"做"中"学工这两种课程观具有很多优点，在近现代课程改革和发展中曾具有开创性，对今天的课程改革仍具有一定的启迪，但是它们的缺陷也是显然易见的。前者易使知识过于抽象而不利于学生掌握，后者不利于学生形成完整知识结构。同时，这两种课程观也不利于师生关系的发展、教学相长的实现，容易导致"教"与"学"的分离，进而影响到教学效果的提高、现代教育目的的实现。

3. 和谐师生关系下的课程改革

高校在课程改革中，无论是理论探讨还是具体实践，都是基于一定的师生关系之上的。随着经济全球化时代的到来，市场经济、民主政治、公民、社会和个人尊严成为一种世界普适性的价值追求的历史潮流，并引发高校师生关系的转化和课程的改革。和谐的师生关系就是顺应时代发展的具体表现。高校构建和谐的师生关系势必影响、促进高校课程改革；同样，高校课程改革也要求构建和谐的师生关系。科学技术迅速发展以及终身学习时代的到来，我国高等教育必须加快课程改革进程：①整合课程内容，加强学科之间的交融；②加强基础理论课程，重视学生综合素质的提高；③加速课程更新，不断淘汰部分教学内容，引进新的教学内容，基础要向应用延伸，传统要向现代延伸，教学与研究结合，前沿向经典融合，专业与非专业结合，微观与宏观结合，构建多样化的课程体系；④创建以"人的全面、充分和自由发展"为宗旨的课程改革目标；⑤构建科学与人文协调发展的课程体系,实现自然科学教育与社会科学教育、科学教育与人文教育的整合;⑥高校应在教学内容和课程体系设置上体现国际化的特点,并积极开展国际问题研究、专题讲座及讨论课,切实提高学生用国际观点和视野分析世界问题的能力。从高校课程改革的趋势看,原有的二元对立的师生关系显然不能适应新形势的需要。高校课程改革的趋势需要一种建立在人本主义教育理念上的民主、平等、合作的新型师生关系。只有基于这种和谐的师生关系上,高校课程改革才能真正取得实效。

(三)和谐师生观下对课程的认识与理解

现代课程观认为,课程是开放的、民主的、科学的,不仅是一种结果,而且是一种过程。教师和学生既是课程主体,也是课程利益主体。高校在课程改革中,应树立以人为本的理念,将和谐师生理念贯彻到课程主体、课程目标、课程内容、课程实施等方面,以促进学生的全面发展和个性发展,培养高素质的创新人才。

1. 高校师生是课程的主体

在和谐师生理念下,课程主体内在地包含着两个不可或缺的方面。第一,学生是课程的主体,学生的现实生活和可能生活是课程的依据,学生在课程实施中的能动性创造着课程;第二,教师既是课程实施的主体,又是课程的创造者和开发者,教师本身就是课程的内在要素之一。基于民主、平等、合作上的师生关系才能调动师生的主动性、能动性和积极性,发挥其主体作用和创造性,促进校本位课程的开发,凸显课程的开放性、人文性、丰富性和适切性,保证课程的个性化、人文化和综合化的可持续发展。教师在课程实施过程中,就会一切从学生出发,根据学生发展的要求,选择、处理课程内容,变革学习方式。教师会时刻用自己独特的眼光去理解和体验课程,将自己独特的人生履历和人生体验渗透在课程实施过程之中,并创造出鲜活的经验。这一过程中又同样进一步和谐师生关系。

2. 课程目标走向综合

根据和谐师生理念,在课程目标上,教师不仅重视知识的传播,更重视符合学生全面发展和个性发展。课程目标其实就是教育目的或教学目标的具体化。和谐师生的最终目的是为了使学生能够获得和谐的发展。这样,课程目标不是单一的,而是综合的。它应包括三个层次:一是认识层次,即引起学生认识领域的变化或成长；二是教学层次，即师生互动建构的方向与模式；三是价值层次，即怎样对学生的精神世界进行引导，并让其建立正确的价值观念。这三个层次的实现，不仅是学生和谐发展的过程，同时也是师生认知、认同到和谐统一的过程。

3.课程内容编排强调知识的多元性和不确定性

课程是由一定知识构成的。在知识经济时代的今天，知识的多元化日益凸显，不仅有理性知识，还有经验知识；不仅有人类知识，还有个人知识；不仅有显性知识，还有隐性知识；不仅有结果知识，还有过程知识；不仅有外在知识，还有内在知识；等等。高校课程内容编排将从强调知识的单一和确定型转变到强调知识的多元性和不确定性上来。正如多尔所说："为了促使学生和老师产生转变和被转变，课程应具有'适量'的不确定性、异常性、互效性、模糊性、不平衡性、耗散性与生动的经验。"高校按这一理念进行课程改革就更需要构建一种和谐的师生关系，因为只有基于民主、平等、合作上的师生才能有效地实现课程内容在师生间的"转变和被转变"，才能使高校课程改革持续、深入和富有成效。

4.课程实施是师生双方不断调整的过程

课程实施不是一个静态的事件，是一个动态的过程，是师生双方不断调整的过程。在这个过程中，充满着师生和学生之间、学生和知识之间的理解与对话。因此，课程实施过程中，需要一种民主型的师生关系。在民主的氛围中，学生思维活跃、进取心强、个性得到发展、潜力得到挖掘，教师也能从学生独特的思维中得到启迪，改进、丰富课程，实现教学相长，整个教学中充满友好、合作和良性竞争。反之，专制型的师生关系，阻碍师生间感情的交流，束缚学生的思维，极易使之产生自卑心理，也会使课程实施气氛紧张、呆板，课程实施效果也就可想而知了。

六、教育教学中和谐师生关系的构建途径

促进学生的个性发展，在当前学校教育中亟待解决的莫过于师生关系的和谐民主化建设；而在学校的教育教学实践中，师生关系的各种问题已日益突出。社会民主化思想在全球范围内的兴起，教育和谐民主化进程进一步加快，促使人们重新审视教育教学中的师生关系。构建教育教学中和谐师生关系的思路和途径：

（一）营造民主和谐的教育环境

优秀的教育必须营造一个民主和谐的教育环境。构建民主和谐的教育环境，使学生良好个性得到健康发展。其一，树立民主观念，加强民主意识，发扬民主精神。只有将这种民主观念、民主意识和民主精神渗透到家庭、学校和社会教育的各个领域中，让其成为家长、教师、学生的生活需要，才能为民主和谐教育环境的构建打下坚实的思想基础。其二，将家庭教育、学校教育、社会教育相互结合，协调一致，形成教育合力。家庭教育是学校教育和社会教育的基础，学校教育和社会教育规范和引导家庭教育，三者有机结合发挥整体效应，才能形成民主和谐的教育环境，以利于学生个性的健康发展。

（二）切实完善教育法规

新中国建立以来，特别是改革开放以后，教育法制的观念已深入广大教师、教育工作者内心。《教育法》、《义务教育法》、《教师法》等教育法律的颁布，标志着我国正走上依法治教的道路。但是违反教育法律的现象仍存在。严重影响了民主、平等、对话与合作的新型师生关系的建构和学生个性的发展。为此，我们应采取相应措施：

1. 树立教育法治观念，增强教师依法执教的意识

教师要增强依法执教的意识，依法行使自己的教育权力，履行自己的教育职责，自觉克服专制作风，努力提高自身的教育水平和道德修养，以教育法律法规规范自己的言行，维护学生的合法权益，促进学生良好个性的发展。

2. 加大教育法律法规的宣传力度

有的教师认为体罚学生是对学生的严格教育或只是教育方法不当，而没有涉及到法律问题。因此，我们应加大法律的宣传力度，使教师知法、守法。同时，要让教师认识到学生首先是公民，他们应享有公民的权利，如人格尊严权、名誉权等。

3. 进一步健全教育法规，保证教育教学活动公正有序地进行

我国颁布的教育法律，如《教师法》，仍有着不尽完善的地方。《教师法》中教师对学生的管理制度方面操作性不强，实际使用时让教师无所适从。现在的孩

子多是独生子女，家庭视为掌上明珠。教师的教育常常轻不得重不得，师生关系成了微妙而敏感的话题。完善《教师法》，把对学生的惩戒和对学生的体罚严格区分开来，并对惩戒也要立法，从而保证教育领域里的活动有法可依，有法必依，为民主、平等、对话与合作的新型师生关系的建构和学生个性的发展提供法律上的保障。

（三）发挥教师和学生的主体性

何为主体？狄尔泰对主体作了这样一个界定："主体是具有自然物质、社会历史和思维能力的，进行着认识和实践活动的人。"学生的主体性，是指"在活动中，作为主体的学生在教师引导下处理同外部世界关系时所表现出的功能特性"。这里的"主体是说明学生的地位在师生关系中的提升，并没有否认教师的主体作用。而教师作为教育者的角色，是作为一个积极主动和有创造潜能的自在个体进入教育过程的。教育过程是学生主体性塑造的过程，也是教师主体性塑造的过程……""通过参与教学活动，教师在整个教育过程中发挥着主导、建议、规范作用……"建构民主、平等、对话与合作的新型的师生关系以及学生个性的健康发展，要求我们必须尊重师生的独立人格，重视师生的主体性，将教师的主体性与学生的主体性有机结合起来。注重启发式教学，反对注入式教学，引导学生养成独立思考、主动思考的习惯，培养学生的主动参与及合作精神。同时，注重学生的情感、意志、气质、兴趣、爱好与性格等的培养与锻炼，使学生的个性获得健康的发展。

当前，我国政治民主化程度的提高为教师和学生主体性的发展提供了契机。随着民主政治的发展，社会生活正发生着深刻的变化，人们应更加重视人的价值和尊严，重视人在社会生活中的主体性。这就要求我们在教育教学过程中尊重师生的人格，提高师生的自我意识和自我完善以及自我更新的能力，重视师生的主动性、积极性和创造性，建构民主式师生关系，促进学生良好个性的形成与发展。

（四）树立科学的人文教育理念

人文主义者认为，人既是社会的人，又是自然的人。既要看到人的社会属性，又要看到人的自然属性，即"肯定世俗人生的意义，要求享受人世的快乐；推崇人的价值与个性解放；留意人的精神潜能；重视人的感性经验与理性思维，主张运用人的知识来造福人生；建造一个人类幸福的理性王国"人文主义与科学技术是相伴而生，相对应存在和发展的。工具理性的单兵独进，使科学主义一直占据主要地位，信仰被理性取代，价值被知识消解。科学技术的迅猛发展，促进社会进步的同时，又产生了许多负面影响，如生态失衡、核武器的巨大威胁、人们道德水准的下降与环境污染问题，等等，从而使科学技术的理性权威受到怀疑。正因为如此，强调人的主体地位，注重个体人格的完善，推崇人的价值与个性的解放，激发人的主动性、选择性和创造性为教育的发展提供了启示。教育的人性化与个性化越来越成为当今教育界的主流。有学者研究指出："由于受唯科学主义的影响，人们对教学研究的态度主要是实然的，存在比较极端的科学化倾向。走出这一误区，人们提出了教学民主化和教学人文化的要求，进而发出对教学研究的'应然态度'，这是一种面向未来价值论态度"。这同样适合我们对民主、平等、对话与合作的新型师生关系的建构，即树立人文教育理念。主张对人的价值的尊重和人的个性的张扬。教师既要尊重自己作为"人"的价值和尊严，同时也要尊重学生作为"人"的价值和尊严。教育教学过程应该是建立在师生民主、平等、对话与合作的基础上，给学生以真、善、美的人性化过程。美国教育家多尔说：教师在师生关系中的地位是"平等中的首席"，"其作用没有被抛弃，而是得以重新建构……"这些都为建构民主、平等、对话与合作的新型师生关系，为张扬学生个性提供了新的思路。

因此，我们应提倡树立新的人文教育理念，即科学——人文教育理念。主张理性与非理性的统一，科学教育与人文教育的协调发展，科学精神与人文精神的整合，极力张扬学生个体的潜力，.以培养学生富有科学精神的人性化的丰富个性。

（五）建立平等对话的交往方式

师生平等对话，有利和谐民主式师生关系的建立、巩固和发展，有利于学生良好个性的发展。在专制式、放任式的师生交往方式的教育现实中，教师把"我"之外的一切都看作是被占有、利用、改造或与"我"不相关联的对象。结果，师生交往被异化，师生人格不平等，学生个性被压抑、被扭曲。为此，我们要努力做到以下几方面：

1. 建立平等对话的师生交往观念

正如思想家皮科首借上帝的口吻说："我与你们是一个自由意志，你们不为任何限制所约束，可凭自己的自由意志决定你本性的界限"。所以，师生之间是一种"我—你"的平等交往关系。师生能够进行真正的精神交往，师生人格平等。"教师和学生不是把对方看作是占有、改变的对象，而是与我讨论共同'话题'的对话中的'你'，沟通交往中的'你'，师生之间是一种平等参与——合作关系，两者的合作达成一种默契。交往的过程是一种共享精神、知识、智慧、意志，师生在共享中相互促进发展，保持共识，容忍差异。"因此，师生交往只有建立在平等民主的基础上，才能建构民主和谐式师生关系，才能塑造学生良好的个性。

2. 树立师生的民主意识

民主既是一种国家制度，也是一种生活方式。师生交往若不建立在民主的基础之上，那么平等、对话的师生交往方式则不可能建立起来。师生具有民主意识，意味着教师不再是统治者、控制者，学生也不再是被控制者和服从者。师生双方是人格地位平等、拥有完整生命的人。师生之间的交往必然是一种人格平等的、彼此尊重对方独特个性的交往。师生双方能主动而自由地交换意见，共享不同的个人经验和人生体验。由此，民主、平等、对话与合作的新型师生关系得以建构，学生良好的个性得以张扬。

3. 相互关爱师生的生命

平等对话的师生交往方式，要求教师必须尊重学生的生命，把学生看成是一个有生命力的"人"；而不像传统的师生交往中，教师仅仅把学生当成一个无生命力的与客观物质无什么区别的个体。同时，也要求学生尊重教师的生命，把教师看成是一个与自己相同的有血有肉的个体，也就是说教师也是一个"人工在传统的师生交往中，不仅教师无视学生作为生命个体的存在，而且学生也同样无视教师作为生命个体的存在。结果，师生交往容易产生矛盾和冲突，致使师生关系异化，学生的个性发展被忽视。因此，只有师生相互关爱生命、珍视生命、敬畏生命、善待生命，民主、和谐、平等、对话与合作的新型师生关系才能真正形成和发展起来，学生良好的个性才能健康养成。

第二节　高校课程与教学改革

　　高校课程与教学改革是高等教育改革的核心部分，对于实现人才培养目标起着关键性作用；课程和教学质量很大程度上决定高等教育教学质量；课程与教学的关系是教学过程的基本关系。在课程与教学改革过程中，高校教师应尽快树立新的课程观，正确理解课程与教学及其关系，努力建立良好的师生关系，深刻理解和把握教材，适时采取相应的教学策略，不断反思教学过程，提高课程教学质量；学生应转变学习方式，更多地进行自主学习、协作学习、探究学习；学校应高度重视影响教学质量，影响我国人才国际竞争力和国家综合国力的问题，特别是地方高校要加强课程与教学改革研究，深化课程与教学改革，深入分析影响自身课程教学质量的因素，积极探索创新型人才培养的基本途径。

一、高校课程与教学改革与教师

　　"教学改革若没有课程改革的前提，只不过是'套路里的有限反叛，,而课程改革若得不到教学改革的支持，也难于走向实施。"进行课程与教学改革，最大限度地利用和开发优势资源，培养高水平的各类人才的任务最终需要一支高素质的新型教师队伍采用高超的教学技能去完成。教师应做到以下几方面：

（一）尽快树立新的课程观

　　课程不是一种结果，不只是特定的知识体系载体；课程是发展的、多样的、和谐的，它与社会、个人紧密联系，且有它本身的内部规律。

　　（1）课程是随着科学技术和生产力发展而不断发展的，是随着个人需要的发展而不断发展的，是随着教育学和心理学发展而不断发展的。教师必须用发展的眼光看待课程，树立发展性课程观。

　　（2）办学形式多样化要求课程多样化，办学类型多样化要求课程多样化，人才培养规格多样化要求课程多样化，高校的个性特色要求课程多样化，学生个性化需求要求课程多样化。高等教育多样化，要求教师树立多样化课程观。

（3）人文课程与科学课程是有机统一的，文、理、工等课程是相互渗透与相互交叉的，人文课程引领着科学课程，使科学课程能更好地为人类造福，为人类服务。教师要树立和谐性课程观，重视人文课程，因为人文精神是大学精神的基本内涵，人文课程观能体现"以人为本"的思想，人文课程观与科学课程观是相辅相成的，不可或缺。

（二）正确理解课程与教学及其关系

课程通过教学来实施。教学既是教师传递课程和学生接受课程的过程，也是创新与开发课程的过程。教学不再是传统教学中教师"填鸭式"教、学生"被动式"学，学绝对服从教，学缺乏主动性；是教师教与学生学的互动过程、交流过程，它包含学生主动的学。师生在教与学中学习新知识、探求新知识、获得新知识，共同进步、共同成长、共同发展；师生在教与学中交流各自的思想、观念、看法、见解、知识，甚至情感，他们互相学习，以求共识，得到发展，实现教学相长；特别是学生，其主体性得到体现，个性特长得到张扬，创造能力得到培养，自我价值得到实现，师生都是课程的主体。教学不再是教师真实地执行教育行政部门给规划好了的课程计划，只需把课程的知识传授给学生就行；而是教师在教学过程中创造性地执行课程计划，并不断生成与转化课程内容，不断建构与提升课程意义。

（三）努力建立良好的师生关系

课程在教学中被传递和接受，要取得较好的教学效果，需要努力建立良好的师生关系，即民主的、平等的、和谐的师生关系。这种新的师生关系，对于良好人际关系的建立和良好课堂氛围的形成，对于促进学生主体参与课程教学，具有重要的、积极的影响。

西方教育家们预测，"毫无疑问，在未来几十年中，发达国家的师生关系将会发生巨大变化。由于学生积极参与教学过程，由于每个学生的创造性都受到重视，指令性和专断性的师生关系将难于维持。教师的权威将不再建立于学生的被动与无知的基础上，而是建立在教师借助学生的积极参与以促进其充分发展的能力之上。这样，教师的作用就不会混同于一部百科全书或一个供学生利用的资料库。一个有创造性的教师应能帮助学生这样对付大量的信息,他更多的是一名向导和顾问,而不是机械传递知识的简单工具。"

良好的师生关系要求教师改变传统教学中单向的知识传授的师生关系,实现角色的转换,做学生学习的促进者和参与者。教师要促使学生主动学习、自主学习,促使学生积极思考、勇于探索,以饱满的热情投入到学习活动中,培养学生独立学习的能力和科学研究的能力;指导学生制订符合自身实际的学习目标,帮助学生掌握科学的学习方法,激发学生的学习热情,调动学生的学习积极性,培养学生的学习兴趣,发展学生的认知能力;与学生积极交流与沟通,分享彼此的想法、体验;与学生一起讨论问题、学习知识、追求真理,使学生在良好的氛围中获得知识,在获得知识中收获快乐,促进教学质量的提高。

良好的师生关系有利于学生主体参与课程教学。教师要积极引导学生参与教学过程,因为学生也是课程教学的主体,课程应该是实现学生发展的动态过程,课程教学是在参与主体的师生中展开的。只有师生共同参与,课程才能够运行,主体参与是课程教学的关键。如果只有教师的主体参与,缺少学生的主体参与,就不会有对课程内容、对教师教学的真正理解,就不会有真正意义上的师生互动,就不会有实现学生发展的良好氛围;学生在参与中积累知识,张扬个性,培养素质,提升能力。学生的主体参与还体现在自由学习上。学生带着目的和任务在教师指导与引导之下自由学习,同学间相互交谈、交流,按自己的想法和意愿参与课程实践,选择学习方式,结成学习伙伴。当然,学生在学会独立思考,掌握学习方法之前,需要教师的指导与督促,教师的作用不言而喻、不可替代。

(四)深刻理解和把握教材

教材是课程的具体表现形式,是教师和学生进行教与学活动的依据。教师深刻理解和把握教材。

(1)要研究教材的逻辑性,运用科学的思维方法,做到讲述生动,思路清晰,条理清楚。

(2)要把握教材内容的前后联系,学科知识的完整性以及不同学科领域诸多概念之间的联系,将教材中的知识点有机地结合起来,融会贯通,使知识系统化。

(3)要针对学生的实际情况,联系实际巧妙地设置问题,引导学生思考。

（4）要抓住教材的重点、难点，在讲课时选用恰当的教学方法将其讲明白、讲透彻，引导学生有步骤、有计划地进行学习，获得知识，得到发展。

对所要传授的教学内容，要化繁为简，化难为易，深入浅出，通俗易懂。

另外，要搞好课程教学，教师还必须把握住隐性教材，除写成文字的显性教材外，凡是能影响学生，能丰富学生知识，使学生受教育的内容都是教材。在课堂上要适当介绍与本科有关的课外内容，以拓宽学生的知识面，发展学生的能力。教师在理解和把握教材的基础上可以进行创造性的、个性化的教学，不绝对迷信教材，不完全服从教材，它只是用来教学和实现课程目标的一种工具，一种可以用来教学的资源。

（五）适时采取相应的教学策略

1. 注重教学策略的粗放性

（1）要精减教学内容。在整个教学过程中做到"教少学多"，教给学生的知识贪多不会多，只要讲授最基础的知识即可，尽量简明扼要，以免学生没有时间进行大量的活动。

（2）要放手、不"包办"。在整个教学过程中做到多扶多导，留给、创造学生自主参与的时间和机会，发挥学生的自主性，减少其对教师的依赖性，使学生积极地去寻求知识、获得知识；在学生主动学习中适当给予自主，注重开发学生的学习潜能，注重培养学生的学习责任感，把学习建立在学生的自主性和独立性之上，以期取得良好的教学效果。教师要不断增加各方面的知识和能力，游刃有余地驾驭教学策略或方法。

2. 注重教学方法的多样性

教学方法关系到教学的质量，关系到学生的能力培养。传统教学过程中，教学方法比较单一，"灌输式教学"或"填鸭式教学"使学生处于被动学习的地位，死学硬背现象比较普遍，很多学生养成了"上课记笔记，下课看笔记，考试背笔记"的习惯。教师应注重多种教学方法的运用，进行启发式、探究式教学，与学生多交流，了解学生的想法和意见，促进学生批判性思维、创新性思维的形成，培养其解决实际问题的能力。另外，要重视实践教学环节，提高学生动手能力。

3. 注重案例教学

"教学案例描述的是教学实践，它以丰富的叙述形式，向人们展示了一些包含有教师和学生的典型行为、思想、感情在内的故事，它着眼点在于学习者创造能力以及实际解决问题能力的发展，而不仅仅是获得那些原理、规则。"借助于案例，教师不仅可以从中获得认知的知识，而且有助于提高其表达、讨论技能，增强面对困难的自信心，培养创新精神，提高实际解决问题的能力。注重案例教学，激发学生对学科学习的浓厚兴趣；鼓励学生发挥主观能动性去发现和领悟知识。案例教学改变了传统的教学方式，学生更多的是进行自主学习、合作学习、研究性学习和探索性学习。

4. 注重参与式和讲座式教学

教育发达国家注重参与式和讲座式教学，在我国很多高校已进行了这方面的尝试。比如，一些计算机专业的学生每一周要进行综述讨论，就一周来对专业文献的阅读做介绍，并提出问题，以达到信息共享的目的。不管是参与式教学还是讲座式教学，都要根据学校自身情况而定。师资力量和科研力量较强的学校或院系，可以加大参与式教学的比例，使学生学会独立思考，提高其发现问题和解决问题的能力。师资力量和科研力量较弱的学校或院系，也可以举办研讨会，定期组织学生进行交流。"总之，要充分利用条件或创造条件，进行参与式和讲座式教学，把教学和教学改革的落脚点放在学生能力的培养与提高之上。

5. 注重学生情意发展

情意内涵丰富，主要包含情感、态度、价值观三个要素 J2] 注重学生情意发展，在认知发展和情意发展之间略有重点地突出后者。学生广泛的学习兴趣、高度的学习热情、明确的学习目标、端正的学习态度、较强的学习责任感、严谨的科学精神、乐观的人生态度、丰富的内心情感、正确的价值观，对学生的认知发展具有重要影响和积极作用。情感、态度、价值观是课程目标的重要组成部分。一个完整的课程目标应包括认知、情意、技能、应用等，课程教学的重要任务就是提升学生的认知能力和情意发展，学生学习效果是认知发展和情意发展共同作用的结果。在教学过程中要着力培养学生丰富的情感、积极的态度和正确的价值观。

6.注重现代化教学手段的应用

网络技术迅速发展，已在各个领域得到运用，也为高校教学提供了便利。采用网络教学手段，扩大了课程信息量，使教学具有直观效果，很大程度上减轻了教师的劳动。利用网络进行讨论，可以使更多的学生共享更多的信息。再者，我国高等教育大众化后，高校学生数量大幅度增加，应加大网络教学手段的应用，可以考虑网上教学，特别是那些学生人数较多的专业。如仍只限于课堂授课，难以满足学生的求知需求，在一定程度上影响了教学。

（六）不断反思教学过程

教师通过对课程教学效果进行有效的评估，不断地反思教学过程，及时调整教学计划、教学内容和教学策略，不断完善教学工作，以求取得理想的教学效果。对教学效果的评估，可采用教师自评、教师互评、学生评价等方式，以促进学生发展为出发点，结合评价结果，重点从教学过程中的不足入手。不断反思教学过程，对于实现教学目标、提升学生的智力与能力、提高教学质量具有重要作用。

二、高校课程与教学改革与学生

学习方式关系到学生的学习质量与学生的发展，关系到学校的教育质量。以往学生的主要学习方式是听讲、背诵、练习、考试。学生应转变学习方式，参与获取新知识、探索新知识的过程，以及感受和体验这个过程，进行自主学习、协作学习、探究学习。知识和能力是通过自己的努力思考和积极探索、克服困难和战胜失败来获得和提高的，就会有一种成就感、满足感，自信心也会得到增强。当然，有时候学生花费了不少时间、付出了很大精力，不一定都有所收获。

学生进行自主学习，自行制订学习目标，自行确定学习进度，自行设计评价指标；寻找、发现、总结对自己学习有效的方法和策略；根据对学习过程、学习效果自我监控的情况，及时、相应地调整学习目标、学习进度、学习重点和学习方向。通过自主学习，收获成功后快乐的情感体验，学有劲头、学有动力。

学生参与协作学习，每个学生为了完成所在团队（小组）的共同目标，相互支持、相互配合、相互沟通、相互交流、相互信任，承担明确的责任，对个人完成的任务进行集体加工，对共同完成的任务进行加工、评估，力求取得良好的效果，在与其他团队（小组）的竞争中取胜。这种学习方式有利于培养学生的集体意识、团结意识，合作精神、竞争精神，每个学生都能得到发展。

探究学习是指学生积极参与学习过程，通过以探究活动的方式学习和获取知识，学会和掌握科学的方法和技能，培养和提高创新精神与实践能力，树立和养成科学观点和科学精神。探究学习强调学生的自主性，不过教师应当引导学生不断地去发现问题、提出问题、分析问题，使学习过程变成学生不断探究、实践、思考并提出问题和解决问题的探索过程。探究学习主要是针对问题的探究活动。当不解的问题摆在学生面前时，学生首先会作出各种猜测和许多假设，通过各种办法和途径去寻找问题的答案；在对问题进行推理、分析的过程中找出解决问题的方法，或通过观察、实验来收集情况，或通过查阅文献资料、检索等其他方式得到第二手资料，再对获得的资料进行比较、归纳、统计分析，形成对问题的解释或找出解决问题的办法；最后通过讨论和交流，进一步发现新的问题，对问题进行更深入的研究。教师要对学生探究学习给予适时的、必要的、谨慎的、有效的指导，使学生在探究活动中真正有所收获，使学生的探究实践得到不断完善。

三、高校课程与教学改革应注意的问题

高等教育肩负着培养高素质、高层次创造性人才的重任。改革开放以来，我国高校课程与教学改革在提升高等教育质量、促进学校内涵建设等方面取得了显著成效。教育思想的转变、科学质量观的确立，保证了改革的正确方向；同时又为改革实践提供了科学的理论指导。重视课程与教学理论研究，并取得了颇丰的研究成果，对成功地进行课程与教学改革实践发挥了巨大作用。国家出台相关政策文件，引导和保障了高校课程与教学改革。虽然如此，而有些问题的存在将会影响教学质量的提高，影响我国人才的国际竞争力和国家的综合国力，应高度重视。

（一）坚持以人为本

目前，教师教育教学观念有待更新，应树立以人为本的教育教学思想。以人为本的教育思想要求视学生为一个具有完整精神世界的人，并促使其实现自我价值；主张培养整体的人、有创造性的人；重视学生智力和能力的发展，重视学生

发现问题和解决问题能力的培养；采用"探究—发现"式教学方法，引导学生探求知识、学习知识、掌握知识，使学生的知识结构与当代科学发展相适应。

（二）加强课程研究

一直以来，人们比较注重教学研究，对课程研究没有引起足够的重视。要实现人才培养目标、提高人才培养质量，必须从教学研究转向课程研究，这也是我国高校课程与教学改革的趋势。因此，一定要加强课程研究，取得更多的理论研究成果，用以分析和指导课程实践。西方发达国家对课程的研究已有很长一段时间，研究成果丰富，值得我们学习借鉴，能够给我们启迪。但我国高校课程与教学有着自己的发展背景和实际情况，借鉴只是做强我国高校课程研究的重要途径之一，必须坚持学习借鉴与自主研究相结合．探索出一条适合于我国课程与教学改革之路。此外，要处理好政策引导与课程研究间的关系。政策的制定实施为课程与教学改革提供驱动力，是课程与教学改革的制度保障。课程实践应以课程理论为指导，不能以政策的引导作用代替课程理论的指导作用。

课程综合化是课程改革的发展趋势，它是课程研究的一个重要方面。教育部门应高度重视，设置相关机构、组织相关专家对此进行研究。条件较好的高校还应进行这方面的尝试，对教师进行相关培训，开展课程综合化实践，丰富和积累经验，在一定程度上也能促进学生能力的提高。在现有课程的教授中，应尽量使用高水平教材尝试编写综合化课程的教材；增开选修课程，使文科学生能提高自己的科学素养，使工科学生能提高自己的人文素质，拓宽知识面，改善知识结构。当然，在我国高等教育还比较落后的情况下，真正实现课程综合化，还需要相当长的时间，任务艰巨。

重视借助其他学科的理论，例如，高校课程和教学领域需要借助社会学、哲学、心理学、逻辑学等其他学科的理论。只有这样，课程理论才能经得起时间和实践的考验，才能起到指导实践的作用。

在研究教学问题时，注意借用现代科学手段和方法。西方教育工作者普遍采用如控制论、系统论和信息论等现代科学手段和方法，来研究和探讨教学问题。它的运用，能促进传统教学的大变革，使新的教学思想不断产生、发展和完善。

（三）改革课程设置

在课程设置中，降低专业课程在教学计划中所占比重，改变选修课程开设相对不足的状况，促进学生的全面发展，满足社会多元化的需求。加强文理渗透、学科间的联系，消除明显的文理分科，防止学科间的彼此孤立。另外，尽量避免课程内容过时、重复和脱节现象的出现，编写具有权威性的教材，使学生培养具有超前性，使学生智力与能力得到发展与提高。

在课程设置中，注意信息化课程的开设和课程国际化水平的提升。我国高校文科学生对文献检索、信息安全等学科不甚了解，没有机会修读这方面的课程，除了主修本专业的课程外，大多只选修了计算机方面的基础科目。在信息化时代，学习和工作中常用到、也离不开文献检索、信息安全等学科方面的知识。因此，学校应开设信息化课程，加强学生这方面课程的学习。另外，信息化时代对外语教学要求更高，应强化英语教学、提高学生的英语水平。

而今，国际联系日益密切，科学技术高度分化与高度综合，课程国际化与综合化日益明显。作为接受高等教育的学生，希望学到更多、更深的专业知识，在能力水平上有很大的提高，而且他们已具备学习跨学科课程和国际化课程的能力和水平。但我国高校课程国际化、综合化程度不高，所以在这方面要进行积极有效的尝试，加强课程的国际化与综合化建设，加快课程内容信息化、国际化、综合化，面向世界培养人才。

（四）完善人才培养模式

高校要以现代教育理论、教育思想为指导，按照一定的培养目标和人才规格要求，以相对稳定的教学内容和现代化的课程体系，健全的管理制度和科学的评估方式，实施人才培养。人才培养的质量与人才培养模式密切联系，人才培养模式与专业设置、培养目标、培养规格、培养方案等息息相关，而这几个方面应与现代社会发展相一致。因此，要不断完善人才培养模式，坚持以"注重知识、能力、素质的全面培养，"强调理工渗透、人文教育和科技教育相融合"，"加强基础训练、拓宽人才培养口径"为指导，处理好基础与专业、人文教育与专业教育的关系，体现基础实、专业宽的特点，提高教学质量和办学效益。

当前，教学论发展十分迅速，"教学论者比过去任何时候都关注人类的学习问题,认为它是提高教学论科学化水平,改进学校课堂教学的一个极为重要的理论支点。"德国著名教育家布兰凯尔兹说:今天,对于教学论研究的关注如此之高涨,建立教学科学的要求如此之强烈,是迄今为止的教育学史上未曾有过的。科学地理解和把握教学概念,把教与学有机地统一起来,是时代的要求,是教学改革的必然趋势。我国高等教育在大规模扩招后进入大众化教育阶段,培养质量问题摆在了人们面前。今后我国高校应更多地结合自身实际,积极有效地进行课程和教学改革,取得能指导本校课程与教学改革的理论成果,以解决自身存在的问题,提高教学质量和人才培养质量,促进我国教育改革的发展。

四、高校课程与教学改革与地方高校创新型人才培养

若想在激烈的竞争中立于不败之地,就必须进行教育改革,培养大批创新型人才;而教育改革又要以课程与教学改革为先导。21世纪是知识经济时代,但知识经济作为一种全新的经济形态并不意味着知识得到了传播就可以获得"收益递增"的效果。因此,在实施创新教育,培养创新型人才时,要立足学校实际,提升教师素质,发展学生个性,改革课程体系。

(一)立足学校实情,打造创新特色

随着高等教育大众化这一趋势的发展和办学模式的多样化,办学特色对一所学校的意义和价值显得越来越重要。地方性高校相对国家部委院校,办学条件、师资水平及科研能力都相对薄弱。其在培养创新人才中,应该树立多样化的高等教育质量观,立足于其特色学科和传统优势,根据"有所为,有所不为"的方针,打造创新特色,培养具有自我特色的创新人才。

(1)创新办学理念。创新性办学理念是在教育理论指导下长期的办学实践的经验积累、感悟与升华。办学理念的选择必须符合教育规律和人才成长规律,符合国情、区情和校情,必须有创新性思维。地方高校培养特色创新人才,必须要有自己的办学特色;而形成自己的办学特色,必须有自己独特的办学理念。创新人才和办学特色是创造出来的,有创新性的办学理念,才能办出有特色的高校,培养出有特色的创新人才。办学理念与办学特色及创新人才培养的关系,实质上是理论与实践的关系。有创新性的办学理念才能指导创新性的办学实践和创新人

才的培养，才能使学校办出特色。

（2）创新办学定位。"决没有简单的'好高校'的模式。一所高校与另一所高校所面临的任务和所处的环境方面肯定是大相径庭的」"一所高质量的高校必须有一个明确的而且是生气勃勃的办学目标。所以，它不可能是满足所有人的所有要求的大杂炒。它需要在众多要求中作出选择并确定哪些是应予优先考虑的重点鉴于每所学校所处的环境和面临的任务不同，各个地方高校的办学定位应具有多样性，其创新教育的实施和创新人才的培养也应具有多样性。地方高校只要"定位"准确，依据自己的办学模式和办学特色，构建具有自我特色的创新人才培养模式，经过艰苦的努力，都可以培养出自己的特色创新人才。

（3）创新学科建设。高校是培养"具有创新精神和实践能力的高级专门人才"，是以学科专业教育为基本特征，学科专业是高校赖以生存和发展的基础。它与创新人才培养模式、特色学科建设水平直接相关。地方高校应依据学校的实情，立足区域经济的发展，以创新人才的培养为核心，打破常规，对一些学科专业建设，实行非均衡性的跨越式发展，使自己培养的人才具有很强的创新能力和适应能力。

（二）提升教师素质，激发创新活力

在创新人才培养过程中，教师队伍的创新是关键，因为高校教师是学生创新意识的激发者和学生创新能力的培养者。没有一支具有强烈的创新精神，勇于探索、勤于实践、善于培养学生创新素质的师资队伍，就不可能培养一大批具有创新精神和创新能力的创造型人才。地方高校在教师队伍建设中，应坚持内涵发展和外延引进相结合，以内涵发展为主的原则，提高教师素质，使其能有效地激发学生的创新活力，培养学生的创新能力。

（1）教师应具有引导学生进行创新的意识。教师要把培养创新人才作为自己的神圣职责·要深知"没有培养出具有创新精神的人，就是教育的一种失职，一种错误。""对教师而言，如果对学生创造力的发展漠不关心，就是最不称职的老师"为此，教师要在自己的教学内容中体现自己独特的教学设计，要在自己的教学方法中充满创意，尤其在评价学生的学业时要体现鼓励学生创新的原则。

（2）教师应成为学生进行创新的示范。高等教育的创新要求高校教师要成为

学生创新能力的培养者和创新活动的示范者。教师要以自身的创新意识、创新思维和创新人格去感染学生，去带动学生，广泛开展各种能够激发学生创新意识、培养学生创新能力的创造活动；发扬教学和学术民主，营造创新环境，以利于学生创新意识和创新能力的培养。

（3）教师应胜任指导学生进行创新的重任。高校教师是学生创新能力的培养者、创新意识的激发者和创新活动的组织者。要胜任这些重任，教师必须具备一定的创新素质。其一，具备良好的职业道德，具有强烈的责任感和使命感，把培养创新人才作为自己的神圣职责；其二，要掌握创新知识和现代思维方法，视野开阔、思维敏捷；其三，兼备科研能力和教学能力。科研和教学是高校教师承担的两大任务，一个不搞科研或没有科研能力的教师，缺乏知识创新的源泉，不可能成为学生创新能力的培养者；同样，一个只搞科研不搞教学的教师，与学生接触太少，也很难成为学生创新意识的激发者和学生创新活动的组织者。

（三）发展学生个性，培养创新人格

个性通常是指个人具有的比较稳定的、有一定倾向性的心理特征的总和，包括气质、性格、动机、兴趣、意志、理想、信念等。心理学研究表明，个性心理特征调整着个体心理过程，影响着人的外显行为和内隐行为，它与人的创造力密切相关。任何一项创新活动，都是对已有观念或方法或理论的突破与创新，它没有现成的方法、途径可以遵循。不墨守成规、兴趣广泛、好奇心强烈、富有想象、不迷信权威、不怕失败等个性品质与特征常常在创新活动发挥着重要的作用。这些与创造力相关密切的个性心理特征在创造学、心理学中常被称作创造个性或创造人格。研究表明，文化素质教育在人的个性发展和创新人格的培养中有着十分重要的作用。著名科学家爱因斯坦指出："只教给人一种专门知识、技术是不够的，专门知识和技术虽然使人成为有用的机器，但不能给他以一个和谐的人格。"在这里应当特别予以重视的是直接表现人的精神世界、精神力量的人文科学，它们对发展人的心灵，形成和谐人格方面具有独特的作用。

如何在文化素质教育中，有意识地培养学生的个性和创新人格？

（1）逐步引导学生树立正确的世界观、人生观、价值观，产生热爱祖国和人民的深厚情感，具有强烈的进取心、事业心和高度的责任感。

（2）激发学生对事物的浓厚兴趣和难以满足的好奇心。

（3）训练学生拥有高度的敏感性和开阔的思路。

（4）培养学生具有顽强的毅力和勇于献身的精神等。使学生深知"对学生个体而言，如果对民族的创举、对他人的创造思想和行为无动于衷，对自己的创造力能否得到最大限度的发展漠不关心，缺乏创造动机，只来世界上享受他人的创造，自己不想为他人创造点什么，就是最没有责任感的人"。

开启人人参与拼搏、参与创新的冲动，强化学生的主体意识和创新精神，激发学生的学习活力和创新能力，地方高校才能充满生机和活力，才能在高校林立且相互激烈的竞争中，赢得主动，具有强大的竞争力。

（四）改革课程体系，实施创新教育

高等教育的内容主要体现在高校的课程设置上。课程是实施人才培养目标的蓝图，也是师生双方开展教育活动的主要依据。创新人才的培养取决于创新教育的实施，而教育观念、教育思想和教育体制的创新最终都要落实到课程内容的创新上。因此，地方高校实施创新教育、培养创新人才，必须改革课程体系。

（1）革新课程理念。课程的研制和开发不仅是课程专家和学科专家的事情，也是教师与学校的事情。课程与教师的关系从来就是密切相关的。在制定的课程与学生接受到的课程之间，实际上还存在着一种经过教师辛勤劳动运作的过程。地方高校与教师应依据有关指导思想，结合本校实情，革新课程理念，增强课程意识，关注学生的主体性，促进学生身心健康和谐发展，使其具有创新精神与创新技能。

（2）更新课程教学内容。教育实践证明，运用陈旧过时的教学内容是不可能培养出面向未来的创新型人才。地方高校的各种课程都要充分吸纳自然科学和人文社会科学的最新成果，跟上日新月异的科学技术发展的步伐，把学生引导到当代科学的前沿，开阔其视野，拓展其思维。

（3）均衡课程设置。要注意加强人文教育和科学教育的渗透，促进自然科学和人文社会科学的相互结合；在培养学生的人文精神和科学素养的同时，努力塑造学生的求实创新精神和良好思想品德；学科交叉、文理渗透的课程体系，有利于学生知识结构的优化，有利于学生创新能力的培养。改变过去片面追求学科体系完整的传统做法，实行"多学科、少学时"，把每门学科中最有科学价值、最有应用前景和最有发展前途的知识教给学生，要尽量避免教学内容的重复。课时大幅度地压缩有利于开设课程的门数大量增加。这样就会凸显课程体系的整体性、选择性和均衡性，也就会丰富学生的知识结构，开拓学生的视野，培养学生的创新意识和创造能力。

（4）建立宽松的课程教学创新环境。在课程实施中，可以采取多种灵活的教学方式和考核方式。如采取"以项目为中心的教学"和"以问题为中心的教学"，培养学生自主学习的兴趣和能力，让学生大胆地想象，提出创造性的见解，激发学生的创造灵感，使学生创造性潜能得到充分发展。

五、地方高校课程教学质量的影响因素分析

课程是教育目的实现的媒介；课程教学质量直接关乎教学目标和课程目标的实现，在整个人才培养过程中具有重要的作用。扩招后，我国高等教育由精英教育阶段进入大众化教育阶段，许多地方高校的硬件和软件"超负荷运转"，这直接影响课程教学质量，备受社会各界的关注。影响地方高校课程教学质量的因素有哪些？

（一）传统教学因素的影响

1. 办学条件分析

高校培养人才，实现学生全面发展，需要一定的办学条件。例如，适时合宜地开设选修课程，引导学生进行科学研究，实行多样化的、开放型的创新教学等，都需要一定师资、一定资金和一定设施。就培养学生的平均教育成本而言，不同层次的高校之间的差别并不大，但就获取教育经费的来源和能力方面，地方高校特别是升本不久的地方高校则显得困难重重。一方面，这些地方高校正处在发展阶段，基础差、底子薄，教学仪器设备、图书资料、教学用房等教学基本条件的建设任务相当艰巨；而另一方面，这些地方高校在区域经济中的影响力相对较小，能够从中央和地方财政获得的经费少，获取其他经费（如：科研经费、项目费、校办产业费）的能力更是有限，收取学生学费成为其办学经费的最主要来源。于

是，学校不断扩大规模，以增加办学经费。教学基本条件原本较差，扩大招生后校舍、仪器、图书等更加日趋紧张，本该让学生亲自动手的实验或上机操作等实践课程都只能被大大压缩。生均资源的匮乏，自然影响到学校的课程教学质量，人才培养质量也大打折扣。

2. 学生现状分析

（1）学生素质。学生是实施教育的对象。具有良好素质的学生是人才培养的重要基础。我国高等教育进入大众化教育阶段，学生质量相对扩招前下降了不少；相对国家部委所属院校，地方高校学生文化素质较低，主体意识和学习意识也较差。如今，进入高校深造，已经不像过去那样困难，一些学生不再珍惜这种看似轻易获得的学习机会，"混文凭"的思想又有所抬头。加之有些学生自我约束、自我管理能力较差，主要精力和大部分时间并没有用在学习上，迷恋于网吧、酒吧，交朋友、谈恋爱，迟到旷课，考试舞弊，荒废了学业。生源质量的下降，影响了课程教学质量，也给地方高校人才培养带来了一定的困难。

（2）学习目标。高等教育改变了传统的精英教育模式，但学生的学习令人担忧，尤其是地方高校的学生，他们往往表现出学习目标不明，学习自主性不够。第一，没有学习目标。进入大学后，由于高中学习的目标已经完成——考上大学，很多学生还没来得及思考大学学习目标问题，学习没有动力，上课学习比较盲目，课余时间不知道如何安排，参加集体活动也不积极。这些现象比较普遍。第二，学习目标的建立存在障碍。一方面，课程的难度使得一部分学生失去了学习信心；另一方面，进入大学后大多数学生的学习底子相差悬殊不大，基本上处在同一层次、同一水平，不像中学那样体现出自身的优势，这也使得一部分学生失去了学习信心。第三，找不到明确的学习目标。大学学习要求学生有高度的学习自主性，而事实上不少学生不能进行自主.学习。很多课程课堂习容量很大，需要在课前做大量的准备工作，课后做长时间的实践与消化。而现实中学生课前没有任何准备，课中不认真对待，课后抛之九霄云外，更不用说在学习中开拓创新了。这种学生不是少数。

（3）学习态度。端正的学习态度，能充分调动学生的智力因素和非智力因素，做到主动地学、严谨地学、科学地学、谦虚地学。而学生学习态度不端正也是地方高校存在的问题。不少学生总是存在侥幸心理，将学习寄希望于考前的复习突击上，以考试过关为目标，"60分万岁"的学生占了相当大的比例。还有一部分学生明确表示不喜欢读书、不喜欢学习，完全处于被动的学习中。

3. 教师现状分析

师资问题是课程教学最核心的问题，优良而充足的师资是课程教学质量、人才培养质量的基本保证。但目前许多地方高校的师资队伍存在这样或那样的问题。主要问题：

（1）教师数量不足。相当一部分地方高校存在程度不一的教师短缺问题，有的师生比甚至达到1:40。为了应对扩招后教学的紧张状态，许多学校采用加大教师特别是基础课教师的工作量的办法，不少教师每周承担20甚至30课时的教学任务。一些新办专业、新兴学科的教师，他们一学期担任好几门课程的教学任务。在这种超负荷的状态下，教师很难有精力来改进教学、进修业务和从事科研。

（2）教师综合素质和业务水平不高。从整体看，地方高校教师的学历、职称、学术水平存在不少问题；加之，有的教师忽视自身道德素质的提高，把自己所从事的工作仅仅作为一种职业和谋生手段，教学教研精力投入不足，综合素质和业务能力有待提高。虽然一些地方高校也在竭尽全力加大教师的培养和引进力度，但由于自身的影响力、财力或所处地理位置等方面的原因而缺乏吸引力。教师数量的不足及整体素质的不高，严重影响了地方高校的课程教学和人才培养。

教师在教学过程要注意以下两个问题：

（1）教学目的与学习目的的矛盾。教学目的在一定程度上决定学生的学习目的。对优秀学生来说，教学目的与学习目的并无太大区别，但对于学习较一般的学生来说，学习目的与教学目的之间存在较大的差距。所以给教学带来了较大的困难，有可能抹杀学生的个性，教师的压力也很大。学习目的与教学目的难以达成一致，影响课程教学质量。

（2）教学手段的合理运用。教学手段是影响课程教学质量的又一因素。良好的教学手段可以有效地扩展课堂容量，发挥学生的主体性，使教、学、练很好地结合，融为一体。课堂教学应是一个采用多元化的教学手段进行全方位教学的过程。所以，合理地运用教学手段，对课程教学质量的提高将产生很大的影响。

（二）教学管理体制的影响

教学管理体制是教学管理思想、理论、观念的具体化，是教学管理思想、理论、观念作用于教学管理实践的中介。我国高校教学管理分校、院或系两个层次，教学管理观念落后，管理队伍不稳定，缺乏一整套体现现代教育教学规律，适应现代科学技术与社会进步和市场经济发展的科学有效的管理思想、管理体制、管理方式，以人为本的管理思想和服务理念还停留在形式上。张楚廷曾说："当学生对某位教师的讲课毫无兴趣的时候，学生只能是束手无策；当学生已很不喜欢自己当初选择失当的课程的时候，他们基本上也没有多少可能来加以改变。学分制是能赋予学生更多自由的管理方式，可是，又有多少人这样看待过学分制？实际上，我们的管理把90%的精力花在了如何限制学生上面。"这便是我国目前教学管理体制下的教学的真实写照。所以，要加强教学管理体制改革，使之不断健全与完善。

（三）隐性因素的影响

1. 课程的难易度

课程的难易程度，很难有一个较好的衡量标准，也会因人而异。如何在课程设置时使学生能够很好地掌握并运用课程内容是提高课程教学质量的关键。在学分制下，大部分高校多采用选课制。在课程选取上有的学生不能很好地把握，一味地求快求多，对课程的难易程度缺乏认识，对课程前接后续问题不太了解，前面基础的课程没学就提前学习了后面更深奥的课程。这使得学生学习起来力不从心，从而失去学习兴趣。所以高校应根据自身条件和学生的学习基础合理安排课程教学，引导学生正确地对待课程学习问题；教师要引导学生分清先后和主次，指导学生选课和选择合适的教材。课程教学由易而难循序渐进，学生自然也能随着知识的掌握和增加而关注知识面的拓展，从而提高学习兴趣。

2. 师生的情感

模仿是学习的基础，教师在教学和生活中潜移默化地影响着学生。学生对教师的态度是依赖还是排斥、是信任还是怀疑，体现在师生的情感上。如果教师不能做学生的良师益友，那么学生对某个教师的厌恶情绪可能会被无限地放大，进而影响到课程教学质量。师生的美好情感有时候能促成一个学生在某一方面有所成就。

3.学习的氛围

在良好的学习氛围中,学生能在轻松、自主、平等、活泼、宽松的情形之下,在教师的关怀与鼓励之下,不断得到人格上的尊重,取得学习上的进步,获得心理上的自信,体验成功后的快乐。良好的学习氛围,无疑能激发学生的学习热情,提高学生的学习兴趣。校园是社会的特殊组成部分,它所形成的独具特色的校园文化在当代社会中具有强大的影响力,对学生的影响也是巨大的,自然影响课程教学的质量。

校园的不良风气影响学校的人才培养,例如,普遍存在的考试作弊现象。虽然学校再三强调考风考纪,考试期间如临大敌,但仍然是"道高一尺,魔高一丈",学生作弊方式和手段花样百出,无奇不有,现代科技工具都派上了用场。还有作业造假现象,相当数量的学生对老师布置的论文或作业不是查阅资料,深入钻研,认真完成,而是东拼西凑,剽窃抄袭,甚至是直接从网上下载了事。

总之,影响高校课程教学质量的因素是方方面面的。充分认识这些因素,齐抓共管,以提高课程教学质量。

附:改革开放以来我国高校课程与教学改革的发展历程

高校课程与教学改革是我国高等教育改革的核心部分,在实现高校人才培养目标,提升高等教育质量方面起着关键性作用。总结教学改革的成功经验,展望未来的发展道路,对于推动和引导新时期我国高校的课程与教学改革发展具有重大现实意义。

(一)由专才教育到通识教育

从专才教育到通识教育是高校课程与教学改革的思想演进。在特定教育思想的指导下,课程与教学改革呈现不同的教育策略。研究高校课程与教学的改革历程,就不得不研究教育思想的演进。改革开放以来,比较有影响的高等教育思想主要有以下几种:

1.专才教育思想

专才教育是指以培养具有某一学科的基本理论、知识和技能,能够从事某种职业或进行某个领域研究的人才为基本目标的教育活动或教育模式。其重点在于使受教育者能够适应社会某一职业、行业的实际需要，具有这一职业、行业的基本知识和技能，满足社会经济发展对各种类型专门人才的实际需要。改革开放初期，我国高校的课程与教学改革基本上是在专才教育思想指导下进行的。体现在高校的培养目标上，就是重视培养各种"专门人才"。本科教育的专才培养目标定位是与当时的计划经济体制相适应的。"这是中国高等教育在一种特殊的历史背景下，为了向前发展而不得不做的一次历.史承接。"

2. 素质教育思想

素质教育思想体现在教育目标上，它强化了提高学生全面素质的宗旨；在教育内容上，它要求施以较全面的教育；在教育方式上，它充分重视学生主体积极性与创造性的发挥；在教育途径上，它注意理论与实际的结合；在教育评价上，它重视学生基本知识的掌握、基本技能的训练和基本品质的养成，并鼓励不同特色的发展。我国高校实施素质教育主要是针对专才教育模式在社会主义市场经济体制下存在的一系列问题提出的。这些突出的问题是"专业口径过窄，人文教育薄弱，教学模式单一，教学内容偏旧，教学方法过死"等高校实施素质教育，体现在培养目标的素质要求上，主要包括思想道德素质、文化素质、专业素质和身体心理素质四个方面。高校确立素质教育的思想观念，要求其培养目标定位实现从培养专门人才向复合性应用型人才的战略转移。

3. 创新教育思想

高校开展创新教育，是在新的时代背景下对素质教育实施的进一步拓展与深入。第三次全国教育工作会议指出，要把民族创新能力的增强提到事关国家和民族生存、发展的战略高度，《中共中央、国务院关于深化教育改革，全面推进素质教育的决定》中则明确指出，素质教育要以培养学生的创新精神和实践能力为重点。1998年颁布的《中华人民共和国高等教育法》明确规定：高等教育的任务是培养具有创新精神和实践能力的高级专门人才。在创新教育的具体实践上，针对传统大学教育的特点，众多高校实施了"倡个性以补不足"的个性教育，通过培养个性化的人才实现创新型人才的培养目标。

4. 通识教育思想

我国通识教育理念是对狭窄的专才教育思想的拨正，是对教育本质认识的深化，是对文化素质教育的深入和落实。"就性质而言，通识教育是高等教育的组成部分，是所有大学生都应接受的非专业性教育；就其目的而言，通识教育旨在培养积极参与社会生活的、有社会责任感的、全面发展的社会的人和国家的公民；就其内容而言，通识教育是一种广泛的、非专业性的、非功利性的基本知识、技能和态度的教育。""通识教育"既是大学的一种理念，也是一种人才培养模式。其目标是培养完整的、健全的人。

（二）由教学研究到课程研究

从教学研究到课程研究是高校课程与教学理论研究的转型。我国高校课程与教学的理论研究是伴随着对课程内涵认识的改变而逐步深入的。改革开放初期，受原苏联课程理论的影响，加上又没有结合自身具体实际的课程理论研究成果，我们只能从比较狭窄的意义上去认识课程。因此，我国高等教育在相当长的一段时间内，并没有科学意义上的课程研究，课程研究被局限在教学研究的视域之中。这些研究主要包括大学教学过程与教学规律研究、大学教学方法和教学手段研究、大学教学评价研究等。直到20世纪90年代，我国高校的课程理论建设处在从一片空白到初步探索的过程之中。其主要存在以下几个问题：一是在实践领域，课程概念上的混淆导致了实践上的混乱；重课程条件而忽视课程实质；重微观课程而轻宏观课程。二是在理论方面，课程思想研究较多，课程编制技术涉及太少；研究中较少汲取其他学科资源；课程研究方法论基础薄弱。总之，当时我国高校的课程理论建设存在问题很多，任务非常艰巨。

近十年间，我国课程理论研究者在课程理论研究方面取得了显著的成效。其主要成果如下：一是对高校课程体系现代化的研究。认为高校课程体系的现代化应体现在目标、内容、实施和评价等各个方面。为了实现课程内容的现代化，大学应建立一种课程机制，通过"已知"来启迪学生追求"未知"，从而超越"最新"，实现课程的常新。二是高校课程体系优化的研究。课程体系的优化是有效实现培养目标的关键。课程体系的优化应坚持系统观和系统的方法，在改革实践上可将课程结构区分为表层结构和深层结构而分别对其进行优化。三是高校课程编制的理论与技术化研究。高校课程作为一种学术计划，可以分为单门课程编制、培养计划编制和以学院为单位的课程编制三个层次。相应地可形成三种课程编制模式，每一模式都有各自不同的编制内容和编制方法。研究指出，不同的学术领域特点也会对高校课程编制带来实质性影响。总之，我国高校实现了教学理论的研究向课程研究的重大转向。

（三）由关注质量到突出质量

从关注质量到突出质量是高校课程与教学的实践改革取向。改革开放以来，提升高等教育质量成为我国高等教育发展的一条内在主线，但指导教育质量提升的质量观却大致经历了合规定性、合需要性和合发展性三个阶段。在不同教育质量观的指导下，我国在国家政策层面和高校实践层面对如何提高高校教育质量进行了制度设计和实践探索。

1.着眼教育质提升的国家政策文件

改革开放以来，我国着眼教育质量提升的国家政策文件主要可分为三类：第一类是关于高等教育专业设置的调整。高等教育专业设置调整是国家提升高校教育质量的重要举措。自改革开放至今，高等教育的专业设置一直处在调整过程之中。国家对此出台了一系列关于专业设置的政策文件，如《关于进行高校专业调查和调整工作的通知》、《普通高等学校学科门类和专业目录》、《关于进行普通高等学校本科专业目录修订工作的通知》、《普通高等学校本科专业目录》等。在合需要性和合发展性质量观的指导下，经过调整，实现了拓宽专业口径的目标，使培养出的人才更好地适应了当下和未来社会的需要，有效地提升了高等教育质量。第二类是关于先进课程内容体系的建立。为提高教育质量，培养适应21世纪我国社会发展和现代化建设需要的人才，教育部先后出台了《高等教育面向21世纪教学内容和课程体系改革计划》与《关于批准万种新教材建设研究项耳的通知》，将高校的课程内容建设提升到一个新的高度，目前已取得了明显成效。第三类是关于国家层面质量工程项目的设置。一方面，全面启动实施的致力于提升本科教学质量的"高等学校本科教学质量与教学改革工程"。该工程包括专业结构调整与专业认证，课程、教材建设与资源共享，实践教学与人才培养模式改革创新，教学团队与高水平教师队伍建设，教学评估与教学状态基本数据公布，对口支援西部地区高校六大方面的建设内容。经过建设，在实现建设目标上取得了可喜成绩。另一方面，启动"研究生教育创新计划。较有代表性的创新计划项目设置包括全国博士生学术论坛、全国研究生暑期学校、研究生创新中心、博士生学术会议及全国优秀博士学位论文的评选等,此外,还涉及"精品课程建设"、"研究生教材建设"等专题项目的开展,以及通过立项方式推动"研究生培养机制"和"创新人才培养模式"的改革等。

2. 高校探索教育质改进的具体实践

(1) 改革高校人才培养方案。首先,在培养方案改革的指导思想上,素质教育思想、创新教育思想、通识教育思想都曾作为一些高校人才培养方案改革的指导思想;其次,培养目标的改变成为高校培养方案改革的直接动因,不同高校培养专门人才、创新型人才、复合性应用型人才以及通识人才的目标定位,直接导致了培养方案中课程结构的改变;再次,建立柔性的课程体系,注重个性化人才的培养已成为我国高校人才培养方案改革实践的基本价值取向,如建构"平台+模块"的课程体系架构、提供分层次的课程安排以及实施分层教学等。

(2) 变刚性机制为柔性机制。王伟廉在《中国大学教学运行机制研究》中,详细阐释了教学运行机制的概念,他指出"从静态上可以粗略地对中国大学教学运行机制进行这样的描述:它是为了适应当前和未来中国社会发展,在人才培养模式的多样化、灵活性和高质量方面所提供的各种条件和配套管理制度的总和。若再从动态上考虑,则还要加上这些条件和管理制度的有效运行和不断完善。"这是一种把教学改革和教学管理·体制结合起来的改革方式,实现教学运行机制由刚性的教学运行机制转变为柔性机制,使整个人才培养活动建立在一种游刃有余的环境中,实现高等教育主动适应社会经济、政治、科学文化发展和满足个体健康成长需要的目标。

(3) 设置质量工程项目。在"质量工程"和研究生教育.创新计划的带动下,各省市、各高校也相应地进行了改革试点,逐步构建并形成了一种包括·国家、省、学校三个层面在内的三级"质量工程"和研究生教育创新计划体系。通过各级各类教育质量提升活动的开展,促进了全国范围内高校教学质量的提升。

综上所述,改革开放以来我国高校的课程与教学改革是在不断致力于教育质量提升的过程中具体展开的。2007年"质量工程"的实施,标志着我国高等教育走内涵发展道路,提高高等教育质量进入了一个新的阶段。

改革开放以来，我国现代化建设取得了十分显著的成就，高等教育也得到了极大的发展，特别强调了教育质量问题，基本确立了通识教育思想，实现了由教学研究向课程研究的转变。但在推进课程与教学改革的"校本化"、"特色化"方面，还有许多事情等待人们去完成，还有许多问题等待人们去研究。

第三章　互联网+背景下的教育变革

第一节　互联网教育产生的原因

一、信息化的普及与教育信息化的发展

信息化已经成为了当今世界经济和社会发展的大趋势，随着我国现阶段高科技技术的发展速度不断加快，信息技术的发展也对我国的经济生活、政治生活以及文化生活都产生一定的影响，因此，现阶段要不断普及信息化教育，以此推动社会的发展。同时，不断提高信息化技术也是与国际接轨的必要条件。在2015年《深化高等职业教育改革创新——全国高职高专校长联席会议》上就提出高职高专发展的三个新的起点。首先，要重视中高职学校的信息化发展，将其作为重要的切入点，建立一套现代化的职业教学体系。其次，要加强建设国家示范性高职院校的计划，并付诸实践，从而不断提高院校专业能力发展等推动高职院校发展自身的特色。最后，是完善产教融合、校企合作机制，推进高职院校的信息化建设发展。推进职业教育适应经济转型升级和学生成长成才需要，强调了信息化技术在高职院校教育发展中的重要作用。指出互联网+跨界融合的特质必将催生一批新产业、新业态、新商业模式，产生一系列新的用人需求，主动适应互联网+条件下的用人需求，当代，信息技术的发展速度不断加快，已经慢慢地对各个专业都产生一定的影响。而现阶段职业教育的目标之中也加入了重要的一条，即是为社会培养符合"互联网+"产业发展所需的优秀技术人才。普及信息化教育是培养创新型人才的需要。21世纪是信息技术飞速发展的时代，各种创新成果层出不穷，教学目标已不再是纯粹的向学生灌输已有的理论知识，应该更加注重

于培养学生不断探索与掌握新知识的能力，进而增强学生的创新的能力。创新是一个民族进步的灵魂，是一个国家兴旺发达的不竭动力。一个民族，如果缺乏创新能力是难以在世界民族之林立足的。只有创新才有出路，面临着当今世界科学与信息技术的飞速发展，为了更好地在竞争激烈的世界潮流中继续生存与发展下去，必须高度认识到增强民族创新能力的重要性，教育在培养创造精神与创新型人才方面就肩负了重要使命，在教育中融入信息技术因素，能够有效激发学生的学习兴趣，诱导学生进行积极思考，同时也为学生提供了更为广阔的发展空间和动手空间，对培养学生的创新意识和创新能力，提高学习效率具有极其重要的作用。

此外，教育的最终目的是培养社会所需要的人才，所以，教育的发展也要随着社会的发展而不断进行变革。在这个信息化时代，教育应该改变传统的教学观、师生观以及学习观。对于学生而言，学习不应该只是片面的、被动地接受知识与信息的过程，而是要主动去构建知识。要以自己的知识背景为依据，在接收外来信息时，不再一味地、不分主次地全盘接受，而应该主动地进行选择、加工及处理，成为学习的主体，在教学活动中成为积极的参与者、知识的主动构建者，传统的教学主要是向学生传授知识，现阶段，教学也变成了对知识的一种处理以及转换的过程。对于教师而言，在教学中不再占据主导地位，而只是学生学习的引导者和组织者，也不仅仅传递知识，在人格、情感与智力等其他方面也应该进行全面的培养与塑造，最终实现育人的目的。只有全面普及信息技术教育，教育才能在信息化社会中朝着纵深方向发展。

发展至今，教育信息化已经由多个单系统转变成了一个共享的、整合的、统一的系统；经历一个由原来的面向系统、面向技术的建设向现在面向用户、"面向应用"转变的建设过程。

互联网已经成为了当今世界教育与学习的主流方式，它的出现，使人们对教育的认识发生了质的变化，它对教育产生的影响可以说是史无前例的。随着我国教育信息化的不断发展，国家教育部发布了《教育信息化十年发展规划》，紧紧围绕着"优秀教育资源建设与共享、教师与学生的信息化应用及学校管理水平提升"这三个方面来进行工作的部署。其中就特别提到了要建立教育信息化产业发展机制。

二、教育的信息交换与处理

教育的本质是为社会培养人才，同时完善人的人格、健全人的人格，并让人们能够有一个更好的人生，从教育的角度来看"教育过程是教师根据教育目的、任务和学生身心发展的特点，通过指导学生有 R 的、有计划地掌握系统的文化科学知识和基本技能，发展学生智力和体力，形成科学世界观及培养道德品质、发展个性的过程"。如果不以这种方式来看待教育，那么教育的过程在一定的程度上也可以视为是一种信息交换以及处理的过程，这与互联网的相关功能具有一致性。本书对互联网的信息交换和处理的特点进行概述，主要包括以下几个特点。

1. 互联网信息交换和处理的速度非常快，主要是由于互联网技术非常先进，能够在短时间之内达到对信息的快速处理。

2. 对信息处理和交换能够突破时间和空间的限制，现阶段的互联网技术都是不受时间和空间限制的，在不同的时间以及不同的地点也能够做到对同一信息进行处理。

3. 信息交换和处理的成本比较低，一般而言，处理和交换信息是互联网技术的最基本的功能，因此不需要支付什么额外的费用，成本比较低。

4. 互联网技术能够处理和交换很大容量的信息，主要是指互联网处理和交换信息不受容量的限制。

5. 通过互联网进行信息交换的处理的过程中，可以达到多个人倾听、回应或者发言的作用。

6. 运用互联网技术处理和交换信息的品种比较多，有语音、图像和文本等形式。

7. 互联网技术处理和交换信息比较节省时间和金钱，因为互联网技术非常先进因而其处理信息的效率非常高。

8. 互联网处理交换信息的能力非常强大。

总的来说，无论发挥互联网处理和交换信息的哪一种功能，都能对教育的发展产生很大的影响和作用。从互联网能够让很多人有倾听回应以及发言的功能来看，这一功能就意味着人们也可以通过一对一的网络视频课程来满足自己的要求，从而有利于帮助学校的教师改革自己的教学方法和模式，更多地发挥网络信息处理的作用，让学生进行自主性的探究式的学习，从而让学生养成自主学习的习惯，并为广大学生营造一个交流讨论式、探究式的良好的学习环境。当然，从互联网的其他功能特点来看，其信息交换和处理的效率很高也就意味着给教学带来了更多的便利，节约了教师们的备课时间，也能让学生在课外通过自学学习到更多的知识。

三、传统教育体系无法满足需求

在中国，绝大多数人学习的目的都是带有功利性的，一些人是为了能找到满意的工作，一些人是为了混圈子，还有一些人是为了虚荣。现阶段我国的教育体系还存在一定的不足，不能完全地满足市场对人才发展的需求。同时，现存的教育行业还存在一定的政策监管不到位的问题，教育行业与互联网行业能够很好地融合在一起，因为互联网的发展对教育行业的发展起到了一定的促进作用。总的来说，互联网技术的发展突破了传统教育体系的不足之处，同时给教育的发展提供了良好的环境。在这样的大背景之下，在线教育也得到了很大的发展。

第二节 互联网作用下的教育新格局

2015年12月的时候，浙江义乌召开了第二届世界互联网大会。而这一届互联网大会的主题是："互通互联，共享共治——构建网络空间命运共同体。"习近平总书记发表了重要讲话，他提出，在"十三五"时期，"中国将大力实施网络强国战略、国家大数据战略、'互联网+'行动计划，发展积极向上的网络文化，拓展网络经济空间，促进互联网和经济社会融合发展。"随着互联网技术的发展，其对社会生活的影响程度不断加深，在国家不断推崇这一网络发展技术大项目的背景之下，我国的教育发展也面临着一定的挑战，在互联网+的大背景之下教育大数据大时代也到来。我国支持学校教育中以互联网为基础进行创新，不断地加强教育教学的质量，加快传统教学与当代信息技术发展相结合在一起，因为只有促进传统的教学方法与现代的人文和科学技术相融合，才能真正地推动传统教育的发展。

一、传统教育与互联网的融合

传统教育有很多的不足之处，在现今互联网+的大时代之下，我们要做到不断促进传统教育与互联网+之间的相互融合，这一相互融合并不是互相取代的意思，即是在教育中加入了互联网的因素，也不可能改变教育的本质，也不可能完全取代传统教育对人们的特殊意义。就互联网和教育的关系来看，互联网是能对教育的发展起到辅助作用的一种工具，二者之间是相辅相成的。因为，同样教育的发展也可以使得学习互联网技术的人数量增多，推动互联网的不断普及。从真正的融合来看，不是谁取代谁，而是互联网作为一种技术进入教育行.业，让教育行业在各个方面有较大的发展。现在的时代，网络的时代，很多事物的发展都打上了互联网+的烙印。互联网对人们的生活方式、生存方式以及工作方式都产生了很大的影响，它时时刻刻地在方便着我们的生活，让世界变小，让人们的生活变得更加方便，同时也使得人们之间的联系更加便捷。但是，同时我们也应该看到，由于互联网技术的发展导致社会上人们的人际关系变得更加冷漠，很多人宁愿在网上聊天也不愿意在现实生活中约出来一起面对面地聊天。但是现当代教育也非常重视师生之间的关系以及教育的情感和教育传授给学生各种价值观的重要性，因此，也应该看到互联网给人们的交流和沟通确实带来了很多的便利，促进了人与人之间的资源共享，增加了互相联系的频率。

就教育的互联网+的现象来看，我们也应该加大对教育对象的关注度。现阶段的互联网使用用户大多是年轻人，更偏重于1980年以后出生的人们，80后是社会的主力军，也是互联网的主要用户之一。同时，90后和00后，一个成长和发展于互联网事业发展的黄金时期，一个就是在互联网世界中出生，很早就接触了网络。相对于老一辈人来说，他们更容易接受网络这种新事物。而老一辈的人们相对于网络来说，更加喜欢读书和看报等方式来接触外界信息。但是作为新一代的人们接触的是网络世界，喜欢qq空间，喜欢微博、贴吧以及各种论坛，他们更加习惯于通过互联网来获取自己所需要的信息。事实上，通过互联网，我们查阅和搜集信息的速度更快，效率也更高，因此在网络时代，年轻人也更容易接受互联网+的教学模式。且现在大多数的学校都是采用多媒体教学，这样不仅教师备课非常方便，学生学习也更加便捷，有不懂的知识点，学生在课后还可以备份教师的 PPT 进行课后的自主学习，或者在家里通过一些自学 APP 搜寻不懂的题目，这样一来，就可以很好地发挥网络的作用。

因此，从各个角度来看，我们国家都应该十分重视互联网对教育的影响，对学生的发展和成长的重要作用，一些忽视以及轻视互联网对教育行业作用的行为都是不正确的，也是不科学的。时代的发展，就需要教育也不断跟上步伐。一个国家的发展，最重要的还是看这个国家的国民素质，而国家的国民素质归根结底还是教育。教育的好坏决定了一个国家在世界之林能否站稳脚跟，决定了这个国家的未来发展，因此，是否重视互联网对教育的作用是衡量国家的未来发展的重要标准之一。

互联网+与传统教育之间，二者的关系是复杂的，既不是一种简单的重叠的形式，也不是一对一的替代的关系，二者之间是相对的，不是绝对对立的关系。习近平总书记在讲话中就提到，互联网技术的发展，代表了人类认识世界、改造世界的能力在不断地提高，我们也深刻地体会到了互联网发展给我们的日常生活带来的便利。从一些相关的新闻可以看到，一些落后地区在引进了互联网技术之后，极大地发展该了地区的经济，同时也促进了该地区教育事业的发展，学校教学也在互联网的影响之下进行改革和调整，不断完善教学方式，改革教学模式，提高教学效率，并进一步地提高了学校的教学质量。这些相关的新闻也表明，互联网与教学融合的进程中，正在对传统教育产生一定的冲击，同时也促进了新的教育教学方式的产生。

而教育层面的互联网÷也更应该关注和看到那些教育不发达的地区，那些地区的学校对互联网的了解还比较少，距离人们现代生活的距离还比较远。2015年，针对这种情况，中国政府网发布了与教育直接相关的一个政策，提出要在2018年之前全部完成教育薄弱地区的学校改革工作。这一条文就意味着，很多不发达地区的学校都将不断地得到政策上的支持，并有机会引进互联网技术，促进学校进行改革和完善,适应未来社会的挑战。从这一政策也可以看出来,政府还是非常关注一些教育薄弱地区的教育工作,且还将不断地促进该地区的教育实现更好的发展。而教育互联网+也更加不能忘记这些地区,应该发挥互联网的作用,为这些地区的教育发展发挥传播、分享等作用,让这些学校也能提高自己的教育教学水平。

要真正地做好教育互联网+的进程,国家需要做的事情还有很多。首先,在政策方面,国家应该给予互联网和教育相融合一些政策上的倾斜;其次,教育行政部门等应该重视互联网+与教育行业的密切关系,要不断地支持学校在与互联网的相互融合之下的教育教学改革创新;再者,学校的决策层也应该支持学校老师在互联网的基础之上进行教育教学创新;最后,从媒体的角度来看,媒体应该多传播一些正能量的信息,给予互联网和教育行业的融合一些关注、支持和鼓励。只有这样融合多方面的努力,才能真正地推动互联网与传统教学的相互融合。

二、多样化的教学模式

一般意义上来看,传统的教学方式主要是指,学生在教师里听老师讲课,并获取知识,也可以在课堂中与老师进行一定的交流与互动。随着现阶段互联网技术的快速发展,这种传统的教学模式也将不断地改革,以互联网技术为基础的新的教育教学模式将产生并进一步得到发展。据相关调查表明,未来的学生只有占很少比例的还会继续延续这一传统的教学方式,而更多的学生也并不是严格意义上的学生,他们可能只是对某个学习领域比较感兴趣,或者很急切地需要学习某项技能,而不得不进行课程学习。

教学模式是教学的重要组成部分之一,在对学生进行教学的过程中产生着重要的作用。而对教学模式进行改革也就意味着整个教学将会发生很大的改变,互联网的优势在教学中的优势是显而易见的,如何更好地发挥互联网的作用,让其超过传统的教育教学方法和模式,还需要互联网对教育进行重新地解释和重构,进而建立一整套新的教育教学模式,可能这种教学模式与传统的模式会有很多的不同,但不变的是,这种新的教学模式能发挥更大的作用,能提高学生的学习积极性,能够更好地满足学生各方面的需求,为学生提供更好的教学体验。这同样也是互联网+下的教育教学模式发展的目标所在。其中比较常见的教学模式包括：多媒体课堂教学模式、基于计算机网络的讲授型模式、基于计算机网络的个别化教学模式、4A 学习模式以及讨论学习模式等等。

"教学模式是教学复杂过程的抽象，是在一定的教育思想指导下，在某种教学环境和资源的支持下，对教学诸要素所设计的较为稳定的教学组合方式及活动顺序。"(1)"互联网+"下的多样化的教学模式主要有以下几个方面的表现。

1. 多媒体课堂教学模式

现在的多媒体课堂教学模式主要指的是在传统课堂教学的基础之上，加入互联网技术，主要是通过计算机、投影仪的方式，进行课堂教学。教师事先备好课，并将课程的内容做好 PPT，通过计算机和投影仪在课堂教学中体现出来，给学生良好的教学体验。教师在进行课件制作的时候，可以参考网上的相关资料，同时根据教学目标加入自己的相关备课知识，并制定教学策略，对教学的整个流程进行设计，在教学的过程中，通过精美的 PPT 展示再结合教师声情并茂的授课，让学生获得更多的知识。同时通过投影仪，学生能够对知识点进行清楚的界定和认识，再者一个小结的课堂内容已经融合在教学课件当中，学生可以在课后课件进行复制，在课后也可以进行自主学习。其次，通过多媒体教学也可以避免让教师书写太多的板书，所有的知识点已经在课件之中，可以提高课堂的效率。

2. 以计算机为基础的讲授型模式

这一种教学模式，是在互联网时代下发展的一种新的教育教学模式，因为互联网在处理和交换信息上可以实现不受时间和空间的限制，因此，在这一模式就是发挥互联网在这方面的功能。在教学开始之前，教师可以将自己要讲授的内容事先准备好，然后将其存储进计算机当中，在讲授的时候，教师既可以通过计算机传递出丰富的教学信息，同时也可以在讲述的时候，将所有的知识点讲得很全面。这种方式可以同时满足学生的视觉感受和听觉感受，让学生对学习的相关知识点了解得更加透彻。而另一种方式则是现在我们所说的视频教学形式，教师可能并不出现在课堂之上，通过在课堂上播放教师准备的教学视频，让学生进行自主学习。当遇到一些不懂的知识点的时候，学生可以给教师发邮件，而教师也可以通过邮件对问题进行解答，这种方式不会受到时间和空间的限制，有利于促进学生进行自主学习，不断锻炼自己的自主学习能力。且学生可以按照自己学习时间的安排以及学习的兴趣点来进行学习，也不会受到章节的限制，同时学生也可以控制自己的学习进度。

3. 讨论性的学习模式

通过计算机网络也可以开展讨论形式的学习模式，这种模式主要通过一种电子布告牌系统来实现，这一系统具备了用户管理、文章讨论、用户留言、实时讨论以及电子信件等功能。学生能够在这一系统里面找到自己所需要的版块，并在其中与其他一些有类似问题的学生或者教师进行讨论。学生可以针对自己遇到的问题，在相关的版块中发帖，并与其他人进行交流和学习。现在，随着互联网技术的发展，能实现让学生进行交流学习的媒介也越来越多，除了学习论坛之外，还包括贴吧、学习交流的手机 APP 等，时代在不断地进步和发展，也将给我们带来更多的惊喜。

4. 以计算机为基础的个别化教学模式

自古以来，我们就一直强调教学中教师要做到因材施教，但是因为诸多条件的限制，传统的教学模式还存在很多的不足，难以满足学生个别化的需求。现阶段，随着互联网技术的发展，这一教学目标能得到更好的实现。以计算机为基础的个别化的教学模式中，学生的学习不会受到时间和空间的限制，可以在家中、在图书馆、在教室或者其他的任何地方，利用自己已经掌握的各种学习资料，包括纸质的资料，也包括一些视频资料和其他资料进行学习。在这一学习过程中，教师并不需要直接地向学生传递知识，只是通过间接的方式，如一些多媒体课件的制作以及教材的编制等给学生提供更多更优质的学习资源。这种学习模式中，学生可以根据自己的学习兴趣，在自己喜欢的场所进行学习，能加强学生的学习主动性并让学生养成一定的学习自觉性。

5. 计算机支持合作学习模式

这一种模式是指有共同学习目的的学习者们，通过计算机网络技术对相同的学习主题进行相互的合作，可以针对课堂教学内容上一些难以理解的地方，进行相互讨论和学习，同时也可以共同合作完成一个以小组为单位的课程作业。在这种教学模式中，教师起到的作用主要是根据教学目标，安排教学方案，并进行网上教学。后期进行作业的修改以及评估学生的成绩和表现，而学生可以自主选择自己学习还是进行小组合作的方式来进行学习，教师要充分尊重学生的想法和意见。在合作的学习模式中，主要说的是学生们团体间的合作学习。在学习的过程中，学生也可以成为同学的小老师，在帮助同学的过程中能体现自己价值，这样可以提高学生学习的积极性，让自己能更深入地进行学习。

总的来说，实际教学的过程中，教师采取的计算机技术与教学结合在一起的教学模式是多种多样的，根据学生的需求，可以对多种教学模式进行整合，在一节课中一起使用。发挥互联网在教学模式改革中的作用，真正地发挥互联网在教育教学中的作用。

三、以学习者为中心的教育

"以学习者为中心"与"以教师为中心"应相互对应，是指在教学过程中贯彻以人为本的教育理念，根据学习者的知识储备、心智特点等进行有针对性的教学。在传统的"以教师为中心"的授课形式中，教师是教学的核心，学生被当作知识灌输的对象，授课内容、授课方式等完全由教师决定，不论学生的实际情况如何，教师总是以同一种模式，把认为必要的知识传授给千差万别、各具特点的学生。在这种教学模式中，学生的主观能动性被忽视，学生必须被动适应教师，因而学习兴趣低下，学习效果不佳，也会逐渐失去学习兴趣。因而，总体来说，传统的教学模式忽视了学生的个性，严重影响了教学效果。

"以学习者为中心"的教学模式是对人本主义的理性回归，是在对传统教学模式进行深刻反思的基础上发展起来的。学习者在学习中是单个个体而不是群体，教师从事的不应是大众教育而是个体教育，而作为个体，每个学习者都有差异化的价值观，以个人惯有的速度成长，他们有自己偏好的学习风格、学习模式以及学习速度，各自不同的理想和目标也决定了他们的不同动机。正如维尔格曾经说过的，"每个人生来就是一个独特的个体，发展也有个人的特点，他生活在人类关系中，但他的内在需求和思想世界是完全个人的。他有自己特殊的经历和期望，他的发展也有其不规则的模式和速度。"(1)充分尊重学生的个性，根据学生的特点因材施教，这恰恰是"以学习者为中心"教学理念的核心。

互联网教育在一定程度上改变了传统教学模式中"以教师为中心"的形式，并向以学生为中心的方向发展，一切从学习者的实际出发，教师与学生、学习资料等之间的关系也都是以学习者为中心的互动关系。教师能够为学生提供全面的服务，因为教师目的就是为了提供更好的教学服务，让学生学习到更多的知识。教师给学生进行教学的时候，不应该是一味地进行知识的简单灌输，而应该是根据学生的需求，以及院校对学生的发展需求，再结合课程目标，进行科学的教学设计。同时，教师在教学的过程中也要注意发挥学生的自主学习意识，不应该让学生养成单向地接受知识的不良习惯，应该让学生多思考，多创新，并正确地认识自己。教师还应该转变自己的角色，应该更多地发挥其作为学生的服务者和引导者的作用。再者，随着学生个性化的学习需求不断增强，通过互联网学生可以接触到很多自己想要学习的知识，但是教师也应该看到互联网上有一些不利于青少年发展的信息。因此，教师应该全面地监督学生的自学行为，提供给学生更安全的信息来源渠道。并全面了解学生的学习特点，进行有针对性的教学，并激励学生进行自主学习，同时通过多种途径提高学生学习的效率，只有这样，才能真正地实现因材施教。

四、教育娱乐化

兴趣是学生学习的自觉性和积极性的最直接因素，同时也是学生学习最强大的学习动力。在传统的教学模式下，往往是教师满堂灌，教师讲得头头是道，学生却听得索然无味、昏昏欲睡。通过互联网教育会让学生的学习更加方便，同时感觉到更加快乐，只有心情快乐，才能进行快乐的学习。而要让学生的学习过程更加快乐首先可以将枯燥的知识点趣味化，可以通过小视频或者精美的图片增加学生的学习兴趣，同时现阶段很多人在研究游戏学习方法，即让学生在游戏的过程中也学习到知识，这样一来，学生就能更自觉地进行学习。互联网的相关技术给学生提供更多将知识趣味化的途径。有关趣味化学习的例子有很多，它们以学生兴趣为目的，将索然无味的内容趣味化，同时在教学过程中能够很好地启发和引导学生进行自主地、创造性地学习，不断探索和形成新的知识和技能。

1. 中大网校课程

中大网校隶属于中大英才背景网络教育科技有限公司，公司成立以来就借助互联网商务发展的优势，运用领先的模式和先进的管理经验以及强大的资源优势，打造『我国最大的职业教育增值信息平台，中大网校推出的一系列的网络课程，采用先进的流媒体形式和高效的视频制作技术，让学生有亲临的感觉，可以同步实现在线听课、做题和练习。中大网校职业课程的趣味性就表现在对职业培养的针对性，如会计师培养、测量师培养、商务英语人才培养等，都由专业的实践教师或高职专业的在校教师讲解，可以将复杂的课程内容整合成学生便于理解的教学步骤，使学生有了往下学习的兴趣和动力。以专业性和生活发展相互连接的方式激发职业型学生的学习动力。学习本身应是快乐的过程，趣味化学习是一种创新的教学方式，在创新的教学模式下也会提升学生对知识的求知欲，激发学生的创新思维，培养学生的创新意识。

2. 五分钟课程网微课平台

互联网教育研究院开发的"五分钟课程网"微课平台，采用简洁的界面、幽默诙谐的语言、形象有趣的动画，将难以理解的知识变得生动形象，使学习者通过动画能快速学习在线知识。里面的微课课程都是介绍一些较为技术性和实用性的知识，如五分钟教你商务贸易在线操作、五分钟教你学会五线谱等微课课程。可以充分地满足学生的碎片化学习要求。这些微课具有以下特点：简单明了的界面让学习者舒适观看学习内容，幽默诙谐的言语增强学生记忆曲线，利用当前社会较为流行的口语阐述知识点，不仅能加深学生对知识点的理解，学生还能通过流行口语传播知识，增强对知识点的记忆。

3. EduSoho 网络课堂

这是杭州阔知网络科技公司推出的一款基于 PHP 技术的企业级在线教育网站系统。可以帮助用户轻松的地在互联网上开展教学和学习活动，提供在线教学、云视频点播、直播、移动 APP 等多种功能。可以充分满足职业院校学生的职业技能学习，充分与企业的发展和人才需求相互对接。支持视频、图文、音频、PPT 四种课时类型，是慕课平台的代表。学生可以根据自己的需求选择不同类型的课程，提升学生课程学习的参与性，体现在线学习的趣味性特征。此外该平台还可以进行可视化课时顺序调整，可以快速地准确地调整课时结构，让学生能够根据自己学习的进度调整课时学习安排，增强学生适用性。学习完成后还有笔记、问答、资料、检测四种工具供学生使用，学生在课程学习、课后做题的一系列操作中，满足自己的学习任务，激发学生学习的兴趣和热情，尤其对于实用性技能需求较强的职业院校学生而言，此网络课堂更是可以根据学生的需求，提供在线的企业工作技术指导课程，学生就好像亲临现场一般，在身临其境中，增强自己专业技能的学习。

五、免费教育平台的搭建

要实现社会公平，最基本的就是要实现教育的公平。互联网教育不受时间和空间的限制，覆盖面比较大，涉及的方面也比较多，从不同学校到不同地区再到不同的国家，互联网都在发挥重要的作用。网络视频学习将很多信息传播到了网上，让更多的学生有机会进行学习。课程学习也让学生能够有机会通过教学资源的反复巩固不断地提高学习效果，能促进与师生之间的良好的沟通。互联网的发展促进了全球范围内的优质资源的平等共享，为广大学生打造了一个拥有很多优质课程的平台。能够让学生在良好的学习氛围内进行学习，同时加强自学的意识和能力，促使学生在与他人的互动中学习到更多的知识，实现自己的价值。

如今，只要接入互联网，无论是身处著名学校，还是在偏远的小山沟，都能依靠互联网的力量学习，传道授业打破了空间限制，教育公平在这里逐步变成现实。2000多年前，孔子杏坛讲学，口口相传，完全倚赖于老师。1000多年前，活字印刷术迅速发展，文字典籍大量复制，师生得以初步分离。到今天互联网技术的发展，已经打破了时间和地点的限制，学生和教师不必局限在特定的时间和地域进行教学和实习，就算是偏远的地区只要有网络也可以共享学习资源。

六、教育的大数据应用

现阶段，互联网的应用不断得到普及，很多通过互联网进行的教学都可以通过网络的教学系统得以记录下来，相关学者能够有机会对教育相关数据进行一定的分析，从而了解现阶段教学过程中教师和学生所遇到的问题。并有机会通过相关的措施改革教师的教学方式，从而提高教学质量，给学生以更好的教学体验。具体来说，首先可以根据教师设置的相关数据来分析每一个学生的学习情况，学习过程中所遇到的问题以及学习的结果等。这样一来就有利于教师更多地了解学生，从而真正地做到因材施教，为学生制定个性化的学习计划；其次，通过数据分析，能够在教学的过程中更好地监督和管理学生，当一些学生的数据中表现出学习上缺乏一定主观能动性的时候，教师就可以采取相应的措施，在课堂上多注意该生的情况，并激励他主动地进行学习，并提高其课堂参与度；再者，通过对学生的学习过程以及学习行为和学习结果进行数据分析，这样一来可以准确地看出教师的课堂教学设计中存在的一些问题，发现问题之后，就可以改正问题，从而不断完善教学设计；最后，在未来大数据技术还将突破新的发展，在数据库以及人工智能等技术上会得到新的提升，教育大数据能够更多地促进课堂教学的发展，为其创造更多的价值。

七、互联网教育实现社会认证

现阶段，很多人进行学习、上大学和参加培训的重要目的就是要得到一个让人满意的学历证书，从而在社会上站稳脚跟，在找工作方面有一定的优势。在互联网教学模式之下，人们也希望能在网上获得相关的证书，这样一来其学习的过程也就具有了意义。在未来，随着互联网技术的发展，人们在网上学习将有可能获得相应的证书。

第三节 互联网＋给教育带来的机遇和挑战

教育对人类社会的发展具有重要意义，伴随着人类的发展而不断发展，随着社会的进步，教育也在进一步发展。在古代奴隶制社会，学校教育诞生，人类早在发展的过程中发现教育的重要性，随着社会的发展，教育不断地被继承和发扬下来。虽然教育的发展与人类社会的政治经济发展情况并不是完全一致的，教育的发展具有其独立性，但是总的来说，人类社会经济的发展也必定会带动教育的发展。从逻辑上的意义来看，教育的发展程度应该超过人类社会的政治经济发展，这是由于教育的重要性和周期比较长的特性所决定的。但是，从现实的发展情况来看，现阶段教育的发展是落后于社会经济的发展程度的，这种问题的主要原因在于，教育的发展会受到社会经济发展的制约，并不能完全实现其发展需求，尤其现阶段科学技术在不断发展的背景下，科学技术在促进教育发展的过程中，在特殊情况下也会制约教育的发展。

一、互联网+给教育带来的机遇

互联网÷是一种社会发展的新形态，给我国教育事业的发展带来了便利以及很大的机遇，是我们过去的生产力水平无法提供的。从微观的角度来看，互联网+让学生学习课程的方式、教师的教学、教学评价等都发生了很大的改变，同时，在互联网+时代背景下，教育更加公平，学生能进行自主学习，并且学生的学习不再受到时间和空间的限制。此外，从教育学的角度来看，互联网+技术发展同样地给我国教育事业的发展带来了很多机遇，其主要体现在以下几个方面：

1. 教育更进一步地实现了个性化

互联网+的技术首先给我国的教育事业带来的机遇就是教育的个性化程度不断加深，由于现阶段大数据技术以及学习分析技术的发展速度不断加快，互联网+时代之下，教育能够发挥互联网大数据的作用，促进互联网教育事业的个性化发展。另外，随着这些技术的发展，教育发展获得了更多的发展机会和发展空间。当今有一些教育技术公司就针对学生个别化的发展需求，制定了满足学生需要的一些网络系统以及网络电子学习产品。这种发展也是互联网发展给教育事业的发展带来机遇的表现，在未来市场发展的过程中，将互联网+与教育事业的发展相结合还将有更多的创新和发展。

现阶段，我们生活在互联网+的时代下，我们能够通过在线教育课程快速及时地收集到很多有用的信息，能够改善学生的学习方法，提高学生的学习能力。同时，还可以通过搜集学生学习的相关数据，掌握学生的学习特点，并通过了解学生看视频的时间长度或者看视频跨度等，以及做题的正确率等来了解学生的具体学习情况。同时，互联网+给我国的学校教育也带来了个性化的机遇，能让学生更好地适应学习，提高自己适应学习的能力，因为互联网技术给学生提供了很好的学习环境或者相对应的场景，能够让学生有机会进行自主学习，最终提高自己的自主学习、解决问题的能力。从另一方面来看，在"互联网+"的时代下，通过大数据分析能够更好地了解学生的学习特点，分析学习的整个过程并了解学习的结果，从而可以促使教师改革教学设计，开展一些促进他们自主学习的教学活动。

2. 教育能突破空时间和空间的限制

在上文中提到过互联网的一个最重要的功能就是能让学生的学习突破时间和空间。这同时也是"互联网+"给我们的教育事业带来的重大机遇，让学生能够有随时进行学习的机会，并能够在一定程度上促进社会公平，缩小现阶段由于贫富差距所造成的教学和学习差距，且能够进一步有时间广泛学习，让学生随时随地都能够学习。

3. 教育模式变得更多元

互联网+带给我国教育的第三个重大机遇是让教育大大突破了传统模式的有形限制，从而使教育模式更多元以及教育产亚链更加延伸、完整与细化。众所周知，传统的教育模式是基于实体学校的。但在互联网+时代，云端学校、移动学校等虚拟学校如雨后春笋般出现，尤其是MOOC的蓬勃发展对传统的教育模式构成强大冲击，一批教育教学质量差的高等教育实体学校迟早会面临严峻的生存危机，甚至倒闭。

"虚拟大学"是近年来高等教育界的流行词，是指运用虚拟技术，创办在互联网络上的、不消耗现实教育资源和能量的，并且有现实大学特征和功能的一个办学实体。随着今天互联网+时代局域网、区域网和信息通讯技术（ICT）等的日益发达，国际互联网的使用已相当普及，虚拟图书馆、虚拟实验室和虚拟校园也取得非常显著的进展。借助于互联网+，虚拟大学的教学硬件是虚拟的、教学过程是网络的、教材是多媒体的、教学管理是遥控的、学生成才是个性化的。虚拟大学突破了传统实体大学的高等教育模式，创办于1976年的美国凤凰城大学就是一所非常典型的虚拟大学。该大学提供在线学院、系、班级、课程、项目、学分与学位，无疑是"互联网+"让高等教育模式多元化的一个典型代表。

4. 加快终身教育的实现和学习化社会的建构

在互联网+时代，由于网络技术的发展，使用网络不再受时间地点的限制，人们只要手机在身，随时随地可以做任何事情。传统的网络发展由于大型化、固定化，使用时受到一定的条件和地点的限制，人们总是围着网络转；今天的互联网+时代，平板电脑等通信工具的微型化，使得人们与互联网形影相随，出现了"网络围着人转"的现象。人们随时可以学习，可以接受教育，在学习化社会里，教学就变成了教育，而且越来越变成了学习。随着互联网÷教育的发展，一个全民皆学的学习化社会将会出现。这将大大加快《国家中长期教育改革和发展规划纲要（2010-2020）》中提出的基本实现教育现代化，基本建成学习型社会，进入人力资源强国行列的战略目标。

5. 教育生态变革更多样

同样，互联网+对教育生态也会产生一定的影响，在不断影响的过程中可能促使教育生态进行重构。从一般意义上来讲，教育生态的含义主要是指教育的主要形式已经制度性的变化。随着互联网技术的快速发展，现阶段的教育形式也在不断地发生改变，越来越多样化的教育形式让教育的制度体系灵活度也不断提高。从教育的形式来看，互联网技术发展下的教育形式包括以下两种，首先是实体学校，其次是虚拟学校，同时还有一种就是实体和虚拟学校的集合。同时学生的学习方式也包括了在学校上学、在家上学以及在任何地方进行自主学习。就目前的情况来说，很多世界名校的课程都可以通过网络进行上课，但是网络课程肯定没有实体课程那么灵活以及生动，因此，实体学校并不会消失。

同时，互联网+给人们的教育带来的机遇是很多的，给教育生态也带来了一定的变革，而教育生态变革的内容也包括了教育制度改革。这种改革的内容是指，学生能够在互联网之下不再受到一些传统教学制度的限制，能够通过网上学习来积累学分，满足学校对学生的要求。采取这样的方式，也能够促使学生进行自主学习。现阶段，我国政府也在不断地采取一些政策来推动学生学习制度的大变革，如《国家中长期教育改革和发展规划纲要（2010-2020年）》提出"加快发展继续教育，构建灵活开放的终身教育体系，搭建终身学习立交桥，促进各级各类教育纵向衔接、横向沟通，满足个人多样化的学习和发展需要"，并将建立区域内普通教育、职业教育、继续教育之间的沟通机制；建立学习成果认证体系，建立学分银行制度。虽然该纲要公布时还没提出"互联网+"，但"互联网+"必将推动其对学制的变革。

二、互联网+给教育带来的挑战

事物的发展是具有双面性的，一个事物的发展能够给人们带来一定的利益，同时也会给人们的生活带来一定的弊端，这是马克思辩证唯物主义所告诉我们的道理。而互联网对教育行业的作用也是一样的，互联网+给教育事业在带来一定的机遇的同时，也会带来一定的挑战，因为互联网+也是一把双刃剑，如果处理不好也不利于我国的教育事业的发展，有相关学者认为，在互联网+的时代下，会完全地取代旧的教育模式，促使教育的封闭性减少甚至没有，慢慢走向开放性，教育的改革和重组以及自我更新的能力会不断加快。另外，随着互联网+的发展，也会导致教育最基础的功能也就是育人的功能弱化，学生通过网上自学就会减少教师的授课，同时互联网的信息是比较大的，巨大的信息量之下也会让学生面临很大的挑战。面对互联网发挥的作用，我们要做到扬长避短，趋利避害，尽可能地发挥互联网的优势作用，同时减少其对教育不利的一面，本书概括起来，总结互联网+对我国的教育的挑战表现在以下几个方面。

1. 师生关系、同学关系变得疏远

首先，互联网+对我国教育的影响体现在它其使得师生之间、同学关系变得很淡漠疏离。教育中，师生之间、同学之间的关系是非常重要的，随着互联网技术的发展，导致学生的学习不再受到时间和空间的限制，因此主要以独立学习为主，这样一来就会导致其不能像传统的教育一样，同学们都坐在教室里面听老师进行讲课，并且下课的时候，同学之间也能进行一定的情感沟通。因为，在互联网的发展下，未来极有可能导致学生的学习都不在同一时间和空间，因此与老师以及学生的关系会变得淡薄和疏远。

2. 教育变得"肤浅化"和"快餐化"

在互联网+的影响之下会使得现在的教育不再像以前意义上的正规化，而是使得教育变得肤浅，且变成一种谁都可以学习的快餐。一般来说，教育具备了传承、传递和传播知识的功能，因此具有一定的育人作用。通过师生之间的面对面的交流和沟通，学生能够获得知识的启发，并且更进一步地了解和认识世界，形成正确的价值观。在高等教育中，理想的状态即是教师带领学生一起成长一起学习知识。然而，显而易见的是，在互联网＋的影响之下，教育变成了一种经济产业，传统的教育理念以及内涵正在丧失，教育变得非常的非正式化，学生在学习上也更加地粗心，只是单纯地为了某个Fl标，而不是细致地研究。

3. 高等教育被技术控制甚至奴役

现阶段，不管我们是否愿意或者是否知情，都在无形之中受到了互联网的影响，现在对于年轻一代来说，如果离开了电脑和手机，人们就会感觉到无所适从，这主要是因为我们习惯了生活中有网络存在的原因。现阶段高等教育也有一种被互联网的影响程度太深，而产生严重依赖并且受到互联网控制的征兆。在高等教育加入互联网＋之后，资料的搜集变得简单，而且论文以及作业的写作也变得非常容易和简单，学生在课堂上也可以使用电脑，边听课边学习，他们变得不太爱做笔记，而是更多地通过手机录像拍照的方式来记录教师所讲述的重点内容，下课的时候一些根本没有听课的学生就会拷贝教师的PPT，为了以后的考试做准备，有时候，学生回家了也并不一定会进行复习。互联网也会导致教师的备课不再像以前那样细致，一些教师完全拷贝网上的资源进行授课，或者一节课的时间都进行视频教学，这样的话也不利于学生的发展。传统教育中有很多的东西值得我们继承，而不能完全的弃掉，比如学生做课堂笔记这种学习方式应该长期保留。

4. 高校倒闭、重组、改造、升级的现象增多

互联网＋对教育事业发展的影响也主要体现在对高校的影响上，这一原因主要在于，一些高职教育以及中学或者高中的学生的自学能力比较差，需要教师进行指导。但是现阶段从互联网对高校的影响上来看，主要体现在促使高校之间的竞争不断增强，一些教学质量较差的高校，因为无法适应互联网技术时代，会导致直接破产。而一些中级的学校会不断地进行重组和改造，促使自己的学校不断发展，升级学校内部的网络设备和资源储备量等。一些教育企业在选择高校的时候，也是看其网络化的教学能力，这也是互联网给教育带来的挑战。一些比较差的学校如果无法适应挑战就会遭到社会的淘汰，只有真正的能根据社会的发展制

定相应的政策，不断改革教学模式的学校才能获得重生，取得新的发展。

5. 传统的教育目的、教育方式受到挑战

新中国成立以来，我国对于教育［R标的表述经历多次变化，但是唯一不变的是教育的精神。我国教育的目的就是为了培养德智体美劳全面发展的社会主义接班人，同时，我国在实现这一目标的过程中，也始终坚持教育要与生产力发展水平相结合的原则，同时，我国在开展教育的时候也非常注重培养学生的创新精神以及实践能力，只有这样才能培养出适应时代的进步和发展的学生。但是随着互联网技术的发展，一些传统的产业无法适应社会的发展，正面临着一定的改革和升级，新的产业不断地涌现出来，人们的价值观也受到了一定的冲击，社会FI新月异的变化，人们今天所确信的东西，明天就有可能完全改变，社会的发展也存在着很多不确定的事物。网络上的信息也具有一定的复杂性，并不能够完全相信。因此要尽可能地保障学生获得正确的信息，这是所有将互联网与教育事业结合在一起发展的相关企业以及学校需要注意的事情，因为只有让学生获得准确的信息，不断提高学生辨别错误信息的能力。让学生在通过互联网进行学习的过程中不仅能做到获得信息，也能提高其分享信息的能力，只有这样才能真正发挥互联网的作用，达成社会教育的目标，为社会培养出具有选择判断能力以及收集、分析、表达和分享信息能力的学生，适应社会发展的需要。

同时，随着互联网的不断发展，知识的更新换代的速度也在不断加快，这也促使学生的学习方式变得更加自由以及多样化。要改变学校教育中"课本＋黑板＋粉笔＋灌输"的教学程序，充分利用互联网＋技术，建设数字化校园、数字化课堂、数字化师生交流方式、数字化教师与家长沟通网络，真正实现学生是意义建构的主动者和主体，积极建构教师指导下以学习者为中心，强调学习者的主体作用的教学模式与教学方式，充分利用各种信息技术手段，实现"互联网为用、教育为本"，实现学生的最大发展。

6. 社会主义核心价值观面临挑战

互联网＋具有开放性的特点，同时也具有虚拟性和即时性的特点，通过互联网储存的信息一般量比较大，且呈现碎片化的状态。互联网具有很大的融合性，能够将全球范围内的各种文化等信息完美地融合在一起。通过互联网，可以扩大青少年的视野和眼光，让其不再局限在一件事情上面，有更高的眼光和视角。同时，能够在互联网上获得正确的科学知识和信息，也能促进青少年的健康成长。但是，我们都知道，互联网上的信息并不完全都是健康的，因为网络信息传播渠道的不断增多，也直接地造成信息的复杂性和多样性，因此我们也要看到一些不健康的信息的负面作用。要正确地发现和寻找有用的信息以满足自己的需求，面对互联网的这种信息大染缸，我国教育还要培养具备辨别能力以及选择能力，拥有正确价值观的学生，使其适应社会多元文化共存的环境，同时也要帮助学生在利用网络查询信息的时候，提高其明辨是非的能力。在平常的教育教学中，教师要开展社会主义核心价值观的教育，帮助学生树立正确的价值观，学生应该具备一定的人生理想，只有具备了人生理想，才能有机会实现自己的目标。一开始，我们可能并不具备任何实现人生理想的条件，但是我们可以通过不断地学习，搜集更多的信息为自己所用，从而不断地提升自己的能力，完善自己的人格，培养正确的价值观。所以我们要立足本土，应对互联网+的挑战，创造出一条中国的核心价值观教育之路。

7. 国家、政府和社会各部门急需提高互联网+服务能力与监管能力

在互联网技术急速发展的时代，很多设备的更新换代以及设备维护都需要更多的资金支持，从这方面来看，需要政府加大政策支持以及资金投入。因此，在互联网+时代的发展背景下，对政府的一些服务能力以及监管能力都提出了挑战，因为网络的安全也需要相关部门进行严格的监管和控制，网络上的一些信息应该由相关部门首先进行审查。为了防止青少年沉迷于网络游戏而耽误学习，相关的部门应该严格执行网吧禁止未成年人进入的相关规定。同时要不断完善规范互联网的相关法律条文，加强管理，促使互联网变成健康的网络，让人们能够从中获得健康的信息，并且能够安心上网。同时，剔除一些不利的信息，促进青少年的健康成长。

第四章 互联网+下的教学转型

第一节 互联网+视角下高职教育的转变

一、高职教学内容能够体现开放性

伴随着互联网技术的高速发展，一些高职院校也能够从网络中获得很多的资源，从而为教学活动提供丰富的教学资源，首先，学生通过在网络平台上学习，能够有更好的参与性，能够从网络上获得信息，从而了解更多的与教育相关的资讯。其次，在网络上，学生一般是进行自主学习，因此能够根据自己的兴趣爱好、自己的实际情况以及自己的需求来进行，选择自己要学习的主题或者学习的内容。因为学生是学习自己感兴趣的知识，因此能够积极的、主动的进行学习，能够调动学生的学习积极性。当前，很多高职院校都通过网络平台进行线上教学活动，能够实现一对一的同步教学。以泛雅教学服务平台为例，平台内部有很多的教学资源，学生可以自由的在平台找到自己想要的资源，并按时的完成布置的作业。同时，也可以与其他在线学习的学生一起进行讨论和交流，从而获得更多的知识。在这个平台上，学生还可以向老师提出问题，学生的学习不会受到时间和空间的限制，能够按照自己的兴趣以及时间点随时随地地接受教育，能够自由地与其他学生一起交流，这样还能够提高学生自主学习的积极性。

同时，在互联网背景下，高职教育教学资源能够实现共享的，这种共享不仅仅只是局限于课程资源的共享，同时也有研究成果的共享。随着网络技术的不断发展，高职教育的教学模式也面临着一定的挑战，通过对教学模式的改革，以促使课程的知识结构能体现出实时性。而这种实时性主要体现在以下几个方面：从教师的角度来看，教师能够通过网络平台及时地搜集信息，进行学习，并与其他的学者或者教师进行讨论，从而获得更多优质的资源，从而做好备课准备。从学生的角度来看，当学生对某一方面的知识特别地感兴趣，学生可以从教师那里获得相关的教育资讯，同时也可以自己在网络平台上搜集相关的信息，满足自己更深层次的学习需求。

二、高职教学模式呈现多样性

互联网技术的发展，同时也对高职教育的教学模式产生了一定的影响，促使其教学模式呈现出多样化的特点。借助于互联网平台和信息通信技术，近年来涌现出慕课、微课、翻转课堂等新资源、新形态、新模式。在现阶段，微课的教学模式不断普及，微课作为一种微型的视频教学，能够让学生自主地进行学习，并能在一个比较自由的环境之下进行自主的表达，而老师也可以根据学生的情况以及表达的情况及时地掌握学生的学习状况，从而能够更好地实施个性化的教学方法，满足每一个学生的学习需求。这种微课教学法，让教师不再成为教学的主体，而是让学生成为自己学习的主人。学生学习比较自由，且能够有更多的选择方向，可以利用网络在任何地点任何时间搜集资料，进行教学设计等。同时在进行微课教学法的时候，也能够通过视频看到自己的不足之处，从而不断地完善自己，提高自己各方面的能力。

互联网催生了"网络三课"——慕课、微课、翻转课堂，更多、更新颖的教育资源、教育平台和教育模式也会相继出现。如果把教育领域比作一个巨大的秀场，那么借力于互联网+，在传统教育的"校园秀场"外，"网络秀场"蓬勃发展，"校园"与"网络"教育的互动还有望形成更值得期待的"校—网创生秀场"。因此，要使互联网+真正成为教育发展与创新的新引擎，必须发挥"校园秀场"和"网络秀场"的各自优势，并在融合共赢上多下功夫。对于互联网+背景下的课堂教学，一方面，要以开放姿态面对"互联网+"，借由网络引擎注入新的生机；另一方面，要稳固价值坚守，警惕"技术至上"和"行政律令至上"，不能违背教育规律，不能无视现实条件。课堂教学的开放与坚守，都应服务于教育的根本目标——促进人的发展与成长。

三、高职教育向大众化、终身化延伸

社会在发展的过程中，也对人们的能力提出了更高的要求，人们只有不断地学习、完善自己，才能满足社会日益发展的需要，因此人们需要树立终身学习的意识。大多数人从学校出来以后，由于工作比较繁忙，学习时间在不断地减少，因此只能通过在职学习、终身学习等理念来鼓励自己进行学习，不断完善自己。现阶段，网络教育的发展程度比较高，且拥有跨越时间和空间的优势，能够满足人们多方面学习的需求。网络平台中拥有丰富的教学资源，教学方式也更加具有趣味性，能够激发人们学习的热情和信心。就高职教育来看，可以通过各种教育形式，比如，普通教育、基础教育、学历教育等与终身教育的理念结合起来，促进全民教育，满足他们的教育需求。

第二节 互联网+教育与传统教育的对比

一、传统教育陷入困境

1.传统教育模式具有片面性

传统高职教学主要是以教师为中心和主体，而学生处于一个被动的位置，是知识的存储者。一般来说，传统的教学课堂即教师在课堂上讲课，而学生在下面听课，并做好相关的笔记，学生是被动地接受知识。在这种传统教学课堂之中，学生的思维能力不能得到很好地激发，学生的主动性以及创造性也受到了一定的限制。有时候大多数学生听课只是为了完成任务，对知识的理解也比较片面，缺少对学习的兴趣。且在传统的课程中，往往是一个教师带领30或者40个学生，一个班级上学生的数量比较多，教师有着繁重的教学任务，根本不可能去听取每一个学生的需求和建议。因此可以发现，传统教学最大的缺点就在于不能完全发挥学生的主观能动性、积极性以及创造性，不能更好地扩展学生的学习思维。而且在课堂中，每一个学生的基础不同，学习的需求也有一定的不同，教师授课往往是从整体的需求角度出发，忽视了学生个别化的需求。且因为课堂上学生比较多，如果教师要按照学生的需求来制定教学计划也是非常困难的。总的来说，我们可以看到传统教育模式具有一定的片面性。

2. 传统教育缺乏对学生兴趣的培养

在传统的高职教学模式之中，学生的地位是被动的，大多还是被动地接受知识。在整个过程中，学生很难表达自己的主观想法，因此容易对教育产生一定的不满，同时也容易让学生产生不想上学的想法。美国的教学模式与我国的教学模式是截然相反的，他们非常重视学生在课堂中主观能动性的发挥，同时也非常关注学生在课堂中的参与度，以及与教师和学生互动交流的程度。他们对学生成绩的关注反而是次要的，学校以及教师都非常鼓励学生在暑假期间或者在课后参加一些社会实践活动，并且将其作为考核评价学生的一个重要指标。美国的这种教学模式，有利于提高学生的学习积极性，有利于让学生积极地参与课堂活动，有利于提高学生的社会实践能力。我国应该借鉴美国的这种教学模式，不应该把学生的成绩作为评价学生的唯一指标，而应该让学生去参加一些社会实践活动，同时还要不断关注学生的课堂表现，提高学生的课堂参与度。

3. 传统教育与社会对接匮乏

传统的高职教育缺乏与社会的对接，因此，难以让学生将知识内化，并将知识运用到实践当中去。社会实践就是为了让学生更好地将知识运用到具体实践当中，而传统教育因为对企业理解程度不够，因此缺乏与企业进行主动合作的意识，从而只是简单地向学生传输理论知识，却没有给学生更多的实践机会，让学生去运用这些知识。很多学生在毕业之后，都会感觉自己好像什么东西都没有学习到，其主要原因是由于教学模式与社会严重脱节所造成的。

4. 互联网教育全面冲击高校教育

现阶段，传统教育面临着很多的压力，这些压力产生的原因是多方面的。首先，新型的教育模式随着互联网技术的发展而产生，教育也不断在进行改革和调整，其次，一些互联网教育模式也可以拿到传统教育的毕业证书，这给传统教育带来了很大的冲击，很多的大学都面临着一个抉择，是完全的接受互联网技术，还是跟以前一样不做改变，逐渐的走向衰落。随着社会经济的发展，高职教育还会面临更多的挑战，在互联网的影响下，高职教育应该正视互联网给教育行业带来的积极的作用，并运用互联网对教育教学模式进行改革，只有这样才能顺应时代的发展，让高职教育获得更好的发展。

二、对互联网+教育模式的探讨

互联网+教育究竟是什么？

现在很多人对互联网+教育的理解有一定的误差，认为互联网+教育就等同于在线教育，这个说法是不准确的，而且过于片面，这是缩减了互联网+教育的内涵。事实上，我们所说的互联网+教育的涵盖范围是非常广泛的，从一定意义上来说，互联网+教育不是对教育的完全撤弃，而是在尊重和理解教育内涵的基础之上，运用互联网的相关技术以及互联网思维对教育的各个方面进行重塑和改革，完善传统教育中不适应现阶段社会经济发展的部分，使得其适应社会经济的发展。

从当前的情况来看，互联网+教育主要包括以下几个方面的内容。

1. 互联网+教育管理

所谓教育管理的主要含义是指，管理者通过组织协调教育队伍，充分发挥教育人力、财力、物力等因素的作用，利用教育内部各种有利条件，高效率地实现教育管理目标的活动过程。

而教育管理信息化也有其特定的含义，主要是指人们充分发挥信息技术的作用，并开发和利用信息管理资源来促进信息分享和交流，并以此进一步提高信息管理水平，促进教育改革和发展。互联网+教育管理在现阶段的含义主要就是指教育管理系统的信息化建设，但是随着社会经济的发展，教育管理和互联网的联结程度将不断加深，二者的联结将促使教育管理信息化发展到更高的水平。

当前的教育管理和互联网的联结主要表现在，在网上发布信息、将学生的档案进行电子化归类，无纸化办公，这些都方便了管理工作，其本质上的东西并没有改变，只是形式变得更加简单。底层管理技术平台具备后，管理体系的重构将是不可避免的。这种重构包括管理机构的调整、管理层级的变化、管理制度的更新、管理流程的再造与优化等。用一句话概括，就是从底层技术平台依托（硬件层面）到人事制度（软的层面）都必须用互联网时代的行为模式来重塑，这才是互联网＋教育管理的变革方向。

2. 互联网＋教师

互联网＋教师，也就在互联网技术不断发展的背景下，看教师如何适应社会经济发展要求。主要可以从三个方面体现出来，首先，教师要获得新发展，必须加入互联网的元素，要具备一定的互联网思维，不能因循守旧，要提高自己运用信息技术的能力，以及从网络平台搜集信息的能力，同时加强自己运用网络信息进行课件设计的能力。其次，教师要促使其教学组织形态中也具备一定的互联网思维，可以不断地改革教学模式，从固定的时空教学，向在线教学模式发展，从单一的教学模式到多种模式共同发展。最后，要促使"教学众筹"等新型教育行为模式出现。互联网上有许多在教学上具有丰富经验、拥有教学专长的教师，通过与他们一起交流教学经验，并互相学习，分工协作，完成一些比较大型的教育教学的众筹等，这种发展模式也许是以后教育发展新常态下一种常见模式。教师能够通过互联网共享自己的资源以及分享自己的经验，同时也可以从互联网上获得其他教学上的帮助，从而促使自己不断提高教学能力。

3. 互联网＋课程

互联网与课程将结合，主要是使得课程的形式变得更加多样化，因为互联网上具备了丰富的资源，因此学校的课程内容也可以变得更加丰富，随着互联网技术进入课程开发之中，课程内容将发展得更加先进更加符合学生的需求，互联网课程将具备智能性、可视性以及交互性。学习的内容也将具备更多对学生的关怀，更具人性化，且课程内容也将更加立体、清晰。互联网技术的发展，给课程改革带来了很多机遇，使得内容更加全面、更加丰富和更具科学性，以往课程只是简单地对枯燥的知识点进行讲述，而现阶段的课程则是既有知识点，也有视频，还有精美的图片，能让学生对知识了解得更加全面。

4. 互联网＋教学

随着互联网技术的发展，教学已经不再受到时间和空间的限制，同样教学形式以及组织形态都在不断地发生改变，教学不再需要真正的教室，不再需要课堂，也不再需要老师随时随地都在，也不再需要传统意义上的课堂。教学可以完全在网络上进行，让学生自主进行学习，并充分地利用互联网资源进行探究性的学习，运用这种教学方法同时也可以让学生的个性化需求得到一定的满足。

5. 互联网 + 学习

通过互联网，学生可以进行移动学习。移动学习主要是指，学生可以将要学习的内容储存在电子设备当中，随时随地都能进行学习。互联网 + 学习也具有一定的特点，主要包括以下几个方®首先，互联网是一种核心的信息技术，能够支撑学生进行学习；其次，互联网上的许多学习资源，成为学生进行学习活动的重要基础；再次，互联网上还具有许多反馈工具，能够监控学生的学习过程，并且评估学生的学习效果；最后，网络大数据的分析以及沉淀，能让学生优化自己的学习过程。因为学生在线学习是一种主动性的学习，而且也是学生通过自己喜欢的方式进行学习，带着强烈的主观意愿，因此学习的效果也会更好。

三、正确认识互联网 + 教育

（一）传统高职教育如何在"互联网 + 时代"突破束缚

1. 互联网 + 教育开创学生新兴趣点

互联网 + 教育的过程中，互联网是信息的主要中介。高职院校要推进互联网教育事业的发展，就必须与相关的互联网企业制定合作计划，让企业能够运用互联网将一些好的就业岗位留给在校学生，给学生社会实践的机会。同时，学生能够通过互联网平台做很多的任务，从而提高自己实际解决问题的能力，将自己学习的理论知识不断加以巩固。这种教育模式能够让学生更加容易接受，其主要原因在于，一方面企业是学生未来就业的地方，他们在网络上发布的各种试题或者任务对于学生来说更具有权威性和挑战性，与教学课程中比较枯燥的作业不同，这种具有实战性的挑战更易激发学生的热情；另一方面，学生对未来的就业具有很大的压力，因此比起学校布置的一些作业，学生更愿意接受与未来就业息息相关的企业的一些任务，能让他们觉得离自己心仪的企业更进一步。

2. 互联网 + 教育架起连接桥梁

事实上，互联网 + 教育同时也是学生、学校以及企业三者之间的一座信息化的桥梁，通过网络来发布自己的需求和信息，让他人看到。首先，从学校的角度来看，学校可以通过互联网来了解企业的需求，同时通过比较和分析不同企业的发展需求，来对自己课程设置进行调整，不断培养学生的社会实践能力。增强学生和企'业的互动，提高教学质量。另外一方面，学校也可以搜集互联网的相关资源与一些较好的企业进行合作，发展比如校企结合的教育新模式，让教育也适应社会发展的新要求，让高职学生能够更好地满足企业的各种需求，这主要是针对学生的实习而言的。其次，学生也可以自己与企业进行联系，通过网络上的信息，了解更多的关于自己心仪企业的发展历程以及对人才的要求，从而在平常的学习过程中，不断地提高自己的社会实践能力，不断完善自己，提高自己的理论知识水平。

（二）正确利用互联网＋教育的教学模式

1. 互联网＋作业架桥梁

"互联网＋"作业的模式主要是指，互联网具有整合各种资源的作用，能够整合企业的资源，从而能够成为企业发布任务的平台。学生通过完成企业布置的任务，巩固自己得理论知识，对企业的用人需求有一个简单的了解。同时，学生也能通过完成作业对自身能力进行检测，了解自己的不足之处，在以后的学习过程中不断地提高和完善自己，以适应企业的发展需要。

2. 互联网＋学校融资源

现阶段，大多数的高职院校都应该关注互联网的优势，并利用这些优势来整合各地院校的各种教育资源，从而促使学生的学习突破时间和空间上的限制，让学生有机会通过互联网来选择自己感兴趣的课程，将网络上一些很好的资源共享给学生，让学生也能学习到经典名校的课程。其次，给予互联网教育更多的权限，让其能够发挥更大的作用，让那些仅仅只通过互联网进行学习的学生也有机会拿到学位证书，能得到社会的认可。

3. 互联网＋老师保质量

互联网具有多方面的特点，其对枯燥知识点的表达更加灵活，

更具趣味性。能通过精美的图片以及优质的视频资源来促进学生学习，教师也可以在互联网平台进行授课，这样可以使得这些优秀课程让更多的学生有机会

进行学习、且在互联网教学中,学生可以自由选择自己喜欢的老师,并在课程结束之后对该老师进行评价。通过网上的学习,学生也能够获得相应的学分,从而完成自己的课业目标,在这种模式中,老师的作用非常突出,教师依然要给学生传授知识,同时教师还需要引导学生进行学习,告知学生如何正确地使用互联网提高自己的学习效率。通过互联网,学生和老师也能够时刻进行互动和交流,更加有效地配置资源。

四、互联网+教育的优势

1. 突破教学时空的限制

学校内部的教育主要是在校园内进行的,因此受教育对象也是有年龄限制的,是具有差不多知识水平的学生。学校内部教育的主要目标就是为了让学生能够掌握更多的知识,提高学生的综合素质,促进学生的全面发展。而与此相对应的,互联网教育就没有这么多的限制,因为互联网教育能够让一些已经参加工作的人员也继续进行学习,满足他们对学习的需求,因此能够突破教学时空的限制。

4. 以学习者为中心与自主学习

在学校内部教育教学活动中,教师的作用非常重要,教师是课堂教学活动的中心。但是在校内的教学中,教师并不能起到完全的作用,不能照顾每一个学生的想法,也不能满足所有学生的需求。学生在听课的过程中是被动的,这样也会导致学生的学习主动性不强,缺乏一定的自主性。其次,由于教学只是局限在课堂上,因此也会导致优秀教师资源比较缺乏,很多教学资源无法做到共享。但是互联网教育则不同,在互联网教育中,学生能够自主安排学习,自主决定学习的地点、学习的科目和学习的时间,在网络教学中,学生成为自己学习的主体,也是自己学习的中心,能够按照自己的学习需求来制定学习计划。在这种模式当中,教育资源也能够得到充分的共享和利用,能够满足学习者受教育的需求。

5. 表现形式生动形象、信息容量大、更新快

正是因为采用了计算机多媒体技术,使得网络课程中教学内容的形式更加生动形象,更加丰富多彩,这些表现形式是多种多样的,主要包括有文字、图像、声音以及表格等。其表现形式更加具有生动的特点,在这种教学模式下,枯燥的

理论变成了精美的图片，变成了生动的漫画，可以增加学生的学习兴趣，让学生在学习的过程中，对知识有更深层次的理解。

6. 丰富的教学交互手段

互联网+教育具有教学交互的手段和功能，能够突破时间和空间的限制，为学生与学生以及教师与学生之间建立一个全面的教学互动和交流学习的网络学习平台。学生可以通过这一平台获得更多的教学资源，从教师那里获得一定的教学指导。这种交互的方式具有多变性，可以在实时以及非实时中间转换，促进学生与学生以及教师与学生之间的互动交流。

7. 多媒体学习资源共享

互联网技术的发展，促进了教育事业的发展，让教育从封闭走向开放，让每个人都有机会进行再次学习。人们也有了更多的获得知识的可能，同时在教育不断发展的大环境之下，很快将会形成一个全球性的知识库，大量的优质资源将得到丰富和充实。同时这些资源与互联网是联结在一起的，使得人们将很容易获得这些优质资源，为人们进行终身学习奠定基础。

8. 数据库自动化教学管理系统

计算机的强大的信息处理和交换的功能能够被运用于远程教育当中。网络教育中，远程教育是非常重要的，因为其能够为远程学生提供更为全面的服务。总的来说，我们生活在互联网+的时代，那种一个教师一个教室的传统的教学模式正在逐渐地退出历史舞台，而微课教育、慕课以及手机课堂和翻转课堂都在利用互联网的发展对人们的教育模式进行改革，进一步促进学生的全面发展。

五、不应以互联网＋教育之名行保守教育之实

自我国不断推行教育的信息化以来，我国各地都积极地配合并践行，这有力推动了我国的教学改革。虽然在这个践行的过程中，出现了很多的问题，比如形式主义，比如不做实事只做一些表面文章等。一些学校在不断地推动一些改革措施比如校校通，但是由于相关制度实施的强度和力度不够，导致其并没有得到有力的实施。如果还是按照过去的做法，将传统的教学模式、教育体系搬至互联网上，只是进行简单的"技术复制"，实际上并没有进行结构上的变革，没有更新

教育的内核，根本算不上是互联网＋教育，至多只能算是教育＋互联网，甚至只是"新瓶装旧药"，是僵化落后的"易容版"。

再如，有的学校即使拥有了交互式教学终端，教学还是采用简单的PPT投影，缺乏真正的教学互动；有的学校即使开设了研究性学习课程，却只能在纸质阅读材料里去探索和研究；也有的学校即使实现了班班通、校校通，可是在实际的常规教学中却切断网络，禁止使用任何移动设备，就算是偶尔通上了网，也只是供学生下载考试题或其他，根本没有对帮助学生学习产生任何作用。这些都是与互联网＋教育相违背的做法。

第三节 互联网＋背景下高职教育应以质量为核心

现当代，在互联网＋的大背景之下，我国不断地推动互联网＋的行动。教育部在8月20发布了《关于深化职业教育教学改革全面提高人才培养质量的若干意见》（以下简称《意见》），这一意见就是对于我国发展创新驱动战略的有力回应，其中提出了要大力发展职业教育，为社会培养更高质量的优秀人才。同时，这一意见的发布也意味着职业教育将在质量方面有新的发展。

一、从"规模"到"内涵"

我国的中等职业教育以及高等职业教育作为教育的重要组成部分，对于发展我国的教育事业具有重要的意义。因为职业教育解决了很大一部分学生的学习难的问题，而现阶段的职业教育同时也面临着招生困难的问题。产生这种问题的原因主要在于，现在偏远地区的人们对于受教育的重视程度还不深，或者因为我国只是普及了中小学义务教育，一些贫困地区的孩子因为家庭困难所以无法获得学习的机会；再者，现阶段的一些全日制学校的发展比较迅速，招生规模也不但扩大，直接的给高职教育带来了一定的压力。因为相对来说，成绩较好的学生大部分都会选择去全日制学校而不会去高职院校。同时在招生难的问题之下，还存在着就业难的问题。这一问题主要是由于高职院校的培养方式上可能存在一些问题，没有跟上时代的发展，以及更多的了解企业的发展需求和用人要求。总的来说，这些问题产生的背后是高职院校培养学生质量上的问题。

教育部的相关部门也已经注意到了职业院校在培养人才方面存在着各种各样的问题，比如院校对于学生的培养方式以及培养定位不清晰，还有院校对于教学的相关理念比较落后，以至于在对学生进行培养的时候，导致学生的文化基础比较差，实践能力也不能在实习中得到较大的提高。高职院校的可持续发展能力还比较弱，且在课程设置以及教学模式缺乏必要的改革创新，无法更好的适应时代的发展，满足现阶段的职业教育发展的各种要求。

在《意见》中明确的提出来职业教育的发展必去要适应我国的未来的人口以及招生的发展情况，同时各个高职院校要注重发展自己的办学优势，不断提高人才培养质量，将高职院校发展的更好，而不是盲目的招生，不注重培养学生的质量。

二、从"碎片化"到"系统设计"

《意见》主要包括了八个部分的内容，其中细化的一些条例有26条，其中第二至七部分从立德树人、专业布局、培养水平、产教融合、教学等方面提出具体政策措施。

在《意见》中，要求高职院校不能够脱离市场，而要随时跟进市场的发展，根据市场的需求来设置学校内的一些专业，并且高职院校还可以根据自己所在区域的比较发达的一些产业来设置专业。并且对于一些比较热门的或者是实用性比较强的专业可以选择更多的招生名额。而同时也要根据市场的发展和需求，取消或者淘汰一些比较落后的专业，根据时代的发展，重新调整专业设置。同时，在《意见》中还提出了要特别注意强化企业与教育教学之间的指导和合作，要不断地促进专业教育与生产实践以及技术发展的实践相结合。

当前的职'也教育领域的一些问题的产生原因也包括顶层设计的缺乏，高职院校在专业设计上进行了重复的建设。近几年，我国的职业院校中比较热门的专业包括计算机专业、护理专业、文秘专业等，这些专业的学生的数量是比较大的，产生这种专业设置的原因主要对于社会对这类人才的需求量比较大，同时，还有一些职业院校在考虑了办学成本、投资程度以及教师资源等方面之后,觉得设置这些专业能够降低成本。

"这种低水平重复建设,不仅难以形成特色,而且容易让人觉得职业教育就是职业培训。"湖南省教育厅职业教育与成人教育处副调研员汪忠明说,"目前,东、中、西部不同区域产业发展基础不同,对专业技术人才培养需求也不一样,迫切需要地方加大统筹力度,协调职业院校建立健全专业设置动态调整机制,前瞻性地调整区域职业院校专业结构和布局,加快形成与区域现代产业相适应的职业教育专业结构和布局。"

同时,学习的碎片化问题也会导致一些问题,比如,学生对学习的专注程度下降,学生更深层次探究学习深度的欲望不断减少。互联网能够增加学生学习的渠道,增大学生学习的深度和广度,主要表现在互联网给学生的学习带来了很多的便利,进一步降低了学习的门槛,互联网上的信息的传播以及知识的分享,也促使能够在没有时空限制的条件之下选择自己兴趣的知识进行自主性的学习。此外,学生还可以学习一些不是自己专长的,但是非常感兴趣的一些领域,在学习的过程中,学生也能够体会到学习的乐趣,并且能够很好的安排好学习时间。但是在互联网的影响之下也就意味着,学生的学习时间以及学习内容都具有碎片化的特点,也就是说,学生在家里或者在坐车的时候进行学习,这样虽然也是在进行学习,但是比较零碎,没有在一个相对稳定的环境之下进行学习,从而造成了知识的关联性难以建立,学生也很难将零散的知识点转变为自己的知识网络,因此并不能完全保证学生的学习深度的问题。

三、从"技能"到"育人"

2012年的时候,世界经济合作组织与发展组织以十多个国家的学生为对象,举办了国际学生评估项目测试。这一测试的目的主要是为了检测学生的社会实践能力,以及参与社会的需要具备的知识。我国上海商业会计学校的一批学生作为上海市代表队参加了测试,并且获得了第一的优异成绩。

就我国的高职教育来说,其主要是挑选本科教育剩下那一批学生,这些学生可能是在应试考试中成绩较差的学生,他们进去职业院校的目的大多是为了学习一门专业技术，在未来找到对口的就业岗位，因此基于这个原因，很多高职院校也过分的追求就业率而忽视了对学生德育的重要性。而近期颁布的《意见》当中，就坚持把学生的德育工作放在第一位，并不断推进学生的文化教育，以继承中华民族的传统文化，与此同时，在发展学生实践技能的同时也注重培育学生的社会主义核心价值观，让学生树立正确的价值观，以及具备较高的职业敬业精神。以此加强学生的教育，让学生在未来能适应自己的工作岗位。

武汉职业技术学院校长李洪渠说："提高人才培养质量要求'全'。促进学生的全面发展，要根据未来社会的需要构建学生合理的知识结构和文化素质，参照社会对职业院校毕业生素质能力的要求，对学生知识、素质和能力培养进行'查漏补缺'，帮助学生提高综合职业能力和职业素质。"

在现阶段的开放教育当中，也存在一个很严重的问题，即教育的育人功能在不断地退化。这一退化的主要原因在于，随着互联网技术的发展，教师与学生之间的交流更多的是通过网络平台进行信息的传递，而较之传统的教育当中，教师在教室里对学生进行讲课，同时也向学生传递了正确的价值观，并将一些良好的品德和精神通过案例的形式传递给学生。互联网缺乏这样的机制，面对面的给予学生很多的正向的能力，并传递真善美的价值观。

第四节　高职教育拥抱互联网＋

新的发展时代下，高职教育的命题主要是要在重视互联网＋的前提之下，适应以及用好互联网＋，并将其作为推动高职教育发展的重要工具。而要真正的发展互联网＋的作用主要要从以下几个方面着手：

第一个是要做到不断地完善制度标准。互联网＋这一个的符号就是意味着在传统的行业之中加入互联网的元素，促进传统行业不断发展和改革，创造出一种适应时代发展的新的产业模式。高职教育要在新的时代下实现更高的发展，首先就需要制定能符合互联网＋的各个方面要求的一些制度标准，这些制度包括了校园文化制度标准、教师教育技能标准以及教育教学资源开发标准等方面的内容。

只有不断将互联网＋发展的新要求与教育教学充分的结合在一起，才能培养出高质量的人才。

第二个就是要开发优质的教学资源。在互联网＋的时代之下，高职教育中的教学资源不再像以前一样在课堂教学、实训以及工作岗位三者之间实现相互独立，也不能像以前一样能独立的组织教学资源。在互联网发展的时代之下，关于课堂、实训教室以及工作岗位三者是互相的，因为这三者都共同的需要互联网的相关软件的支持，同时教学的各个环节之上，也需要进行良好的配合以及组织。从而使得教学的各个环节都能获得圆满的成功。现阶段的信息技术能够在教学的过程中得到充分的运用，同时也可以在各种实践技能的教学以及软硬件的支持上面实现资源的共享。互联网＋能够更好的推进资源的共享以及开发，能够使得不同的校园之间以及不同区域之间能合理的配置资源。总的来说，在新形势下，高职教育也需要不断地发展自己资源开发的新模式，利用各种资源，调整和改革现有的专业，从而获得更大的发展。

第三个是要系统的培养人才，在互联网＋的时代下，各个行业都受到了一定的影响。而高职教育的核心理念就是育人为本，一切都要以学生的发展为本，从而更好的满足学生的发展需求以及企业的用人需求，为社会上各个行业培养各种优质人才。随着现阶段信息技术不断进入各个行业当中，要培养符合互联网＋的专业技能型人才，不仅要求其具备较高的职业素质，同时也要求其具备一定的专业技能。

第四个是要不断创新培养模式，因为互联网技术的发展，对传统教学也提出了一定的挑战。传统教学需要不断改善和调整自己的不足以适应互联网条件下对教学所提出的更高要求。高职教育应该不断发展和创新人才培养的模式，将信息技术的发展与教育教学的各个方面紧密的结合在一起。从而在实习实训、职业竞赛、案例分析以及鉴定等方面，不断提高和发展。并与企业进行长期的合作，提升互联网＋的时代之下各个专业学生的职业能力以及信息素养。

第五个是要不断加强教师队伍建设。在互联网＋的时代背景之下，要加强对双师型教师队伍的建设。因为信息技术的发展也意味着教学的形式发生了改变，教师在掌握理论知识的和道德素质的前提之下，还需要具备一定的信息文化素养，能熟练计算机的一些办公操作，并能熟练的制作PPT，在互联网上搜集信息的能力也需要不断加强。以促使教师不断改革自己的教学方式，在各个方面做好榜样带头的作用，引导学生学习更多的知识。

第六个是要提高管理水平、职业教育中要将提升信息化管理水平作为信息化教育改革的重要领域，要从校企合作、实习实训、集团办学以及工学结合和学生资助等方面不断完善其管理信息系统。进一步促进管理走向规范化、精细化以及科学化，发挥其提高管理水平和决策水平的重要作用。

有时候，我们对自己熟悉的行业认识程度并不是很深，如果要促进这一行业的发展和进步，就必须要进行改革。在互联网+的信息化背景之下，提高高职教育培养学生的效率，不断提高高职学生的实践技能，提高学校的信息管理水平，是当下高职教育发展的重要方向。

第五节 互联网+中国高职教育的转型思考

一、战略布局：类型而非层次

现当代，在很多的发达国家中，职业教育并不是一种较低端的教育层次。在发达国家，职业教育只是被认为是一种特别的教育类型。这种教育类型是以培养实践性的人才为主的，被认为是比较实用的一种教育类型。中国制造的2025年的目标是让职业教育能够实现规模化，精细化，能走向高端。要实现这一目标，最首要的就是要做到不断提高高等职业教育的层次，使得其发展到一个新的高度。

二、教育思维：平等而非霸权

互联网+既是一种技术上的变革同时也是思维上的变革。互联网的技术的发展改变了人们的思维方式，更加颠覆人们的传统思维模式。反而极力的推崇简约思维、用户思维、流量思维、大数据思维以及平台思维和社会化的思维等。用户思维作为互联网发展思维的核心部分，对高职教育的发展提出了新的要求和挑战，因为在这种思维之下的所有的教育对象不再像以前一样是被动的知识的接受者，而是知识的主动学习者，同时也对信息的分享以及传播起着重要的作用。在互联网+时代之下，高职教育发展必须要坚持以学生为核心对教育教学方法进行重新改革和完善。传统教育教学中的以教师为重要主体的思维已经发生转变，未来的知识观念也不再是如以前那样的具有累积性、价值化以及中立化，而是在新的时代背景下被赋予了新的特点，主要表现为综合化、境域化、批判性以及价值观等特点。同时，这些特征也给职业教育的转型发展带来了机遇和挑战，首先是与综合化相对应的内外融合，在改革教育教学方式的时候，可以借鉴其他国家的优秀成果。比如借鉴德国的双元制的教育方式，整合校内外的资源，大力发展校企结合模式，不断发挥企业对教学创新和改革中的作用，转变教育教学发展模式，不但创新发展企业管理模式。其次，与境域化相对应的境域设计，主要是指的教育教学中的理论教学部分，是将教学中的一些技能化知识逐渐转化为岗位化知识。再者，是与批评性相对应的开放快乐的教学氛围，在课堂教学的过程中，教学氛围的作用是非常重要的，其直接关系到学生的学习积极性以及课堂参与度，在对教学方式进行改革的时候，也要将不断地从传统的灌输式教育方式中走出来，发展探讨式的教育形式，并进一步发展为团队整体塑造的教育形式，从而为学生营造一种开放的快乐的学习氛围。最后，是与价值观相对应的社交分享，主要是指的课堂教学中注意培养学生的爱分享的意识，促进教师与学生之间的平等交流以及学生与学生之间的交流和互动。

三、教育对象：互联网一代"97后"

在互联网+时代下，会利用互联网来进行学习的学生就是互联网教育发展的用户。现阶段，高职教育的发展尤其特定的模式，并不能够完全的盲目的接受用户需求，因为现在是信息化时代，会使用网络的人都能够在网络上查询到自己想要的知识，因此，教育并不需要固守传统的以教师为主题地位的模式，如果一直遵循传统的教学模式，不寻求发展和改变，那么就不会拥有一个良好氛围的教学课堂，学生的学习积极性也会比较低，课堂将失去其原有的吸引力。而随着互联网技术的发展，教育不断在推崇以学生，以用户为中心这种思维模式的转变并不是以一种完全迎合学生需求的教育教学模式，而是真正的做到，从学生的心理需要出发，改革和创新真正与教育对象相一致的教育模式以及教学方式。现在的2015年入学的大学生主要是以97年出生的为主，1997年作为中国互联网普及的重要的一年，对互联网的发展和壮大具有重要意义。而现阶段的用户也主要是以90后为主。有利于这些人更好的转换思维，在互联网生活中更加如鱼得水。这些97后的思维中，比较喜欢碎片化的学习，而不是很希望系统的在传统的教学环境中学习。其次，他们也对知识的简约化比较期待，在对教师的期待方面，他们希望教师能更具多元化一些，在人格、魅力、情感诉求以及形象等都具有一定的要求。与传统受教育者相比有一些不同的地方在于，97后更加注重对知识简约化的需求，期待教师以故事的形式来讲述知识。从这些97后的要求和特点来看，高职教育的教师既需要不断研究97后的群体的需求，同时也需要加强自己的互联网思维，运用娱乐化的形式来引导学生进行学习，让学生能够快乐的获得知识。

四、教育领域：互联网＋传统

2015年7月6日，《国务院关于积极推进"互联网＋"行动的指导意见》在意见当中，互联网＋的概念具备了更为明确的含义。其中在意见中提到的，互联网重点发展的领域主要包括以下几点：协同创造、创业创新、智慧能源、益民服务、电子商务、普惠金融、人工智能以及绿色生态和便捷交通等。

且在《意见》中还明确指出了互联网的未来发展方向，即要在2025年逐渐完善互联网＋的产业体系。而完善则主要从协同化、智能化、网络化和服务化四个方面做起。现今社会的经济形态是经济新常态，互联网＋和经济新常态联系在一起面向不同的产业领域发展。在专业设置、课程设置以及课程内容等方面需要不断加以改进、调整和完善。

五、教育目标：精英而非平庸

我国的高等教育的观念认为普通高等教育是精英式的教育，并认为是高人一等的，得到社会以及家长都普遍的认可，而高职教育则是低人一等的，是普通的教育，是因为考生的成绩不够而不得不选择的。很多例子都可以表明，一些学生在对待普通高等教育以及职业教育学校的态度是不一样的，但是现阶段随着社会经济的发展，人们的态度也开始发生改变，越来越多的学生觉得在高职院校选择一门技术性比较强的专业也是一种好的发展方向。总的来说，随着社会经济的发展，人们对于高职教育的态度也会发生改变，高职教育并不是低端教育，考试成绩并不能决定一切，相反的这些学生可能在实践技能这一块比高分学生学习得更快更好。在未来的发展中，我国应该把高职教育和高等教育放在同样重要的位置上，它们不是区分人才的低劣的类型，只是教育的不同类型，他们都可以为社会输送人才。

第五章 信息化背景下课程教学设计实践

第一节 信息化教育的教学模式

一、教学模式的理论框架

(一)教学模式的三个变量

教学模式是指在一定的教育思想、教学理论和学习理论指导下,在某种环境中展开的教学活动进程的稳定结构形式。教学模式以其系统性和可操作性居于教与学进程的龙头地位,引起教育界专家、学者和第一线教师的关注。信息化教育环境下的教学是一个积极的信息加工、解释和综合的过程,教师和学习者都能够使用各种不同的策略来存储和提取信息,能够使学习环境适应自己的需求和目标,这些学习有一些相对稳定和特有的过程形式,形成信息化的学习模式。

我们认为在信息化教育环境下,学习者的学习质量和进步程度由三个最主要的因素决定,一是自主的高度,指教与学活动的控制者是教师(指导者)还是学生(学习者),及其对教学进程控制的强弱程度。二是探究的深度,指学习者自主学习的深入程度,包括学习的主动性、综合程度、钻研深度、内化与迁移效果等方面。三是与环境互动的广度,指师生之间、学生之间的协同交互(包括与群体的合作协同和与社会的互动)程度,包括互助协同的紧密度(广度和频度)和时效度等。

（二）教学模式的三维空间分布模型

为了直观准确地显示各种教学模式的特征及其相互关系，我们借鉴教育形式谱系理论，提出一种教学模式的"空间分布模型"。该模型以自主性、探究性和互动性为坐标，构建出三维的教学模式体系，并将各种教学模式进行归纳分类，定位在三维模式体系中，如同星系分布于天宇，故称它为"空间分布模型"（如图 5-1 所示）。我们认为，空间分布模型是谱系的一种三维表示形式，它更直观地体现各种教学模式之间相互关系和差异，更能说明教学模式的三个变量取值的不同（自主高度、探究深度、互动广度）构成丰富多彩的教学模式体系。在这个空间中，教育技术不但对各种教学模式都提供支持、改进和优化，而且以其不同的技术组合方式，灵活多样的应用形式，将教学模式集成为各种各样的新范式。

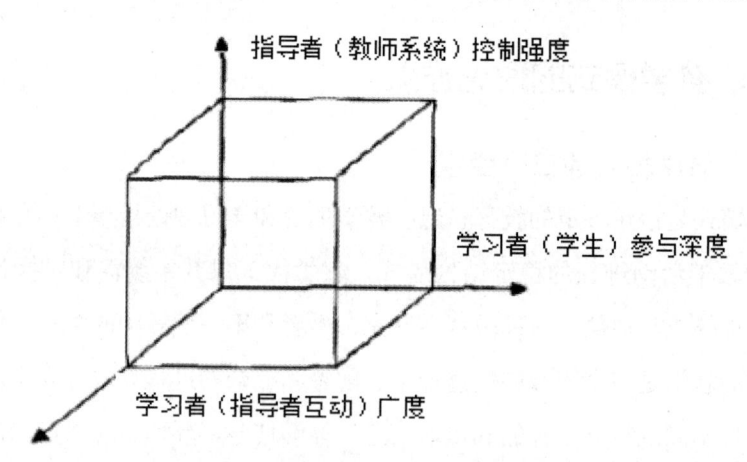

图 5-1 教学模式三维状态空间模型图

二、三类典型的教学模式

自主性，探究性，互动性这三个维度恰好指向三类典型的教学模式：自主学习、协作学习和探究学习。

（一）自主学习

1. 自主学习的内涵

自主学习，又称自我调节的学习，一般是指学习者自觉确定学习目标、选择学习方法、监控学习过程、评价学习结果的过程。自主学习是相对他主学习而言的。社会认知学派的 Zimmerman 提出了一个系统的自主学习研究框架：

表 5-1 自主学习研究框架

科学的问题	心理维度	任务条件	自主的实质	自主过程
1 为什么学	动机	选择参与	内在的或自我激发的	自我目标、自我效能价值观、归因等
2 如何学	方法	选择方法	有计划的或自动化的	策略使用、放松等
3 何时学	时间	控制时限	定时而有效	时间计划和管理
4 学什么	学习结果	控制学习结果	对学习结果的自我意识	自我监控、自我判断、行为控制、意志等
5 在哪里学	环境	控制物质环境	对物质环境的敏感和随机应变	选择、组织学习环境
6 与谁一起学	社会性	控制社会环境	对社会环境的敏感和随机应变	择榜样、寻求帮助

Zimmerman 认为，确定学生的学习是否是自主的，主要依据研究框架中的第三列，即任务条件。如果学生在该列中的六个方面均能由自己作出选择或控制，则其学习就是充分自主的。从本质上讲，自主学习的动机应该是内在的或自我激发的；学习的方法是有计划的或经过练习已达到自动化的；学习的时间是定时而有效的；自主学习的学生能够意识到学习的结果，并对学习过程作出自我监控，他们还能够主动营造有利于学习的物质和社会环境 C

2. 自主学习的心理机制

概括地说，一个人要做到自主学习，需要满足两个基本条件：一是要有学习的心向，就是想学；二是知道如何学，也就是会学。对自主学习的研究很多，总结起来自主学习的过程主要涉及如下几类过程或要素。

第一，学习的内在动机性因素。自主学习的动机一般是内在的自我激励的，催发这种动机的因素很多，包括自我效能感、结果预期、学习的价值意识；学习兴趣、归因倾向、目标定位等。自我效能感是个体对自己是否有能力组织和执行某项学习项目的判断，是自信心在某项任务中的具体表现。自我效能感是影响自主学习的一个关键变量。这些内在动机性因素的组合达到优化程度，就会激励个体去学习。

第二，认知策略系统。认知策略是自主学习的必要条件，在自主学习过程中，个体要根据任务选择相应的认知策略，并在学习中执行这些策略。大量不同的认知策略构成认知策略系统。认知策略系统包含各种认知策略是什么、在什么条件下使用、如何使用等知识。

第三，元认知过程。弗拉维尔认为"元认知是一个人所具有的关于自己思维活动和学习活动的认知和监控"。元认知由三个部分组成：元认知知识、元认知体验和元认知调控。元认知的自主学习主要通过个体来完成对学习的计划、监控和调节，因此元认知是自主学习不可缺少的条件。自主学习的元认知过程包括：学习的计划过程、学习的掌握监控和调节过程、学习的自我评价过程、学习的意志控制过程。

第四，学习环境的营造和利用过程。自主学习尽管是一种独立学习，但不是孤立学习。个体知道何时、何地、如何主动地寻求他人的学业帮助也是具有自主学习的能力表现；个体知道选择合适的学习场所、利用图书馆、网络和其他学习工具也是自主学习的能力体现。

总之，自主学习过程包含内在动机激发、认知策略应用、元认知调节以及资源的营造与利用等过程。这些过程的交互作用、循环往复，帮助自主学习者完成自己的既定学习目标。

（二）协作学习

1. 协作学习的内涵

协作学习（Cooperative learning）20 世纪 70 年代初兴起于美国，很快成为当代主流教学理论与策略之一，被人们誉为"近十几年来最重要和最成功的教学改革"。所谓协作学习，就是以学习小组为基本组织形式，系统利用教学动态因素之间的互动来促进学习，以团体成绩为评价标准，共同达到教学目标的活动。

由于协作学习视教学动态因素之间的互动为促进学生学习的主要途径，因而这种教学观无论在内容上还是在形式上都与传统的教学观有所不同，它不再局限于师生之间的互动，而是将教学互动推延至教师与教师、学生与学生之间的互动。协作学习的互动主要突出以下内容：（1）突出生生互动的潜在意义。生生互动是教学系统中尚待进一步开发的宝贵的人力资源，是教学活动成功的不可缺少的重要因素，因此，协作学习把生生互动提到了前所未有的地位，并作为整个教学过程中一种十分重要的互动方式来加以科学利用，充分开发和利用了教学中的人力资源，为现代教学系统注入了新的活力，把教学建立在更加广阔的交流背景之上，这对于我们正确地认识教学的本质，减轻师生的负面负担，提高学生学习的参与度，增进教学效果，具有重要的指导意义。（2）强调师师互动的前导地位。与学生一样，教师之间在知识结构、智慧水平、思维方式、认知风格等方面也存在重大差异，即使是教授同一课题的教师，在教学内容处理、教学方法选择、教学整体设计等方面的差异也是明显的。这种差异就是一种宝贵的教学资源。通过教师与教师之间就所教授内容的互动，教师之间可以相互启发、相互补充，实现思维、智慧的碰撞，从而产生新的思想，使原有的观念更加科学和完善，有利于达成教学的目标。（3）强化互动式的师生关系，在协作学习过程中，教师要充当"管理者"、"促进者"、"咨询者"、"顾问"和"参与者"等多种角色，旨在促进整个教学过程的发展，使学生与新知之间的矛盾得到解决。教师不再把自己视作为工作者，而是合作者，教师与学生之间原有的"权威—服从"关系逐渐变成了"指导—参与"的关系。

2.协作学习的组成要素

协作学习的基本组成要素包括五个部分：积极的相互依赖、面对面的促进性交流、个体与小组职责、人际与小组技能和小组加工。

（1）积极的相互依赖

教学中使用协作小组开始于建立各成员之间积极的相互依赖。小组成员能够意识到"共同沉浮"，并要求大家全身心投入到共同工作中以完成小组工作。正面的相互依赖要求所有成员意识到自己的责任：学习指定的材料，并且确保小组的所有成员学习指定的材料。当清楚地理解积极的相互依赖后，还需要强调小组成功同每个小组成员的努力是分不开的；由于个体在小组中的资源、角色和承担责任的不同，因此每个成员对小组目标的贡献都是独一无二的。

（2）个体与小组的职责

利用协作的方法包括建构小组和个体的职责。小组职责表现在对小组的业绩进行评价，将结果反馈给所有小组成员，并同标准业绩相比较。个体职责表现在对每一个体的业绩进行评价，将结果反馈给个体和小组，并同标准业绩相比较。从接受反馈的根本上讲，努力学习和对小组成员学习的贡献能够被认可并祝贺；通过提供所需的帮助或鼓励进行及时补救；为避免任何多余的努力，小组需要重新赋予责任。

（3）面对面的促进性交流

利用协作小组的方法包括确保小组成员面对面共同工作以完成作业和促进各自的成功。小组成员需要从事真正的共同工作。个体激励和促进其他成员为实现小组目标而完成各自的任务的条件下，在个体之间可以产生促进性交互。通过提升每个人的成功，小组成员为每位成员既建立了学业支持系统，也建立了个体支持系统。

（4）人际与小组技巧

应用学习小组的方法是向小组成员传授人际和小组技能，以促进相互之间的有效工作。在协作学习小组中，既要求学生们学习课程主题内容，又要求他们学习人际和小组技能，并将它们作为小组的一部分功能。如果学生不学习团队工作技能，他们就将不能完成团队工作。如果小组成员不胜任团队工作，则其团队工作将趋向于不合格。从另一方面讲，成员的团队技能越高，则学习的质量和数量也就越高。同竞争学习和个体学习相比，协作的复杂程度要高，因为在协作学习中，学生们要同时投入任务工作和团队工作中。为了协调实现相互目标的努力，学生们必须学会彼此的了解和信任、精确和清晰地交流、彼此接受与支持和建构性地解决冲突。

（5）小组加工

小组运行的效果决定了小组的工作有效程度。过程是同时间相关的、能够被确认的一系列活动发生的顺序，过程目标则同达到目标结果的一系列活动有关，小组加工可以被定义为对小组活动的反思，主要包括：对小组成员活动有意义或无意义的描述；对是否保持或改变小组成员的活动进行决策。小组加工的目的是分辨和提高为达到小组目标所需的小组成员对协作成就所做的贡献。

总之，协作学习以现代心理学、教育社会学、认知心理学、现代教育技术学等理论为基础，以研究与利用课堂教学中的人际关系为基点，以目标设计为先导，以师生、生生、师师合作作为基本动力，以小组活动为基本教学形式，以团体成绩为评价标准，以标准参照评价为基本手段，以大面积提高学生的学业成绩、改善班级内的社会心理气氛、形成学生良好的心理品质和社会技能为根本目标，是一种极富创意与实效的教学理论与策略体系。

（三）探究学习

1. 探究学习的内涵

探究学习，指的是学生在教师指导下，根据各自的兴趣、爱好和条件，选择不同研究课题，独立自主地开展研究，从中培养创新精神和创造能力的一种教学模式。探究学习是相对接受学习而言的 C 这种教学模式的突出特征是坚持学生在学习过程中的自由选题、自主探究和自由创造，与以往学习方式相比，探究学习具有以下特征。

学习内容的综合性与开放性。探究学习的一个重要价值，在于消除了以往教师分科教学、学生分科学习所造成的诸多弊端。面对繁杂的社会，要解决研究性问题，必须具有运用跨学科的综合知识解决问题的能力，这涉及人文科学、社会科学以及自然科学的综合知识。探究学习正是使学生通过各类探究方法，关注社会生活，以学科的多元化、综合化特质将教学成果进行整合，有效地激活学生的知识储备，去解决实践问题。

学习过程的自主性与合作性。探究学习改变了以往学生被动接受的学习方式，创造条件让学生能积极主动地去探索、尝试，更好地发挥个体创造潜能，真正成为学习的主人。探究学习的综合性和开放性决定学习的难度，要求全体学生共同参与，齐心协力才能完成，由此培养了学生的合作精神。

学习成果的多样性与创造性。探究学习可以分层次进行，为具有不同潜能的学生提供不同层次的学习，这就意味着将带来探究学习成果的多样性。探究学习创造了让学生充分发挥创新潜能的宽松环境，其学习成果主要不是知识的积累，而是创造能力的提高。

2. 探究学习的学习过程

探究学习的要点是：一要有问题，二要探究，三要指导，四是有范围限制。其学习过程可分为五个阶段：

①发现问题：有学生自己发现的，也包括教师提供的问题。问题是探究学习的关键。因为发现问题提出问题比解决问题更重要。

②界定和表征问题：也就是问题的性质如何，能不能进行研究。

③确定问题的解决策略：

应该说 99% 的数理问题都是结构良好的问题，而社会问题中的大多数问题是结构不良的问题，这些问题的界定条件很复杂。

问题的类型要搞清，有的是惟一性的答案，有的则是开放性的答案，有的没有答案，但可以有解决的方案。因为探究学习追求的不是结果而是过程 Q 比如如何解决能源的问题这是个没有固定答案的问题，但可以有解决的方案，学生研究只要有想法就可以了。

④执行策略：按照解决问题的策略，结合实际情况和变化进行。

⑤评价解决问题的结果：

现在流行采用"头脑风暴"的方法，让学生智者见智，仁者见仁，谁的方法好，谁的方法不好，经过讨论，让学生认识，并给以公正的评价。

三、信息化教学的教学模式

信息技术对各种教学模式都提供支持、改进和优化，常见的信息化教学模式有：基于资源的自主学习模式、计算机支持的协作学习模式和基于问题的学习模式 (Web Quest)、基于案例的学习模式、基于电子文档的学习模式、基于认知工具的学习模式等。下面对计算机支持的协作学习模式和基于问题的学习模式 (Web Quest) 作介绍。

（一）计算机支持的协作学习模式

协作学习 (Cooperative Learning) 简称 CL。计算机支持协作工作 (Computer Supported Cooperative Work) 简称 CSCW，它探索人们如何利用计算机和网络进行更大范围、更深入、更有效地合作。计算机支持的协作学习 (Computer Supported Cooperative Learning) 简称 CScL，是指利用计算机技术 (尤其是多媒体和网络技术) 来辅助和支持协作学习。

CSCL 可以看成是 CL 与 CSCW 的交叉研究领域，事实上，其相关技术产品也是来自两个方面：一是将 CSCW 的相关技术与产品应用于协作学习，另一种是在基于网络的教学 / 学习支撑平台中增加协作学习的内容。

目前关于 CSCW 的技术、系统或产品很多。按对协作学习的支持程度可分为：

支持某个方面的协作学习，有时称为活动共享支持系统(Activity Sharing Support Systems)，如集体讨论(brainstorming)、组决策支持系统(GDSS：Group Decision Support System)、多用户游戏（Multi - player Game）、MOOC Multi - User Dimension，Object Oriented)、组日历(Group Calendar)、协同写作(Collabo - rative Writing）；

从一定功能上支持协作学习，如白板(Whiteboard)、电子邮件过滤器(electronic mail filter)、信息透镜(information-lens)；纯通信系统/会议系统，它可为协作学习提供某种程度上的手段支持。会议系统产品主要有Mierosoft NetMeeting、IntelProShare、Intel Internet VideoPhone、PictureTel LiveLan、VidCall32和CU-SeeMe等。

国际上优秀的网络教学/学习支撑平台很多，其中有许多已经增加了支持协作学习的模块。WebCT是由British Columbia计算机科学系开发，包括会议系统、在线聊天、学生学习过程跟踪、小组项目组织、学生自我评价、成绩管理与发布、访问控制导航、课程内容搜索等功能。Virtual-U是由加拿大Simon Fraser大学开发的基于Web的教学和培训集成工具。它可以使老师方便地建立和管理协作小组，创建会议以方便主题讨论，允许学生进行角色扮演，在消息中插入多媒体素材。WISH(Web Instructional Services Headquarters)是由美国Pennsylvania州立大学开发，包括课堂管理、电子通信、课程公告牌、电子白板、实时音频系统、邮件列表等系统模块。该系统的特点是提供教学资源管理服务，网络教学功能是通过一些通用的工具来实现的。LUVIT(Lund University Virtual Interactive Tool）是第四代远程教育工具中较先进的一种。其主要功能有：电子邮件、新闻论坛、分散式聊天、视频会议、电子白板、个人主页等。

（二）基于问题的学习模式(Web Quest)

"Web"是"网络"的意思，"Quest"是"寻求"、"调查"的意思，Web Quest可以理解为"网络专题探究"。它是一种利用因特网资源的授课计划或者是课程单元。通过向学生提问一些本质性、开放性问题，这些问题设定了清晰目标，激发学习者探索的动机，引导学生通过自主学习和合作研究来完成，从而促进学习者较高水平地思考及解决问题。

在一个 Web Quest 中，老师创建一些到其他互联网站点的链接或提供参考书目来共享信息资源。Web Quest 的焦点是要让学生在动手做的过程中应用他们的知识，建设性解决真实的问题，要求学生通过电子邮件提交实地考察报告或论文或网页，最后还要进行量化的学生自我评估和教师评估。这种活动方式对于培养学生的自主意识、探究精神、实践和创造能力具有积极意义。Web Quest 学习支持网页是开展 Web Quest 学习不可缺少的网络支持工具，它向学习者描述 Web Quest 探究任务的目的、步骤和参考资源等，使得学习者能在复杂的任务情境中围绕探究主题进行学习；同时设置的留言本或论坛链接为学习者提供师生交流的网络空间。网页内容包括导言、任务、过程和资源、评价、结论五部分。

导言部分向学生概括说明活动的目的，激发学生探索学习的兴趣，使学生了解本次探究学习的意义。

任务部分向学生描述他们要完成什么样的学习任务。高级目标水平的探究任务是 Web Quest 的核心，因此提出的任务或问题必须包括一些"灰色区域"、复杂性、问题解决、或者新意义的建构。任务的层次分为个人任务、小组任务、拓展性任务（可选任务）三部分。

过程和资源部分描述学习者完成任务应遵循的步骤、各扮演角色任务要求、学习参考资源、思考或讨论大纲等学习建议，目的是为学习者搭建完成任务的"脚手架"。具体从必备基础知识、各角色学习指南、拓展性任务、小组任务、论文发表五方面说明。必备基础知识向学生说明在探究任务之前必须掌握的基础知识及参考资源链接网址，引导学生复习必备的基础知识。各角色学习指南根据教学管理人员、学科教师、软件开发专家、建构主义设计专家四种扮演角色的分工，说明各角色所需调研的任务及参考资料的链接网址，为学习者提供查阅参考文献的指导。所提供的教学设计应用案例或应用模式文献，既有逻辑清晰的案例文献，也有情境复杂的案例文献，使探究难度呈坡度上升，逐步加深学习者对问题的理解。小组任务引导小组成员根据讨论提纲来分享各角色的研究成果，比较、分析、综合和评价不同情境中教学设计应用模式的共性和差异性，进而提出某特定情境中教学设计应用模式的设想。最后的论文发表推荐一些专业期刊的网址或地址，鼓励学习者向外界发布自己的研究成果，使学习者认识研究成果的重要性。过程和资源的设计在 Web Quest 网页中最具体详实，是引导学生顺利完成探究任务的关键，所花费时间也最多。

评价指标的公布有利于引导学习者的自我监督和相互评价，包括所完成任务回答问题的完整性、思考深刻性、创新性、合作学习态度等方面。评分分别从个人绩效、小组绩效两方面进行，个人的最后成绩由两部分得分累加而成。

四、信息化教学的教学模式选用原则

使用信息化教学模式应当因地制宜，灵活应用，低技术支持的教学模式未必不好，应当考虑必要性、可能性和经济效益，关键是适用和有效。

机械地使用一种教学模式是不恰当的，应当结合教学目标、课程内容和环境因素，进行信息化教学模式的创新。

第二节　信息化教学设计

一、教学设计的定义和基本内容

（一）教学设计的定义

教学设计是依据对学习需求的分析，提出解决问题的最佳方案，使教学效果达到优化的系统决策过程。它以传播理论、学习理论和教学理论为基础，应用系统科学理论的观点和方法，调查、分析教学中的问题和需求，确定目标，建立解决问题的步骤，选择相应的教学活动和教学资源，评价其结果，从而使教学效果达到最优化。

（二）教学设计的基本内容

1. 学习任务的设计

学习任务是指对学习者要完成的具体学习活动的目标、内容、形式、操作流程和结果的描述。设计的任务难度适中，不能让学习者不费力气就完成，也不能让学习者感到无从下手。任务和活动本身的趣味性也很重要，因为兴趣本身就是一个很重要的力量。还有任务完成的时间、小组成员的协作策略设计也很重要。

2. 学习环境的设计

所谓学习环境是指学生学习过程中所面对的人际关系和学习资源的组合。

3. 教学策略选择与设计

为达到相应的教学目标而确定具体的教学方案，是对完成特定的教学目标而采用的教学活动的程序、方法、形式和媒体等因素的总体考虑。

二、信息化教学设计

信息化教学设计是充分利用现代信息技术和信息资源，科学安排教学过程的各个环节和要素，为学习者提供良好的信息化学习条件，实现教学过程全优化的系统方法。其目的在于培养学生的信息素养、创新精神和综合能力，从而增强学生的学习能力，提高他们的学业成就，并使他们最终成为具有信息处理能力的、主动的终身学习者。

（一）信息化教学设计的基本原则

在信息化教学设计中，应充分利用信息技术手段进行基于资源、基于协作、基于研究、基于问题等方面的学习，使学习者在意义丰富的情境中主动建构知识。为此，我们可以将信息化教学设计的基本原则归纳为以下几点：

以学为中心，注重学习者学习能力的培养。教师是作为学习的促进者，引导、监控和评价学生的学习进程。

充分利用各种信息资源来支持学。

以"任务驱动"和"问题解决"作为学习和研究活动的主线，在相关的有具体意义的情境中确定和教授学习策略与技能。

强调"协作学习"。这种协作学习不仅指学生之间、师生之间的协作，也包括教师之间的协作，如实施跨年级和跨学科的基于资源的学习等。

强调针对学习过程和学习资源的评价。

(二)信息化教学设计的结果

典型模式的教学设计所产生的结果不是传统意义上的教案或课件,而是一个单元教学计划"包件",其中包括:

单元教学计划:具体地描述教学单元的主题、学习目标、学习活动(教学过程)、学习资源等,其中的学习活动和学习资源在很大程度上是由信息技术支持的,因此这种教学计划可称为信息化教案。

学生电子作品范例:给学生提供参考用的电子作品,可以从各种电子信息源中选取或由教师自行制作。

学生作品评价量规:提供结构化的定量评价标准(详见第八讲),从内容、技术、创意等方面详细规定了评级指标。利用这种量规来评价学生电子作品,可操作性强,准确性高,既可以让教师评,也可以让学生自评和互评。

教学支持材料:为支持学生有效进行学习活动准备的各类辅助性材料,如软件工具、资料光盘、在线参考资料、参考书目、教师用电子讲稿等。

单元实施方案:包括教学活动的时间安排、学生分组办法、上机时间分配以及征求社会支持的措施等。

(三)信息化教学设计的步骤

我们给出一个典型信息化教学模式,其教学设计过程可以分为:单元教学目标分析、教学任务与问题设计、信息资源查找与设计、教学过程设计、学生作品范例设计、评价量规设计、单元实施方案设计、评价修改,共八个步骤(如图5-2所示)。

在典型模式中,对各步骤的分析和操作通常是按顺时针方向进行的,必要时也可以跳过某些步骤或重新排序。

首先由教师对单元的教学目标进行分析,确定学生通过此教学应该达到的水平或获得的能力。

根据单元教学目标,设计真实的任务和有针对性的问题。

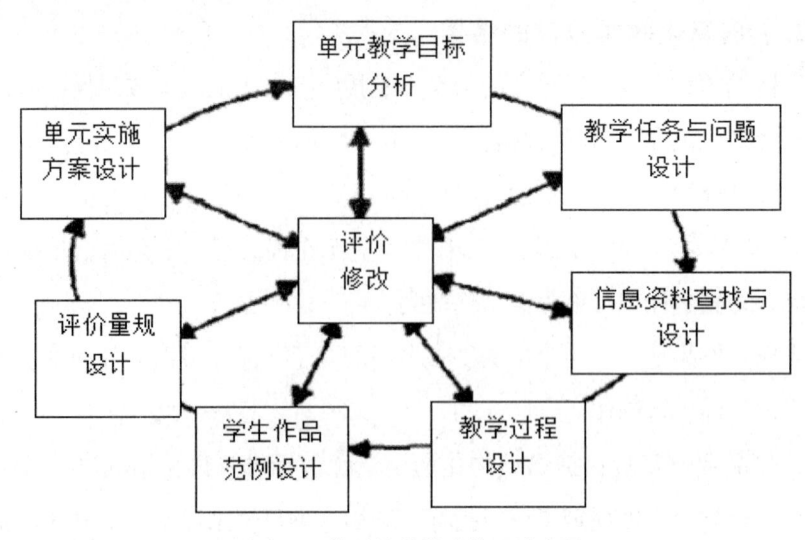

图 5-2 典型教学模式的设计步骤

根据任务和问题以及学生的学习水平，确定提供资源的方式，可以要求学生自己按照学习目标查找资源，也可以提供现成的资源给学生。如果是前者，教师要设计好要求，避免学生无目的的查找；如果是后者，教师要寻找相关的资源，并对资源进行认真的评价，确保学生可以得到真实、可靠的信息。如果需要，教师还要制作相关的资源列表，以方便学生查阅，提高学习效率。

接下来，要对整个教学过程进行梳理，使之合理有序，一般情况下应落实成文字呈现的信息化教案。

在教学过程中，如果要求学生以完成电子作品的方式进行学习，教师应事先做出电子作品的范例，当然这个范例是从学生角度出发，以学生应该达到的制作水平进行设计的。有了教师展示的范例，学生浏览后就会对自己将要完成的任务有一个感性的认识。

在评价信息化学习特别是其产生的电子作品时，·结构化的评价工具—量规提供了较为科学的方法，对其进行认真设计将提高评价的可操作性和准确性。

最后，还要对教学的具体实施方案进行设计，包括实施时间表、分组方法、上机时间分配、实施过程中可能用到的软硬件（如不具备，应采取什么方法解决）以及其他必要文档的准备等等。

在教学设计过程中，评价修改是随时进行的，伴随设计过程的始终。

（四）信息化教学设计的评价标准

一个信息化教学设计是否成功，主要或者说至少应从以下几个方面进行评价：

1. 是否有利于提高学生的学习效果。

学习目标是否明确，表述是否清楚。

是否所有的学习目标都符合相关的教学大纲要求。

教学设计中是否考虑到学生的个体差异，并明确说明如何调整成效标准以适合不同的学习者。

教学设计是否能激发学生的兴趣，符合学生的年龄特征，并有利于学生的学习以及高级思维能力的培养，是否有利于学生在信息处理能力方面的培养。

2. 技术与教学的整合是否合理。

技术的应用和学生的学习之间是否有明显的关联。

技术是否是使教学计划成功的必不可少的一部分。

把计算机作为研究、发布和交流的工具是否有助于教学计划的实施。

3. 教学计划的实施是否简单易行。

教学计划是否可以根据具体教学情况的差异很容易地进行修改，以便应用到不同的班级。教师是否可以比较轻松地应用教学计划中所涉及的技术，并获得相应的软硬件支持。

4. 是否能够有效评价学生的学习。

教学计划中是否包括一些评价工具，用于务实的评价和评估。

学生的学习目标和学习成果评估标准之间是否有明确的关系。

三、信息化教学设计案例

《OFFICE 与信息素养》是闽江职业大学财经系的专业基础课，自 2001 年以来我们在该课程中实施了信息化教学。

（一）教学目标的实现策略——教学目标的引导性与学习目标的个

性化弹性结合

我们把教学目标分为基本目标和发展目标两类。基本目标：通过对办公自动化软件 OffiCe2000 的学习，掌握三个软件 (Word，PowerPoint，Excel) 的功能和技巧，了解软件之间的联系，熟练地解决实际问题。发展目标：(1)面向信息时代，培养信息素养，提高学习能力。(2)面向真实世界，培养解决实际问题的能力。(3)面向发展世界，培养应变、探索和创新能力。(4)面向合作时代，培养团队精神，提高沟通协作和组织管理能力。(5)面向个人未来，促进自我认知智能，提高内在品质。

我们设计教学目标的意图是，要求每一个学生达到基本目标，并充分挖掘潜力最大限度地实现发展目标。为了把教学目标化为学生自己的学习目标，也鉴于个体的差异和个人发展的不同需求，我们要求学生利用学习工具制定个人成长档案，其中包括：学期初的学习目标与计划；学习过程的成绩和感受；学期末的学习经验、小结和建议；面对未来就业的"个人求职报告"。要求各成员的个人成长档案在期末的课题作业"小组网页"中体现出来，并讨论交流。这就为个体对学习目标的个性选择和动态发展创造条件；也促使学生面对未来，为自己负责，学有目标，做有目的，不断总结、调整、进步。

（二）学习任务的设计策略——以实际问题为线索重组教学内容，设置学习任务

《OFFICE 与信息素养》是一门信息技术课程，大部分教材以介绍软件功能为线索，我们采用以解决实际问题为线索。学习任务的设计选自两个方面：一是与我们生活密切相关、学生有亲身感受，甚至有直接利益的真实问题。比如针对就业的需求，要求学生提前设计自己的职业生涯，分析归纳自己的知识-能力-素质结构和优势，用 WonI 软件编辑一份"个人求职报告"。又比如，针对学生的综合测评，要求利用 EXCeI 软件完成本系学生的综合测评。二是学生所学专业有关课程涉及的重要问题和案例。比如会计业务、市场营销等问题。为此我们与有关部门工作人员和财经系专业教师进行了合作，将教学内容与信息技术进行加工、整合、提炼，对教材进行了重新组织和改造。这样既提高了学生应用信息技术发现问题、分析问题、解决问题的能力，又提高他们面对工作岗位的职业意识和工作适应性。

（三）网络环境与资源设计策略——师生互动，教学积累，课题开发

通过多次教学的积累，并组织学生建立网络资源建设课题小组集中开发，经过师生共同努力，初步创建了学习工具、学习资源和学习平台的网络教学环境。学习工具分为软件工具类和方法策略类。软件工具类包括，有关计算机应用软件和提供下载软件的网址等。方法策略类包括，学习方法、思维方法、实用技术技巧等。网络学习资源库建立在校园网上，包括：课程电子教案、相关多媒体课件、学生学习成果、疑难问题查询、网页与课件素材库、实用技巧、相关内容的网址、学习工具和教师研究成果等。课堂内的学习平台，硬件方面是一人一机的网络机房；软件方面采用"四海网络"多媒体教学网络系统，可实现屏幕广播、屏幕监看、示范教学、学生演示、远程控制、分组讨论等功能。课堂外的学习平台是与教育科研网和因特网连接的校园网，师生共享校内的学习资源库和校外其他网络资源，开展协同学习。

（四）学习任务的组织策略——合作学习、个别学习与竞争学习有机结合的协同学习方式

个别学习、竞争学习和协作学习各有利弊，在组织策略中我们以个别学习为基础，协作学习为支架，竞争学习为辅助，优势互补、有机结合，构成协同学习的组织形式。具体是，根据组内异质，组间同质的原则在自愿的基础上将学生分组，要求各组制定小组目标、小组学习活动规则和计划。布置的作业一般是小课题，以组为单位呈交，定期开作业讨论课，要求既体现小组学习成果又体现每个成员所做工作。同组内个人成绩与小组成绩的有机结合，激励了小组成员的能动性，在同伴式的密切沟通与积极协作过程中，学生对学习内容的深刻理解与领悟自然形成，进而实现有意义的知识建构并发展了高层次思维能力。不同组之间针对同一学习任务自然形成竞争学习，由于竞争贯穿学生学习的全过程，从而刺激和放大了组内的协同效应，提高学习效率。这种合作学习、竞争学习、个别学习相统一的协同学习组织方式，既避免了纯个人名次排列的过度竞争，又适当引入竞争，防止个人对集体的过度依赖，有利于学生的知识建构和内在品质培养。

（五）教学过程的控制策略发挥教师的教学主导作用，突出学生的学习主体地位

我们认为只有充分发挥教师的主导作用，才能组织学生实现学习主体地位。教师的主导作用体现在：教师是指导型的编导者；促进型的管理者；专家型的学习者；支架型的助学者。学生的主体地位从学生角度应体现在：学习的自主性，即对自己的学习负责任；学习的社会性，即在小组的学习共同体中共同承担责任和任务；学习的问题性，即学习是面对真实世界，解决实际问题，具有具体意义，产生客观效果，负明确责任的学习。为实现学生学习的主体地位，我们的做法：一是课堂教学内容精选精讲，重点将一个软件的应用讲深、讲透、用活，利用知识的迁移性带动其他软件的学习，避免了教师一讲到底，留出时间让学生根据目标自主安排；二是课外学习内容的开放性，鼓励学生超越课本范围、超越课程进度、超越教师指导，从网络、社会和实践中学习。三是学习任务精心设计灵活多变，有小课题研究和交流；参与课堂上课；参与教师课题工作等。

（六）学习评价的激励策略——建立以评价促学习的动力机制

学习评价不仅要对学习结果做鉴定，更重要的是在教学目标与学习效果之间，对学生的学习进行反馈、激励和改进，形成以评促学的动力机制。为此我们对学习评价做了一些改革：第一，学习评价贯穿了整个教学过程，及时发现问题和成绩，及时调控和激励。第二，评价方式多样化。根据是否数量化，分为定量评价和定性评价；按评价的对象分为自评、互评和教师评价；按时间分为日常性评价、阶段性课题作业评价和（半）学期考试评价。各种评价对基本目标和发展目标各有侧重。为此我们制定了评价量化表，从课题质量、小组协作、探索和创新三方面进行评价。这样既保证学生扎实的学习基础和稳固的知识结构，又促进学生综合素质、个性品质多方面发展。第三，自评、互评与教师评价相结合。自评是自我教育的一种形式，通过自我评价促使学生一分为二地分析自我、调整目标，激励自我。互评是集体教育的一种形式，互评的过程就是对比、激励，通过集体教育达到自我教育的过程。教师评价是自评互评的引导和补充。三者结合使评价更全面、反馈更及时、激励更有效。

具体评价分值为：对小组的学习评价＝过程评价（50%）+ 结果评价［小组

互评（25%）+ 教师评分（25%）]+ 小组加分。过程评价由各小组在活动过程填写活动过程调查表，内容包括：过程记录、结果说明、反思体会和自评分数。由教师根据过程观察和调查表内容评分。结果评价由各小组互评和教师评，根据学习评价标准填写学习结果评价表。小组加分由各小组对进步显著的小组提名，教师加分。对个人的学习评价 = 小组分数（50%）+ 个人组内分数（50%）。个人组内分数由小组讨论，组长打分，教师综合。主要从合作态度、个人贡献（能力和效果）和个人进步三方面评价。

（七）学习活动的时间策略——课内外连接、融合、互动

课堂教学时间有限，要充分发挥协同学习的作用，还需要课内教学与课外活动相结合。在课外，我们指导各小组继续小组协同学习活动；吸收学生参与教师的课题研究和课件制作；指导校网络协会等社团开展活动；组织数学建模小组参加全国比赛；课程结束后仍然指导学生建立班级主页，延续、扩大和发展协同学习；最突出的是将教学资源建设融入教学过程：我们一方面将资源库的部分内容化为课程的学习任务布置各小组完成，另一方面挑选优秀学生跨班级组织新的协同学习小组——网络教学资源建设小组，师生共同建设教学资源。教学资源的建设是一项巨大而长期的工程，课内与课外相结合使学习资源的建设成为可能，也使人文精神与科学精神的教育有机融合，素质教育落到实处，校园文化建设迈上新台阶。

我们对该课程进行了具体实施方案设计，形成了完整的教学设计方案，其中包括教学目标、教学阶段安排、实施时间表、分组方法、作业要求、评价量规表、实施过程中可能用到的软硬件以及其它必要文档的准备等等。在教学的实践中，以此为蓝图，并不断修改完善。

第三节 信息化教学的学习评价

一、学习评价的意义和功能

现代评价思想的发展正处在"建构"阶段，目前主要关注如下方面：①评价的发展性与过程性，突出评价促进发展的功能，发展性评价是基础教育改革所积极倡导的，其核心是重视过程，强调学习过程与评价过程密不可分；②学生评价授权，鼓励学生参与评价；③多元评价技术；④评价内容的整体性，从广泛的背景中收集体现学生学习情况和多种能力的信息；⑤评价的人文性；等等。

传统教育中，因为学习评价的意义偏离了其真正意义而备受抨击。而在网络信息化教学中，学习评价的真正意义反而有望得到回归。

（一）评价在于"调节学习者学习行为"

评价的最初意义在于学习诊断、查漏补缺，从而调节学习者学习行为（调整学习进度、增加学习付出、改进学习方法等）。传统教育中，评价基本上是"划分等级、贴上标签"的前奏，对分数的过分看重使关注点更多地放在学习结果上，而不是学习过程。网络学习中，对学习者更有意义的是切实学到了什么，还存在什么问题。因此，评价必然要求是过程性的，而非结果性的。网络学习评价应强调对学生学习的诊断和分析功能，帮助学生改进学习过程，促进学生的全面发展、弱化评价的选拔与甄别功能。有时，在线的评价结果也许是失真的（作弊、替考问题），那么，与其研究减少作弊问题，还不如减弱学习评价的结果指向，加强其过程指向。从这个意义上说，评价也就不是简单的测量工具和评定工具，而应该成为学习支持工具之一，引导那些自我控制的学习者来思考和监控自己的学习过程。当前教育改革的重要目标之一是关注学生学习，注重引导学生以适应自己的方式学习，网络上的学习评价恰好可以较好地做到这一点。

（二）评价在于学习监控

评价的最初意义还意味着一种学习监控手段。对于一个教学系统，评价和反馈一直是系统控制的关键环节。学习目标和评价标准给学生以努力方向，但是实际学习效果与最初的目标值是否相符，相符的程度多少，则需要科学的学习评价，根据评价的信息输出形成一定的反馈，学生知道自己的学习结果，可以调节自己的学习行为，保持一定的学习动机；教师可以进行教学决策。总之使学习过程得到良性控制。评价活动本身就意味着一种约束，可以为某种规定、建议或者暗示，对学生的学习起一定的管理和控制作用。

网络学习评价的学习监控意义更为显著。网络学习评价基于对学生学习活动的跟踪、评价、反馈、指导，既精确地把握学生的学习状态，又通过客观和积极的反馈信息对学生学习进行引导（或智能授导）以促进学习，在动态的学习质量把握中不断地提高学习质量，这事实上完成了学习监控的过程。从这个意义上说，网络学习评价的功能将体现为"交互学习系统中的监控者"。

（三）评价在于学习指导和持续促进

这一点是所有学习评价的主要意义和价值所在。学习评价的最终目的在于对学习产生积极的促进性影响，更好地根据用户的需要制定教学；该教学应能根据需要和情况的变化不断地修改和提炼自己的策略，以便使学习者获得持续的进步。

在网络学习中同样需要体现。在美国南卡罗来纳州组织的一个关于"影响在线学习质量的主要因素"的调研中，"在反馈的基础上不断地对课程做出相应调整"位列第二，由此可见，个性化的学习者需要课程及教学不断做出调整。这种调整的依据当然是学习评价信息。只有在对学生学习效果的准确把握的基础上才能相应地做出教学决策，调整课程内容和教学形式，才能提高网络学习质量。在传统的学校教育中，这种评价意义的体现是通过教师来完成的，显然，由于教育观念的桎梏和应试教育的影响，其意义体现大打了折扣。而在网络学习中，学习指导可以借助计算机的智能性和自适应进行。因此网络学习评价将部分呈现自适应指导者（智能导师）的功能。

（四）评价在于测量和统计

当然学习评价的意义还在于"测量"学生、评定学生，但是，考虑到网络学习的特点，网络学习评价的测量结果仅对学习者本人有意义，也只有这样才能使这种测量变得真实、客观。因此，网络学习评价也有测量功能，体现在分数的测试分析、统计上（这已经有成熟的技术），但是这种测量不作为最终评定学生的依据，而是作为学习反馈存在，让学生获知自己的强项弱项和整体水平等，这对学习动机保持很必要。

总之，网络信息化学习评价的最终意义是为了"以评促学"，主要作为一种学习支持服务存在，其功能将主要体现为：交互学习系统中"测量管理者"、"学习监控者"、"自适应指导者"以及"持续促进者"。

二、学习评价的原则

（一）多元评价

以往对学生学习的评价主要集中在书面知识的掌握、技能的熟练程度，忽视对学生的情感体验、探究能力、协作精神等方面的评价。单一评价令天赋不一、志趣各异的学生高度统一发展方向和学习行为，造成培养出来的学生千人一面、没有个性。应当注意在教学过程中，根据学生的个性、气质、特点、学习情况，因人而异，因时而异，因境而异，做出针对性的、艺术性的评价，激发学生的潜能，促进学生个性的发展。

（二）多主体评价

将自我评价、小组评价、班级评价和教师评价有机结合，体现评价主体的多元性。长期以来，在以教师讲授为主的教学模式中，对学生学习的评价主要是由教师做出的，往往单凭考试成绩衡量学生的学习水平。在这种自上而下的单向评价中，学生只是被评价者，只能被动、消极地接受教师的评价，没有评价的权利。这样不能全面、综合地反映学生的发展程度，不利于学生自我评价能力的发展，也不利于学生主体性的培养和发展。采用多主体评价可从多个方面、多个角度对学生的学习活动进行更全面、更客观、更科学的评价，学生由评价对象成为评价主体，创造积极的学习气氛。给学生成功的情感体验，增强学生主动参与课堂学习活动的信心，不仅对学生的学习表现及时反馈，同时也培养了学生的评价能力。

（三）多评价方式组合应用

注重学习的教育性评价和发展性评价，开展动态评价。对学生学习的评价以往只注重单纯的终结性评价，在期末对学生的学习结果进行评价，忽视了对学习过程的评价，使一部分学生为了应付考试拿高分而忽略了学习的真正意义。我们注意围绕每个阶段应达到的学习目标和要求，随时对学生平时的学习情况进行评价，并通过发现学生学习中存在的问题，提出改进的意见或措施，使学生能不断地改进、完善自己的学习活动，学会做学习活动的主人。

（四）重视反思

我们应着眼于学生未来的成长和发展，要求学生随时对自身的学习情况进行反思，这种反思和评价贯穿于学习过程始终。这实际上也是一种自我评价能力的培养。这种学生对自己的动态评价，改变了以往盲目学习的状况，反思的内容也比较广泛，包括对学习方法、学习效率、传统学习方式的反思。这成为学生成长过程的一份永久记录，使学生养成了自我反思和自我教育的习惯，有助于学生良好的价值观和人生观的养成。

（五）奖励进步

将"不求人人成功，但求人人进步"作为教学所追求的一种境界，同时也将之作为教学评价的最终目标和尺度，将常模参照改为标准参照评价，将学生的发展状态和取得的进步，作为评定学生质量的一个重要依据。实行进步加分策略。

（六）个人成绩与小组成绩结合，考察学生团队合作能力

把个人之间的竞争变为小组之间的竞争，把个人计分改为小组与个人结合计分，把小组总体成绩作为奖励或认可的依据，形成了"组内成员合作，组间成员竞争"的新格局，使得整个评价的重心由鼓励个人竞争达标转向大家合作达标。

三、学习评价方法

各种评价方法应用于网络信息化学习都存在一个适应性转变的问题。下表中列出了各类评价方法在网络学习中可能的转变方式：

表 5-2 学习评价方法

传统技术	传统评价项目	信息化学习中的可能形式
传统技术	作业	作业提交（在规定期限内可多次提交）
	测验	在线测试（题库支撑）
其他评价	出席/参与	参与度（学习次数、讨论次数、作业次数等）
	讨论、报告	报告、论文、BBS 帖子
	调查、访谈	网上调查、网上访谈
	学习过程观察、展出、实验、学习心得等	学习路径、精华作品、活动记录、学习笔记等

例如，测验迁移至网络则以题库系统为支撑，一是向着自适应测试的方向发展，在此基础上可以使诸如试题的统计分析、个性化的学习指导等自动化、智能化；二是向着自动组卷发展，特别是学生能够自动组卷。作业系统，包括学生提交和教师批改，学生应该可以在某个期限内多次提交作业，教师批改学生的作业，并且有责任将好的作业推荐到精华作品区，学生可以查看自己的所有作业 CBBS 讨论跟踪、网上调查，教师网上访谈（E-mail、聊天室），学习笔记、学习作品等非正式的评价技术都将对评价的深度、全面性、客观性起积极的作用。总之，对学生的评价行为，无论是自我评价还是被动评价，都将记录在档，成为参考，同时成为学习约束因素。

此外，还有一些"以学为中心"的评价方法，我们将寻求将它们应用于网络学习的途径。例如：学习契约、量规、范例展示、评定包、概念地图等。

学习契约可以体现为，学生与教师商讨决定学习目标、学习方式和学习进度等，比如学习目标分为高、中、低三级水平，学生可以选择，学习方式和学习进度可由教师提出若干建议，学生的选择一旦确立，则学生犹如签了一个学习合同，他对自己的学习将负有责任，评价其学习结果也将看他是否到达自己的期望和目标。这种方式在网络化学习中将很有必要。因为网络化学习者的学习需求各自不同，评价学习结果当然是以是否满足其需求为最终标准。对某个课程知识，有的人只是想了解、有的人想精通，那么按统一的规则、流程进行评价，将有损网络化学习的自由开放和个性化精神。

量规是"一种结构化的评价标准，往往是从与评价目标相关的多个方面详细规定评级指标"。事实上在传统的教学评价中，特别是评价非客观性的任务时，人们已经自觉不自觉地应用了这种工具。比如作文评分，就内容、结构、卷面等分数予以规定；CAI课件评价从内容、导航、界面等方面规定各级指标权重等。在网络课程中给出具体的学业评价标准或作业标准以及具体的评价方法，就是一种应用。这将为教师评价、学生自评和学生互评都提供参照依据，提高评价信度。"事先公布量规，还可以对学生学习起导向作用"。

概念地图是"一种图表，用以指示课、单元或知识领域的组织"。这种图表的提示或形成，对网络化学习而言尤其必要。超文本的学习方式容易带来学习迷航、缺乏知识系统性等问题，那么展示电子概念地图或者帮助学生形成概念地图：将一方面起到导航作用，另一方面提高学生对知识的丰富理解和区分、表征概念的能力，有助于学生认知水平的发展。

此外，在宣布学习任务之前展示范例或者陈列精华作品等，都将作为一种评价手段对学生学习起引导、规范作用，在网络化学习中表现为电子范例和精华作品区等等。评定包的网络应用则表现为建立电子学习档案，将每个学生在本门课程学习期间做的所有学习成果整理成个人的"文件夹"，并进一步制作成个人和课题组的网上学习主页，反映某一阶段学生的发展状态和取得的进步，作为学生成长和进步的记录，以此作为评定学生质量的一个重要依据，对学生进行全面全程跟踪考察，尽可能全面地评价学生。

第六章 大学教学方法改革创新的理论基础及实践

创新一般包括思想理论创新、方式方法创新和制度保障创新三个环节，观念乃至思想理论的突破是创新的根本所在。高等学校教学方法创新虽然是一个教育实践活动，但长期的教学方法改革实践证明，没有理论基础的实践是盲目的改革实践。教育活动实践是以培养人为根本目标的，每一个受教育者都有成功的权利而无失败的义务，所以，教育改革实验不容许毫无把握的"试验"，必须以相关理论为依据，精心设计教学方法等教育教学改革方案。进行高等学校教学方法创新理论研究的目的在于分析工具论、机械认识论等既往教学方法改革理论的局限，提出价值论的教学方法理论，并建立以价值论为基础、创新高等学校教学方法的若干基本范畴。

第一节 基于认识论的教学方法

教育与哲学有着千丝万缕的联系，很多教育问题归根结底还是哲学问题，也只有回归到哲学层面才能发现教育问题的症结所在。我国对于高等学校教学方法的本体性与实践性的认识与研究相对不足，其中最直接的表现在于对高等学校教学方法本质的理论探究相当薄弱，以"借"为标志的研究路径直接导致了当前的境况。这些被"借"的教学方法理论和教学模式与高等学校教学方法有本质的区别。无论是从高等学校教学方法自身发展角度，还是从深化对高等学校教学方法认识的角度，建立以价值论为基础，以价值实现为核心的高等学校教学方法是推进高等学校教学方法创新的理论原点。

一、认识论的理论

1. 经验主义

经验主义者声称知识是人类经验的产物。朴素经验主义者认为人们的思想和理论需要在现实中论证,然后依据它与事实的匹配度来决定是否应该持有此理论。

经验主义与科学有密切关系。虽然科学的效力毋庸置疑,但在哲学上,科学"是怎样"和"为什么起作用"引起了争论。科学方法一度因为其能保证科学实验的成功而被人所钟爱,但现在科学和哲学中所遇到的问题使人们更加偏向于连贯主义。

经验主义经常与实证主义相混淆,但后者更强调人对现实的看法,而不是人在现实中的经验本身。

2. 观念主义

观念主义认为我们感知到的世界只是我们的观念构造。乔治·贝克莱、康德及黑格尔持不同的观念主义观点。

3. 朴素现实主义

朴素现实主义,也就是通常意义上的现实主义,认为存在一个真实的外在世界,并且我们的感觉由那个世界直接引起。它以因果关系为基础,认为一件事物的存在是导致我们看见它的原因。这样,世界在被人们认知的同时保持着原样——与它没有被人们感知时一样。相反的理论是唯我论。朴素现实主义没有将心理学上的感知考虑进去。

4. 现象论

现象论从乔治·贝克莱的观点"感知到的便是存在的"中发展而来。根据他的观点,我们不能认为我们看到的事是独立于我们感官存在的个体。他认为真正存在的只有感官本身。

5. 理性主义

理性主义者相信有并不来自感官经验的前知或先天思想。这一点可从很多经验中看出。这些思想可能来自人类脑的结构,或者它们独立于大脑存在。如果它们独立存在，当它们达到一个必要的复杂程度时就能够被人类所理解。

理性主义者的观点可以被浓缩为笛卡尔的"我思故我在"。斯宾诺莎建立了其中只有上帝一件事物的理性体系。莱布尼茨建立了一个有无限多他的单子的体系。

6. 具象主义

具象主义或表现现实主义，与朴素现实主义不同，意为我们看现实时只可以感知到它的表现。换言之，我们看到的世界及事物并不是它们本身，只是内在的虚拟现实的复制品。所谓的"感官之纱"使我们不能直接感知世界。

7. 客观主义

客观主义是艾茵·兰德的认知理论，与朴素现实主义相类似。她也认为我们通过感官从外在世界获得知识。客观主义认为未经加工的感觉信息会自动地成为被大脑融入感知的对象，这时是意识去感知信息，而不是以任何方式创造或发明信息。一旦我们意识到两个实体彼此相像，而与其他不同，我们就可以将它们看作一个种类，这个种类可以将同种类的所有实体囊括，这样我们的意识就可用一个词将本无限的实体包含。客观主义拒绝纯粹的经验主义，认为我们可以借助客观的概念从而超越感官的层次。客观主义也不承认纯粹的具象主义和理想主义，认为我们感知到的才是现实，谈论感知不到的知识是没有意义的。

二、认识论与工具论的盛行和局限

（一）工具论教学方法

毫无疑问，教学方法就是用来实施教学的工具。这种通俗的认识在一般教育学和教学论文献中非常普遍，且影响深远。我国最早学习借鉴的苏联《教育学》著作中指出，"教学方法是教师和学生为完成教养任务而进行理论和实践认识活动的途径"，"教学方法是指教师的工作方式和由教师领导的学生工作方式，借助于这些工作方式，可以使学生掌握知识、技能和技巧，还可以形成他们的共产主义世界观和发展他们的认识能力"，"教师和学生在教学过程中为解决教养、教育和发展任务而展开有秩序的、相互联系的活动的办法，就称为教学方法"。即使到了20世纪80年代以后，西方学者对教学方法界定的研究讨论纷纷出现，其中也免不了工具主义的认识。比如，"教学方法是教师为达到教学目的而组织和使用教学技术、教材、教具和教学辅助材料以促成学生按照要求进行学习的方法"，"教学方法是指大多数教师能够充分加以运用并适合于多学科反复使用的教学步骤或程序"，"教学方法就是教师发出和学生接受学习刺激的程序"，"教学方法是促进学生学习，教师组织班级，向学生提出意见及使用其教学手段的各种方法"……这些认识不论被引入我国时间的先后如何，都属于工具论的观点范畴，这些观点对我国教学方法理论与实践的影响非常强烈，有学者说是"一锤子定了音的"影响，以至于国内学者的很多理论研究也难脱其窠臼。王策三认为"教学方法是指为达到教学目的，实现教学内容，运用教学手段而进行的、由教学原则指导的、一整套方式组成的师生相互作用的活动"。王道俊、王汉澜认为"教学方法是为完成教学任务而采用的办法，它包括教师教的方法和学生学的方法，是教师引导学生掌握知识技能、获得身心发展而共同活动的方法"。

这些在一般教育学、教学论中关于教学方法的观点在高等教育的延伸研究中比较多，其中最直接的结论就是"高等学校教学方法就是教学活动中教师所采用的工具"，但工具的属性没有好坏之分，只有先进与落后之别。如果在教学活动中大量推行现代信息技术与手段成为时尚，其结果只能是器物层面的游戏，不可能在本质上得到改观。有时操之过急还会起反作用，不仅教学效果达不到期望值，还经常让教师沦为技术的奴隶，比如没电就不能上课，从而影响正常教学秩序。

（二）认识论教学方法

致力于从根本上揭示人生、社会、世界、宇宙及其相互关系的可能面目，构建关于它们的认识论原则的认识论，对教育尤其是高等教育的影响由来已久，但对教育教学活动的影响是相对迟缓的。长期以来，人们对教育活动的认识就是传授知识，而缺乏对教育活动本身具有认识社会和世界、探究社会和自然规律的功能的认识和理解。随着后现代主义、建构主义对传统教学观的发难，对本质主义教学方法定义方式的批评，引起了用描述特征的办法展示教学方法以及活动的无限复杂性的盛行。因为教育是复杂的社会实践活动，社会发展要求对教学方法本质和规律的认识也必须是一个不断深化、发展的过程。教学方法概念的表述应该反映教学目的、教学内容的内在的本质的联系，以及师生双方相互联系和相互作用的关系。在一般教育学及教学论领域，理论认识视野更加开阔。比如有学者认为，教学方法是在教学过程中教师和学生为实现教学目的、完成教学任务而采取的教与学相互作用的活动形式的总称。也有学者认为，教学方法是教师和学生在教学过程中，为达到一定的教学目的，根据特定的教学内容，共同进行的一系列活动的方法、方式、步骤、手段和技术的总和。

这种基于教学活动复杂性和教学对象层次性的理论倡导开启了高等学校教学方法研究的新境界。首先是正视高等学校教学活动与基础教育教学活动存在明显差别，然后是按照建构主义所极力主张的适应和体现高等学校教学活动特点，用描述特征的方法来揭示教学方法的内涵。于是，徐辉教授等提出了高等学校教学方法五个特点；薛天祥教授认为高等学校教学方法的特殊性主要有三个表现；潘懋元教授则言简意赅地将高等学校教学方法的特殊性概括为明确的专业指向性及科学文化发展过程和研究方法的接近性；别敦荣、王根顺教授则指出高等学校教学方法更多地体现了学生的主体性、探索性更强，具有鲜明的学科专业特色。这些关于高等学校教学方法的比较分析和内在刻画，尽管没有直接回答高等学校的教学方法是什么，但已经提示了高等学校教学方法的适用主体、基本特点、目标指向等，有利于我们进一步把握高等学校教学方法本质。

（三）工具论和认识论教学方法的局限

工具论教学方法是适应基础教育教学活动需要的，因为它的理论来源就是从儿童心理学到人类文明知识沉淀的状态。最简便高效的知识传授方式就是教师讲授方式（最原始的工具主义解释就是教师的口和学生的耳），这种高效率、低成本的教育活动无疑是人类社会的重大进步。但是，它从一端走向了另一端，即使教学活动彻底脱离了人类认识自然和社会的实践活动。

工具论教学方法对基础教育教学活动基本适应也无可厚非，但对中国传统教学方法以及高等学校教学方法具有严重影响。中国传统教学，无论是书院还是古代官学，几千年的教学方法应该是授课、辩难、游历相结合的。辩难应该就是现在的讨论式教学方法，游历应该就是现在的实践与观摩相结合的教学方法。辩难与游历的教学方法在我国的逐渐消失，不能不说是工具主义教学思想在近代学校教育演变中的重要"功绩",让"讲授法"一家独大,特别是一些实践性教学内容、实验性科学课程都可以被"讲授"。因此,工具主义教学方法观实际上是一种狭隘的、偏执的工具主义。高等学校教学方法从根本上讲不能适用工具论教学方法观,因为高等学校教育已经不再是纯粹教授既有的人类文明知识,学生的主要任务是学会认识社会和自然规律,学会利用和改造社会和自然。这时,教师的角色、工具的价值、学生的地位不能完全用工具主义来支配。实际上,工具主义教学方法在高等学校大行其道,结果便是导致高等学校没有沿着自身本来的轨迹培养人。

传统认识论在教学方法上的表现是时代发展进步的必然,尤其是现代学校教学方法经过工具论的片面引导之后本质的回归。但是,这种回归与一系列的工具论教学方法起源有本质的不同,我们姑且把工具论教学方法看作是自下而上的发展路径,甚至是以儿童心理学乃至动物实验心理学为发物,从最低层次开始建树,进而向高等学校教学方法蔓延。认识论教学方法与此相反,它是从人类教育活动的本源或高等学校教学特征出发,深刻揭示人类本源的教学活动以及高等教育阶段的"终极教学活动",是为了认识、探究、利用社会和自然及其发展规律。以此为理论基础建构的教学方法更加适应和接近高等学校教育教学,但由于世界性高等学校教学方法研究活动匮乏,也由于高等学校教师的研究活动以学科为主要对象,以致这种本可以得到大力弘扬和进一步开拓的教学方法理论研究和实践探索沦为简单机械的认识论层面而遭到漠视,因而对高等学校教学方法的影响力非常不足。

倒是在基础教育领域,由于长期浓厚的教学方法研究氛围,以及长期被工具主义隔阂了学校教育与教育本源的觉醒,使得这种教学方法很快受到欢迎。但客观地说,认识论的教学方法观对基础教育教学方法改革创新仅仅是一点兴奋剂,难以畅行通达。因为,无论是哪个国家的基础教育,其现实使命已经远离认识的两端—不再需要所有人都从原始方式亲自开始尝试性认识社会和事物,这是人类社会进步的必然,否则就是逆人类社会发展进程的举动;接受完基础教育(主要是指各国规定的义务教育)培养的人尚不是现代社会所需要的去进一步探索和认知社会发展规律、自然奥秘的当然对象,现实社会肩负这些使命的主要是接受过高等教育的人。所以说，基于各种认识论基础上的教学方法尽管在基础教育阶段很受宠，但归根结底只是一时的新鲜，不能也不应该成为主流的教学方法。

认识论基础上的教学方法被从基础教育领域转借到高等教育领域时遇到了个别问题。要说认识或探究事物发展规律的高等学校教学活动，比比皆是，并不像基础教育阶段的学校教学活动那样新鲜。同时，基础教育阶段的教师与学生同为知识占有者（先占有的是教师、后占有的是学生），都不是面向事物的认识主体，仅是认识教学活动的主体，所以认识教学活动以及教学方法的比重被无限放大，甚至被称为"研究性教学""研究性学习"。但高等学校完全不一样，教师既是教学（面向学生）活动的主体，又是研究（面向事物）活动的主体，这就是高等学校教师一直面临的双重任务——教学、科研。所以高等学校教师无时无刻不在努力探究，个别教师也许因此出现"以局部代整体"的现象，忽略了对学生以及教学活动的研究热情，在教学活动中套用、承袭基础教育阶段所经历过的工具主义教学方法，图个清闲；还有教师即使认识到了自己的"双重任务"，也接受并尝试过教学活动中的认识客体是学科要适合事物发展的特点和规律，但这种认识是无止境的人类社会活动，不是高等学校教育所能完成的Fl标，且操作难度大，不确定性因素多，难以就这种教学方法进行考量。总之，认识论基础上的教学方法非常适宜高等学校教学创新，但由于追求"短期功效"目标的教育体制，此种教学方法推广受阻，因此，针对认识论教学方法的应用缺陷，我们提出了价值论教学方法。

第二节　基于价值论的教学方法

在工具论和认识论两大基础理论左右下形成的高等学校教学方法格局不可能依然仅仅用它们自身的理论去完成改造，必须在更加广泛的社会活动领域寻求新的理论支点。

一、价值论及强互惠

价值论，亦称"价值哲学"，是指关于价值的性质、构成、标准和评价的哲学学说。它主要从主体的需要和客体能否满足主体的需要以及如何满足主体需要的角度，考察和评价各种物质的、精神的现象及主体的行为对个人、阶级、社会的意义。某种事物或现象具备价值，就是该事物或现象成为人们的需要、兴趣的所追求的对象，就是人的需要、兴趣、目的，并随着社会环境而改变。因而，价值是通过人的实践而实现的。

价值表现在经济现象、政治观象、社会现象、生态现象及他人的认识对象之中，价值的理论为以往许多哲学家所探讨，但他们只是从不同角度，对不同对象进行分析。到了 20 世纪，一些哲学家把政治的、伦理的、美学的、逻辑的、有机体的等不同类型的价值做了综合的分析。

社会事物之间的相互作用在本质上就是价值作用，任何社会事物的运动与变化都是以一定的利益追求或价值追求为基本驱动力，几乎所有社会科学都或多或少地与价值论存在某种联系，都自觉不自觉地以某种价值论为假设前提。由此可见，价值论是整个社会科学的基础理论之一，价值问题是任何社会科学都无法回避的问题。

（一）价值概念与人们的生活息息相

价值论在人们的心目中似乎是一种高深莫测的、远离尘世的"经院哲学"，价值问题似乎是只有理论家才去探索和思考的问题。事实上，价值与人们的日常生活密切相关，人的一切行为、思想、情感和意志都以一定的利益或价值为原动力，不同的价值思维和价值取向会对人的思想和行为产生巨大的影响。在人们的实际生活中，价值是一个非常普通的概念，人们的一切行为都需要考虑其实际意义。比如，在进行任何一项工作时，人们总是在不断地权衡某项工作是否有价值，是否有意义，是否值得，是否合算，是否……这些行为都是有价值学意义的。这说明价值是一个与人们的实际生活非常密切的字眼。然而，在一般的概念中，价值总是被认为是一个哲学概念或者经济学概念，离人们的生活很远。

（二）价值论的发展状况决定社会科学发展状况

价值论在整个社会科学中占据十分重要的地位，它的发展状况在根本上决定和制约着整个社会科学的发展状况：价值论的客观性决定社会科学的客观性；价值论的精确性决定社会科学的精确性；价值论的价值分类决定社会科学的基本分类；价值论的微小谬误将引发社会科学的更大谬误。这是因为价值论一旦存在某种概念上的模糊或朦胧，就会在社会科学的许多概念上引发更大的混乱与暧昧；它一旦存在某种观点上的谬误，就会以不断扩大的方式传播到社会科学的其他领域；它一旦出现某种理论上的危机，必然导致其他许多社会科学出现更严重、更深刻的危机；社会科学中所存在的许多矛盾与争论，最终都可归结为价值论上的矛盾与争论。由此可见，正确认识和圆满解决价值论上所存在的各种危机，不仅是价值论本身发展的需要，也是整个社会科学得以健康发展的重要前提。

（三）主体间性的丰富内涵和强互惠

起源于"真理标准大讨论"的我国的价值理论研究是马克思主义哲学的一个实践转向，也是从认识论角度直接切入的，从主客体关系出发探讨价值问题成为一种主导范畴。但在近十几年来，学界不断反思和批评这种研究理路，提出了以前被价值论研究所忽视的主体间性问题、被浓厚而直接的主体需要等功利色彩掩盖的超功利性文化价值等新命题。这些命题不断进入价值论，尤其是价值实现论的范畴。

主体间性是相对主体性而言的，本体论、认识论和价值论都有意识地关注主体性问题，但只有吸收认识论合理成分的价值论的建立才真正形成了"主体间性哲学"，本体论立足于存在和解释知识，是"前主体性哲学"，而认识论是"主体性哲学"。毫无疑问，人是价值的主体，只有人才具有认识主体性和价值主体性，但每个人每时每刻又可能是价值客体。这种价值实现过程中的主客体转换实际就是针对"人—人"模式而言的，与"人—物"模式、"人—事"模式无关。就某一个具体的价值实现过程而言，也可以称之为主客体间性。分析和考察"人—人"模式价值的实现，就不能回避主体间性，这也正是认识论、价值论在研究和分析人与人的关系时最感棘手的问题。

我们不妨用一个价值黑箱来表述价值实现过程中的主体间性。例如，某A

具有一种价值需要，某B具有满足某A所需要的条件，二者如何实现各自的价值诉求并达到目的就是一个价值黑箱，黑箱里发生的一切就是价值实现理论所要追寻的过程、结果、机理、转化等等。我们知道，一件具有价值和使用价值的商品，一旦相对人的需要而发生价值实现之后，它在一定程度上就不再是原来的那件商品了。人与人之间的价值实现也是如此，获得需要满足的主体和付出有用价值的客体在走出黑箱时已发生了质的或量的变化。不仅如此，他们在黑箱内或者在未来另一个价值实现的黑箱里还可能在一定时点发生主客体位置的变换。这种复杂性不是用现有机械论哲学所能解释的，而只有未来兴起的复杂科学才把它作为自己的使命。

正是价值主体间的这种无限复杂性，才使人与人之间的价值实现关系大大超出了基于起源相关性和重复交互作用的人类合作规律，用起源相关性解释人类大量没有亲缘关系的个体间的合作是不可信的，用重复交往机制可使对背叛行为进行惩罚成为可能，从而维护群体成员之间的合作。但遇到人们没有意识到会有重复交互机会、群体规模和生存势力相较悬殊而奉献者个体在未来得到回报希望渺茫、人类社会高概率的多变交易和多目标交易等这些现象对问题时，重复交互机制也难以奏效和给予圆满解释。在这种情况下，超越基于起源相关性和重复交互作用的价值实现理论的强互惠理论应运而生，并解释了大量复杂的社会现象。

起源于美国桑塔费研究所的强互惠理论认为，人类之所以能维持比其他物种更高度的合作关系，在于许多人都具有这样一种行为倾向：在团体中与别人合作并不惜花费个人成本（即使这些成本并不能被预期得到补偿）去惩罚那些破坏群体规范的人，从而能有效提高团体成员的福利水平和持续稳定Q因为人类社会生活中那些直接互惠、间接互惠等行为司空见惯，被称为弱互惠，而这种"无须回报"的施惠行为被命名为强互惠，以示区别。强互惠与利他、弱互惠的区别在于：利他行为是无条件的、仁慈的、善意的且不依赖于对方的行为；弱互惠行为是要依赖于别人的行为，弱互惠者愿意支付短期成本来帮助别人仅仅是因为可以从中获取长期或间接利益；而强互惠行为则是在目前和未来都不能期望得到任何回报的情况下支付成本来奖励公平和惩罚不公平的行为。

人类社会之所以能维持平稳的公平的合作秩序并持续发展，关键不在于众多的弱互惠行为以及零星的利他行为,而是得益于几近职业化的一批"强互惠者"与"强互惠组织"。

二、价值论的高等教育学意蕴

价值论是探寻人类生活理想目标的哲学分支,作为人类社会生存与发展重要组成内容的教育活动自然也在价值理论的视野之内。无论是对于个体的人还是群体的人,"以人为本"的发展理念说到底就是"以人的价值实现为本"。价值论关于人的价值实现的一系列观点和价值体系正不断校正着传统教育学的一些悖谬,更对化解高等教育、高等教育学中一些难以解释的问题和现象提供了理论帮助。

(一)高等学校教学活动中的主体与客体

我们现在的高等教育教学基本理论是认识论基础上的一般教育学。也就是说,认识论所解析的主体与客体关系范式被一般教育学所接受,形成了教学活动中的主客体二分局面。因此,出现了教师主体、学生客体或者说教育者、被教育者等一系列的概念和范畴。认识论关于主体性有更精辟的阐释,但在人与人的关系问题上仍未完全脱离本体论的窠臼。所以,一般教育学和教学论理论仍然沿袭这种哲学观点,一定要分出教学活动中的主体与客体,一定要使"教育"这个动词具有及物性。由此,一般教育学和教学论中的一个重大谬误就是建立了教育活动参与者的主格与宾格。这些"理论建树"又被简单移植到了高等教育学或高等学校教学论之中。

现在的高等学校教学活动依然存在何为"中心"的问题,这种争论没有脱离"中心主义"的框架,无论是"以教师为中心",还是"以学生为中心",抑或"以知识为中心",都没有揭示高等学校教学活动的本质,其理由有二:一是这些理论基础源于一般教育学和教学论,以基础教育为主要研究对象的理论成果,只能是"一般",不能完全适用于高等教育这种"特殊";二是高等学校教学活动中的人的地位无论是从瞬时性还是从长远性来看,是相互变化的,明确谁为中心毫无意义,其显著特征就是活动的主体间性。

从价值论观点来看,高等学校的教学活动客体就是教学活动本身。教学活动作为一种综合性社会事务，具有丰富的有用性，能够满足主体各自的需要。而且，该活动的上位主宰是制定教育目标和举办学校的人或组织，他们要实现目标和价值，就必须以教学活动这种方式来体现；活动的下位主宰就是无限的物化条件，比如人类的知识、教学设施、教学组织与管理者等，他们的价值都需要在这种活动中实现交换。

（二）高等学校教学活动是一种主体间性活动

在价值论的主体间性观点下，高等教育这种人类非常普遍的教学活动的存在实际上就是一种主体间性存在，活动中的各个主体是一种交互关系。在这个主体间性活动之中，有这样几个显著的表征：

第一，是主体的多重复杂性。高等学校教学活动的参与者非常多，按照人的文化价值实现理论，凡是"意识到"的相关需求者都可以视为教学活动的参与者，而不仅仅是教师和学生。教育目标的设计者、学校的举办者、教学管理者、学生背后的家长、将来的雇主、教师背后的家人以及教师和学生两大利益相关者群体都是高等学校教学活动的主体成分。教学活动的主体从表面看是教师和学生，这是静止的观点，从主体间性上分析，高等学校教学活动所有价值期盼（需要或满足需要）都应该得到实现，这是价值的目标规定性。当然，这些主体可以分层分级，教师和学生是第一阶梯，教育目标设计者和学生家长是第二阶梯，教学管理者和教师、学生的利益相关者群体是第三阶梯。这种分层分级只是相对的。在高等教育大众化、普及化的情况下，教师和学生这种"一线主体"也不一定有自己真实的需求或满足需求的愿望与能力，这种情况另当别论。

这些复杂主体的共同点是都是理性行为者（与基础教育不同），他们的合理诉求都应该得到尊重。所以，活动中的主体角色转换、个体差异都应该得到包容。

第二，是价值及价值关联的客观存在性。高等教育复杂的主客体关系决定了教学活动的无限丰富性。但是，我们并不能为这种丰富性所困扰、迷惑，甚至束手无策。这一切的主体以及作为非主体的物化成分，在这个活动中都具有价值，都具有价值表达功能。这就是高等学校教学活动所必须显现的特殊过程，基础教育可能不一样，可能作为主体的学生根本就没有求知需要，因为他们还是非理性的人。但高等学校完全不同，学生无论如何都是具有求知、成才欲望和需求的，这时他是主体，谁来满足这种需要？教师可以具备条件，书本可以具备条件，网络也可以具备条件，学长与同学也可以基本具备条件，而广阔的社会生活实践也可以。这说明，高等学校的价值关联不仅是客观存在的，而且是无限丰富的，满足活动主体需要的供给者不是唯一的，当然也可以多重。

第三，是活动结果的临界性。所谓活动结果就是价值实现的目的。基础教育（尤其是义务教育）阶段的教学活动结果是知晓人类的既往文明，为探究未来、利用自然与社会规律做准备。这种教育是退缩于社会生活的高效率教育。随着社会的发展进步，这种以"知晓"与"准备"为目的的阶段越来越氏。但高等教育作为人类教育活动的最后阶段，前面的"知晓"目的已经退居其次，主要是面向社会与自然实际，开始尝试认识和探究、利用人类社会和自然世界的规律。这种活动一要有分工性（专业划分），二要开展直接的尝试活动。这种教育与社会生活之间的临界性是解释现行高等学校教育中"知识（教材）中心""教室中心"等弊端的有力理论武器，正因为是临界性，教学活动中的很多面向对象的认识问题都没有统一标准，尚在探索之中，所以要有探究性教学、研究性学习、讨论式教学等。一切以"标准答案"为教学效果检验依据的做法不可取。

总而言之，高等教育以上的三个显著表征一方面为研究高等学校教学活动提供了视角，另一方面也直观地驳斥了移植一般教育学和教学论的荒谬所在。高等教育教学与基础教育教学的大前提是完全不相同的，有些本该属于高等学校教学基本规定性的东西反被用到基础教育领域，这实际上是当今社会关于教育价值的混乱与无序。

（三）高等教育的价值实现

价值实现是主体论研究的一个新视角。以前的主体论重点研究价值本身，主要从价值构成、价值生成、价值变异等方面入手，解决的是价值"be"问题。现在，哲学也面临从天堂回归人间的问题，这就要解决价值"to"问题。价值实现就是突出价值的实践属性，使原有的价值如何从潜在状态变为行为表现，并可以被感知。

高等教育作为人类社会教育生活的一个阶段或直接就是一种人类社会生活（不从属于教育生活范畴），其根本目的就是价值实现—主体的价值实现、对象的价值实现、活动的价值实现。就主体的价值实现来说，至少有学生为实现个体全面发展的价值诉求、教师为达到成就认可与事业发展的价值诉求、学校为体现社会功能与发展力的价值诉求、政府为提高国际竞争力而发展高等教育的价值诉求，以及社会有寻求人人发展、人人公平、人人贡献的价值诉求。高等教育活动对象的价值实现就是实现知识育人、功能服务，活动本身的价值实现就是培养教师与学生共同探索社会、自然和人类自身的发展规律的能力，从而进行相关认识和探索实践。

因此，以往关于大学功能的三分说实际是机械主义的产物，对特定大学和一般高等教育来说是正确的，但也在世界范围内误导大学的发展，形成了大批同质化大学、模式化大学的发展思路"高等学校的价值实现就是基于自身目标的价值转化，与外在的功能规定性毫无关系，即使强加上也不可能实现目标。

由于人类文化存在中包含着许多非理性的东西，如风俗习惯、伦理道德、宗教信行二信思想，有些政治、法律、礼仪、制度等也是在非理性的价值思维肯定基础上建立和发展起来的，会影响人的价值思维及价值实现，因此价值实现理论要求通过与人的教育来排除这样或那样的非理性的思想。所以，"教育者首先必须受教育，要想别人提高理性首先自己必须符合理性。即使受教育者的觉悟尚未达到理性的高度，或者他的思想、行为尚包含着非理性，你也必须尊重他、关心他、爱护他。只有先尊重他、关心他、爱护他，你才有可能启发他、教育他、改变他，而且还必须出于真诚的愿望和善良的动机。对人的非理性决不能采取粗暴无理的态度，更不能愚弄他们、戏弄他们，否则你就会陷入以非理性对待非理性的地步，那是绝对达不到理性教育的目的的"。这就是高等教育的真谛所在。

三、价值论视角的高等学校教学方法

教学方法的价值问题一直有人研究，并可以把过去的所有研究（包括中小学教学方法研究）都归于教学方法价值论研究（尽管高等学校教学方法价值研究还相当不足），教学方法的价值研究是解决教学方法"有什么用"的问题，是静态的观点。而静止意义的教学方法是毫无意义的，只有价值实现的动态过程才是教学方法的真实性所在，但这方面的研究几乎没有人做，笔者把这个问题称作教学方法价值实现论研究。

（一）价值实现：高等学校教学方法的本质与核心

教学方法价值实现主要从教师的价值实现、学生的价值实现、学校的价值实现三个方面展开。其他凡是涉及教学活动的功能主体（人、物或机构）都有教学方法价值实现问题，但都不是主要的，比如教学管理者们的价值实现实际就是代表学校的教学价值实现，黑板、投影、幻灯、多媒体、网络等教学设施的价值实现是附属于教师和学生两个价值实现之中的。所以，从根本上说，教学方法分类不能细化到器物或技术层面，器物或技术层面的教学方法研究不是教学论研究的范畴，研究出了什么结论也一定是短命的。教学方法首先是教师的价值实现，这不难理解，教师的社会职业价值就是传授知识和培育人，这个价值实现得如何，就看教学方法。所以，教学方法创新是教师的传授性价值实现。学生的价值实现长期被忽视，为什么要到大学里来？要每一个学生都准确回答这个问题其实是非常困难的，或者说过去乃至当前很少有学生能够基本回答出来，很多学生可能就是"为上大学而上大学"，或者"为了有一个更好的工作"。这其实都不必非上大学不可。学生的价值就是通过接受知识和教育而成才，那么学生的价值实现就是如何有效接受知识和教育的问题，教学方法是最重要的媒介，可以称为接受性价值实现。学校的价值实现就是将学校设计的人才培养目标转化为现实的合格人才。相对于教师和学生的价值实现，学校的价值实现要单纯一些、中立一些。这里的单纯不是指类型与规格，而是指实现过程属性的基本要求不是瞬息万变。

教学方法中的价值实现问题是研究中的空白环节，其主要原因是忽视了教学方法应该作为学生价值实现的客观存在这一问题，一直以为学生就是教育对象，处于被动地位。大学生尽管也是学生—具备"学生"的一般属性，但毕竟是"大学生"，无论是"大学之生"还是"大的学生"，都不能与通行的"学生"画等号。一方面是大学的特定环境决定了这里的学生不能与别的学校的学生一样，另一方面是这些学生确实已经"大"了，成人了，也基本成熟了，他们被称为是"年轻的成年人"，这就决定了他们应该有自己的价值目标以及实现价值目标的个人诉求。

在教学活动的价值实现过程中，无论价值主体的变化如何，归根到底是人与人之间的关系，是主体间的关系，而这种关系是充满文化意义的。在处理主体间关系时，决不能只把对方看成客体，而必须把他也看成是主体C高等教育作为人类社会最为理性的活动，目的是建立一种理性的主体间的关系，而不是建立人与自然界的那种机械的主客体关系，即认识主体与纯粹客观对象之间的那种关系，更不是建立主仆关系、统治与被统治的关系。因此，必须克服仅从自我合理性出发而否定他人的合理性的现象。

价值实现是高等学校教学方法的评价尺度。教学方法就是教学活动主体间的价值实现。在这个过程中，主体间、主体与对象间具有不同的价值诉求以及为满足价值诉求的、达到设定目标的丰富而复杂的程序，甚至价值目标也在不断修改，主客体角色也在不断转换。

（二）高等学校教学方法的特定表现在于师生感受共轭

既然高等学校教学方法的本质是价值实现，那么在这个复杂活动中可以考量的"质"是什么？这是一个绕口的话题，就是用什么方法来知悉教学方法，用什么标准来判断教学方法。我们知道，作为价值实现的结果，可以用目标的实现程度来度量和检验，而关于价值实现过程本身状况的评判就只有用"感受共轭"来表达。

共轭（conjugate）本是一个自然科学术语，在数学、化学、物理学、生物医学等领域都有这样一种现象或规律，它们的共同点是有必须至少由两个要素构成的关联体，比较有代表性的比如数学中的共轭复数（实数部分相等而虚数部分互为相反数的两个复数）、物理学上的共振、生物医学中同时发生在同一轴上的平移和旋转活动或在一个轴上旋转或平移同时伴有另一轴的旋转或平移运动的脊柱运动现象，最典型的就是化学中的共轭—氧化与还原反应中电子供体 AH_2 氧化成 A 时电了受体 B 必须还原成 BH_2O 我们常说的"有机组成部分"的"有机"关系就是指这种两个或两个以上元素间的"共轭"效应和关系，而不是无厘头的一句空话。因为，共轭效应和共轭关系是有机化学的一个重要特点，而且还具体分为正常共轭（又称 π—π 共轭，指两个以上双键或三键以单键相联结时所发生的 π 电子的离位）、多电子共轭、超共轭效应、d 轨道接受共轭等多种情况。

有机化学领域的这种"共轭效应"是由于分子中原子群体之间存在的相互制

约、相互配合和相互影响的作用，从而使整个有机化合物的分子结构更趋稳定，内能内耗减少，分子极性增大，抗力增加，外力不容易破坏它。在有机化合反应中形成"共轭效应"的关键是使每一个原子按照其在分子结构中的相互关系和各自"角色"，重新"整合定位"，相互作用相互制约，"取长补短"，形成结构稳定、抗力增强的新生有机体。作为反应发生的诱导效应是指在有机分子中引入一原子或基团后，使分子中成键电子云密度分布发生变化，从而使化学键发生极化的现象。根据电子云密度情况，引入原子或基团的"极化"有时是正的诱导效应，有时是负的诱导效应。

感受是人所处的各种外部情境的刺激与个人心灵反应的核心接口，一个人对外部情境乃至世界的所有理解和认知、经验的累积、思维和能力的提高都始于感受这个基本环节。感受和心灵的关系非常密切，任何的感受都会产生特定的心理活动，特定的心理活动也会产生相应的感受。教学活动中，仅就师生两个主要参与者来说，情况是各自感受着客观存在，而且作为一节课、一门课程，教学活动的目标也应该是共同的，那么联结师生感受的就是教学方法，只有师生为了共同的教学目标所怀有的教学感受达到一致时（共振或互补），这个活动才是完整的。所以说，"感受共轭"是教学方法的实际表现形式。当然，除了师生双方的感受，还有其他方面的感受，如教学管理者、教学方法观察和评判者、教学目标制定者等，他们都会对一节具体的课、一门具体的课程有着各自的感受，但不是方法的直接"共轭体"，而是间接的"共轭关系"。

由于没有充分认识到高等学校教学方法的"共轭性"，所以，教学方法问题长期徘徊不前，莫衷一是。因为，教学方法的好坏不知是教师的原因还是学生的原因，抑或是评价者的原因。

（三）高等学校教学方法的"小而全"性

按照价值论的视角，高等学校教学方法的实质是以师生为主要代表的多方利益关联目标的价值实现，具体表现形式是师生的感受共轭，那么它的特点是什么？从现有教学方法研究和应用成果以及实现教学方法的目标价值来看，高等学校教学方法的显著特点就是"小而全也必须具备了"小而全"特点的教学方法才是有效的教学方法。

高等学校教学方法的"小"是就教学方法概念本身而言的。无论在高等学校教育教学活动范畴还是在概念体系内，教学方法属于非常"下位"的概念，仅高于某个被运用的具体手段或措施。虽然"小"，内涵与要求却一应俱全，缺一不可，好比一个细胞就是一个生命体的最基本单元，教学方法就是基于教学活动范畴的"细胞级"概念。细胞因为基本结构和功能都具备才被认为是生命的基本单元。教学方法的"全"在于两个方面：一方面，它是一个具有内部环境范畴的概念，这些环境具体有哪些，也许就如人体的"经络""气脉"一般，存在而尚难具体地机械化地加以分别，就是说，在"感受共轭"环节，有无限丰富的环境因素在不断进行主客体间的转换、信息流的发生与反馈等；另一方面，它具有无限多的具体信息传递、情感激发手段和措施以及措施的组合，而且这些手段和措施及其组合又在不同的学生和教师间演变。因此，要想使一节课或一门课程"受欢迎"，必须具备"小而全"的基本特征。

以前，我们基本没有把教学方法作为一个完整的活动概念和范畴来分析。也就是说，用整体思维观点对教学方法的这个微观系统的建构还不够，现在要更深入地进行这个微观系统的创新，逻辑上缺少了一个上位环节。所以，我们在研究实践和研究"教学方法创新"这个命题时，总感觉无从下手，不着边际，所以推广不开、影响不广、价值不大。

第三节　教师的职业价值及教学方法创新主体

一、教师的职业价值

顾名思义，"教师"是一种社会职业称谓，无论是何种层次教育机构的教师，教书育人是其天职，"教书"是指教学方面的活动，"育人"是教书的根本目的所在。当然，实现"育人"目标还有其他很多途径，"教书"不是唯一途径。具体来说，"教书"关键在"教"，就是典型的教学活动，包括教学方法问题；书，只是作为知识体系的一个形象指代，但不仅仅局限于教材、课本。对于高等学校的教学来说，很多情况下没有"书"也能够教，小的可以是师生参与一次实验、实践，大的可以是探究自然或社会某一方面的现象和规律。大学教师如何对待这个"书"就大有文章可做。

（一）"三分法"职业价值缘起及其盛行

现代大学被赋予人才培养、科学研究、社会服务的职能之后，高等学校教师的职业价值取向就发生了严重分异——有的专注于教学，有的致力于科研，有的热衷于科技开发等社会服务。高等学校教师职业价值取向的这种分异也许都有一个必然的震荡期，震荡期过后必然回归。高等学校是探究高深学问的场所，高等学校教师所从事的工作就是学术职业。这种学术职业随高等学校社会功能的演化而不断分化与综合，在早期的"象牙塔"高等学校内，教师传承学问以及与学生一起探讨学问就是全部的学术活动，教师职业的主体任务比较简单。后来，随着学科的分化和社会的进步，大学的科学研究、人才培养、社会服务使命使教师进行了学术职业发展的重新定位，一部分大学教师专门从事科学研究工作，一部分重点进行人才培养工作，还有一部分专事社会服务与技术开发。即使是具有三重使命的高等学校，采取这种"三分法"的措施来实现学校整体功能也是合乎情理的策略。但很多情况下，高等学校教师是在大学的这三大功能中不断进行着角色转换，甚至是利益的博弈。

因此，端正高等学校教师的科研态度，进一步明确高等学校教师的科研价值是当务之急。

（二）重塑高等学校教师职业价值和培育职业价值感

作为一种当下的应景之策，高等学校把所有教师都作为学校社会职能的实现者加以指责规定，在管理上虽然达到了简便易行，但违背了教师职业的根本价值原则，带来了一系列的不良后果。高等学校教师的根本职业价值不能因机械的"三分法"而具有三重性，它的本质就是以人才培养为核心的学术活动，科学研究和社会服务都是为提高自身业务素质和人才培养质量服务的，也是引导学生认识社会从而成长成才的必然途径。一所高等学校可以有三个甚至多个社会职能，但高等学校教师的职业价值只有一个标准，这就是本和末、表和里的关系，相互之间不能颠倒。钱伟长早在20世纪80年代谈到高等学校教师时就有一个非常直观的表述："你不教课，就不是教师；你不搞科研，就不是好教师J高等学校教学活动的本质和特点决定了以探究学术为标志的科研活动是教学活动的任务之一，不能把高等学校教学活动纯粹理解为中小学那种以传授知识为主要任务的教学，教师和学生本身都肩负着学术活动任务。

明确了这一点，就要匡正和培育高等学校教师的职业价值感。职业价值感是每一个社会工作者通过对自己所从事职业的价值进行自我判断、对自身职业工作可能取得的成就进行基本估计、对社会所产生的回报和影响进行满意度评价等所形成的基本认同。这是衡量一个社会职业者是否爱岗敬业的基本标准，传统的职业价值有经济价值、安全价值、伦理价值等，而现代的职业价值则扩展到包括个人认同、自我价值实现、个人成长和成就感、人际交往等方面。简单地说，就是社会职业幸福感—作为高等学校的教师，当然是既要让自己获得各方面的幸福，也要使学生获得应有的成功与幸福。如果一名教师连自己到底要实现一个什么样的职业幸福目标都很恍惚，最后的结果自然是什么也实现不了。我们经常听到高等学校教务处处长说教师们的科研任务重、压力大，用到教学上的精力不足；又有科研处处长说现在教师的教学任务如何如何重，师生比达到了多少，没有精力搞科研。这难道就是高等学校的一个难解之谜吗？不是，这只是一个体制化的缺陷和一种逃避责任的遁词。那些科研搞得好的教师是不会说这种话的，而且就中国的绝大多数高等学校来说，其所开展的"科研"应该说由于原创不足或技术保障条件不足而毫无创新价值。高等学校教师以及教师和学生一起所进行的科学研究工作只不过是探究社会和自然规律的一点点常识，却是人才培养过程中的一个有用环节。虽然科研成果在人类发展历史上几乎不会留下什么，但这个过程是人才培养所必需的，因为教师培养出来的学生或学生的学生具有了那种探究和认识的能力，就可能会取得更加有用的成果。因此，教师的职业价值感不是来自一篇论文的发表、一个项目的获得．而主要是一种对接班人的未来创造抱有希望的期盼。

高等学校教师的职业价值不应仅仅定位于谋生的手段，也不能简单地被看作是完成任务，只有将职业的价值提升到与个体对生命价值的追求相一致的高度，才能最大限度地激发个体对职业的认同感、归属感，从而才有可能最大限度地使个体投身于教学。同时，高等学校教师也不能把职业价值局限于个人幸福之中，一种有价值的科研活动、一个学生的培养，都不是仅凭教师一己之力所能实现的。因而，要增强团队幸福意识，这会促使教师无论是在教学还是在科研活动中，始终发挥集体的力量，这样就会创造幸福、给予幸福，共同分享职业工作的幸福。

二、高等学校教师是教学方法的"强互惠者"

爱因斯坦曾对教育有过一种与众不同的定义："如果一个人忘掉了他在学校里所学的每一样东西，那么留下来的就是教育。"这种从学生角度出发的教育定义开阔了我们的研究视野，在教学活动中，教师与学生主体间发生的价值实现，可以被明确指定的东西无非是那些"知识"的教学内容，但在爱因斯坦看来，这不是教育。可以这样理解，对学生来说，能够留下来的有用的东西就是方法—思维方法、学习方法、解决问题的工具性技能等。被称为"力学之父"的钱伟长院士自称从来也没有专门学过力学，那么一定是其在物理学中所学的一系列方法以及"国家需要"成就了他的力学建树。所以，教学方法就是在教学活动场域中能有效培育学生的看不见摸不着的方法之法，是承担整个高等教育活动根本任务的业之重器。

在传统的认识论看来，教师是绝对主体，学生与学科对象一样是教师认识和活动作用的对象，照此逻辑，高等学校教学方法的使用以及创新自然就是教师的事情。但是，价值论的观点与此不同，价值论认为学生是教学方法的需要主体，教师的方法只是满足学生需要的客体，只有这些方法满足了学生的需要，教师的价值（掌握了教学方法及其使用）才能体现。这样，似乎教学方法创新的主体就应该是学生了。这种纠结实际上是很多社会现象所共有的，也一直是人们努力探究的问题。

强互惠理论虽然才诞生10多年，但可以解释这样的一些复杂问题和现象。教育这种与人类相伴而生的复杂社会活动正是因为人类具有区别于其他物种的先天性强互惠行为倾向，才维持和提高了人类的非亲缘性和交互性的高度合作关系。教育从劳动中分离出来是人类最为成功的一次强互惠，带着这种秉性，教育活动内部主体关系也普遍存在强互惠,即一切教育活动,以及教师的一切活动都是在目前和未来都不期望得到任何收益的情况下支付成本来奖励公平和惩罚不公平的行为,其终极目的就是人类自身的发展。如果按照弱互惠观点,教师选择使用的教学方法必须依赖学生以及教学管理等人的行为,且对方愿意为教师的这种付出现实成本的选择给予直接或间接的利益回报。这显然就是过去以及当下教学方法创新不足的症结所在:教师不愿意为之付出成本或风险,学生以及教学管理者也没有承诺兑现相应的利益回报。因为教学方法本身是一个难以在眼前评说的"无形价值体",其效果的滞后性就是爱因斯坦就教育所说的在学生多少年后"所留下"的,加之学生认知滞后的惰性抵触,学校也不对教师教学方法创新风险给予保护,所以这种交互乃至重复交互性的弱互惠根本就不

在高等学校教学方法的选择和运用上,教师和学生是平等的主体关系,但无论是静态观察还是动态计量,教师以及教师群体都是少数,学生和学生群体是绝大多数,因此在教学方法的选择上,就不能按常规的"多数派民主"决定,必须由教师方承担主要责任。当然,承担责任不是逃避责任(弱互惠条件下是可行的),而是要将这种责任实施下去。因为在学生群体中,众多学生从小习惯了被安排、习惯了中小学教师的那种讲授式知识传递方法,不愿意甚至不可能提出积极的方法建议,事后也只隐隐约约地"觉得"这种方法"对胃口"或"不对胃口",很少在教学活动现场表达"感觉"。那么,教师就要从高等教育的根本目标出发,深刻理解大学生的智力特点,主动做出教学方法改革创新。这种行为对教师来说,需要付出复杂的劳动成本和风险成本。但教师职业的社会性决定了教师就是要为人类社会培养更多具有认识社会发展和世界变化规律能力的人,丰富多彩的教学方法可能对相当一部分学生是惩罚,但一定能够达到维持和提高社会人才培养水平的根本目标,教师的个人成本付出是不需要言说或回报的。实际上,这正契合了社会对高等教育的期望,也确实符合了相当一部分学生的需要,关键是高等学校的教师们要迈出这关键性的一步,积极踊跃地充当高等教育活动的"强互惠者"。

第四节　大学教学方法创新的原则

　　建构高等学校教学方法创新理论是为了推进高等学校教学方法的创新实践。高等学校教学方法创新的原则是以基本创新理论为前提，按照激化矛盾冲突、假设科学有效和追求教学效率（师生的价值实现）最大化的基本规律，指导和规训创新实践的准则。以适切性为特征的创新原则和以有效性为特征的创新目标是不断发展变化着的，不是判断教学方法的唯一价值标准，它们在不同教学情境下遵循不同的要求，不可一概而论，否则就会抹杀高等学校教学方法的复杂性和丰富性。

一、高等学校教学方法创新的逻辑起点

　　任何原则都不是无缘无敌的，对于"创新"而言，原则的形成虽然具有一定的历史渊源，但设定一个逻辑起点是非常重要的。开展高等学校教学方法创新不能捕风捉影、泛泛而谈，也应该有相应的逻辑起点。

（一）时间的起点

　　高等学校教学方法创新是一个中性的表达，其内在含义是对现有的高等学校教学方法进行驳回与否定。这是一件棘手的事情，至少对高等学校教师自己的教学方法是一种批判。因此，确立高等学校教学方法创新的时间起点非常必要。我国现代高等教育始于1898年，到1949年之前总体上是学习日本和美国，尽管大学进行着"科学"实验等西式教学，但经史子学等中国几千年的传统学术中的讲解法依然阵地强大，甚至几欲掩埋西式教学。这种中西之法的拼接本身就是一场斗争，无须参与创新。所以，1898年不是高等学校教学方法创新所需要的时间起点。

　　1949年新中国成立后，高等学校经过了简单的接管和清理之后重新开张．因为这时尚谈不上国家高等教育战略，仅是利用原有的一些高等学校培养革命干部，所以在教学方法上基本按照解放区式—苏式—自创式等三个阶段发展。"解

放区式"教学实际就是在新中国成立最初几年的大学是按照革命战争年代所办的军政学校的教学方法来教学,这种方法对培养仅有初级文化基础的革命干部是有效的。后来我国全面学习苏联经验,教学理论、教学模式、教学方法几乎是机械化全盘照搬,我们称之为"苏式"教学。"苏式"教学可以被认为是精细化的"解放区式"教学,所以在新中国成立前10年,这两种教学方法得以很好地融合,并主宰着中国高等学校的教学活动。但这种教学方法毕竟与西方现代大学的教学方法以及逐渐发展起来的人才需要的实际情况格格不入,所以开展"教育革命"已是势所必然,于是诞生了"高教60条"。但是,这种由"教育革命"绵延下来的改革方式最后却事与愿违,甚至走向了反面—对于1966—1976年间既有的高等学校教学,包括"工农兵大学生"教育,我们可以笼统称之为"自创式"教学。"自创式"教学虽然只有十多年的影响,但很难对其具体定义,总体上应该属于"解放区式"教学方法的复兴,这也基本宣告了"苏式"教学和"教育革命"所设想的教学方法彻底完结。

1977年恢复高考招生制度以来,我国高等教育进入了有序发展阶段。高等学校教学方法或者说人才培养模式引起了高度重视,各种改革创新不断涌现。但是,我们不能因此就以1977年作为我国高等学校教学方法创新的时间起点。因为,最近几十多年来的我国高等教育发展虽然时间短促,但是经历了重大的阶段性变化。从20世纪80年代初开始,在高等学校教学秩序基本恢复的基础上,一批以20世纪50年代初回国人员为代表的高等学校学者们开始呼吁对教育的全面改革,其中最重要的一点就是拓宽过窄的专业口径、淡化学科专业界限、培养复合型人才,从而引起了教学方法的改革并出台了《关于教育体制改革的决定》。以此为标志,以发挥自主创新和学习国外经验并举为特点的新一轮高等学校教学方法改革创新开始启动。这场延续十多年的教学方法改革创新历程在20世纪90年代初也受到过市场经济与功利主义的侧面影响和校园信息网接入的激荡,但总体上形成了与当时高等教育格局和人才培养目标基本相适宜的教学方法体系。但是,在世纪之交,我国又开始了以1999年高等学校"扩招"为发初的高等教育大众化进程,到2003年基本迈进"大众化"门槛,这时,以高等学校人才培养质量为"引子"的"教学质量"话题成为社会的热点,也成为高等教育界必须面对的现实问题"从前的教学观念、教学方法都是与"精英化"阶段相适应的，如今已然进入"大众化"阶段，原有的一套行之有效的方法必然失灵。这很正常，并不是教学方法本身出了问题，而是教学方法发挥作用和价值所依赖的外部条件发生了变化。因此，以20世纪80年代中期作为开展高等学校教学方法创新的时间起点是比较合适的，它既观照了我国基本稳定的高等教育"精英化"时代的教学方法，又直接面对已经进入"大众化"的高等教育的实际，特别重要的一点是20世纪80年代也是我国高等教育学科建设以及以教学为重点的教育科学研究全面兴起的时代，近40年来的研究成果比较丰富，对现实的教学影响比较大。在"大众化"这个阶段，我国的高等教育发展可能会有相当长的一段路程，这就决定了适应高等教育"大众化"的高等学校教学方法创新不是一蹴而就的事。

（二）对象的起点

教学方法是可感可见的，教学方法创新也不是创造和发明新的教学方法，而是对现有方法的合理利用和优化整合。所以，要进行教学方法的改革创新，必须明确对什么教学方法进行改革，这是教学方法创新命题的落脚点。

教学方法的内涵比较复杂，有些研究者在论述教学原则时似乎就站在"教学原则"的立场，把教学方法的使用也包含了（如因材施教原则不能理解为教学内容和教学对象的因材施教，对具体的大学生或者中小学生的教学，内容基本是固定的，所不同的就是方法和手段），也有的把它泛化成"教学模式"，有些又把它极端化为"教学过程"（极小的瞬间或者极大的一节课），更多研究者则是把它分化成具体形式。同时，在教学方法的分类问题上，有研究者把教学方法按照在教学活动中使用主体的偏向性分为主要服务于教师需要的和主要服务于学生需要的两类，那么，究竟针对教学方法的哪一个问题进行改革创新？对象不清，创新从何而来？

上述问题的每一个层面都有值得改进的地方，但创新所要求的是进行根本性的变化，那么属于微观改进的方面就不在创新范畴之列。对于究竟是针对教师的方法还是针对学生的方法，这种分析本身毫无缘由，是"工具理性"思维方式的结果，因此不存在针对方法使用主体的创新。实际上，教学方法的根本问题是选择和使用的问题，因此，对于教学方法选择和使用的基本指导原则、多种方法的组合关系（或称教学模式）、教学方法使用效果的评估都具有创新价值。

（三）范围的起点

高等学校是一个庞杂的体系，在这个体系中，既有不同层次和类型的学校，也有培养不同层次和规格人才的任务，所有的学校和人才培养过程中都有教学，都需要教学方法改革创新。但其中的差别是非常大的。在研究型大学和教学型大学之间，在研究生教育和高等职业教育之间，教学方法本身就不能相提并论，各有特点，相互之间的借鉴和学习也许就是一种创新行为。因此，就一般创新来说，我们的立足点是普通本科教育教学活动中的教学方法。

二、高等学校教学方法创新的原则

20世纪80年代以来，随着高等教育学研究的兴起，高等学校教学理论与实践日益丰富，也见仁见智地引进、提炼出很多"教学原则"，其中有很多属于教学方法范畴的原则。但教学原则只是关于教学方法选择和使用的一部分原则，不是教学方法创新原则。创新理论最先由美国经济学家熊彼特于1912年建立，一百多年来，人类社会的创新理论和实践也在不断发展，一般而言，创新就是在有意义的时空范围内，以非传统、非常规的方式先行性地、有成效地解决社会、经济、技术等问题的过程。它包括以下几方面的含义：①它是一项活动，目的在于解决实践问题；②它的本质是要突破传统、突破常规；③它是一个相对概念，其价值与特定的时间、空间密切相关；④它无处不在，人人可为；⑤它以成效和结果为最后的评价标准，可分成若干等级。因此，教学方法创新实际上就是教学方法选择和运用的变革问题，教学方法创新原则就是用来指导教学方法创新活动的相关规定性。

根据创新活动这样一些规定性，高等学校教学方法创新的基本原则有如下几种：

（一）科学性原则

高等学校教学方法创新无论是在方法论层面还是在具体的教学艺术与技巧层面进行，首先必须是科学合理的而不是随心所欲的，是科学性与艺术性的统一。

同时，创新活动还必须同时符合相应学科规训和教育学科规律的基本要求，违背任意一方面的基本要求，创新就是为创新而创新的形式主义，不仅不能达到理想效果，还会诋毁教学方法创新的本来面貌。

为了做到教学方法创新符合科学性原则，在创新活动实施之前．就应当对创新活动的实施以及结果进行基本评估，使其尽可能更合理一些，操作更便捷一些。

（二）相对性原则

创新本来就是相对于原有状态而言的，任何创新都不可能达到绝对的最优、最佳、最美、最先进的程度。教学方法创新的相对性，是针对人类既往所使用的一切教学方法而言，都是总结和继承传统教学方法合理成分而开展的相对完美的改革，没有过去就不可能有教学方法创新的未来，无论是从具体形式、组合方式还是所产生的后果来看，只要取得了相比以前更好的效果，就是成功的创新实践。特别重要的一点是真正的教学方法创新必须是能够推广的，而不是"独门绝技"。以前的很多教学方法改革创新，虽然在个别或局部产生了比较理想的成绩，但是推广价值不大，影响面小。相对性原则是我们开展教学方法创新所必须坚持的一项基本原则。否则，一切创新都会成为过眼烟云，不会给高等学校教学留下有价值的经验和财富。

（三）适切性原则

教学方法创新的基本要求是符合教学需要，创新是实实在在的实践活动，不能有理想主义的侥幸心理。教学方法创新设想一定要适合教学内容、教学对象、教学目标以及时代与社会的需要，方法是服务于内容、服务于主体、服务于目标、服务于环境条件的，不同方法适应不同的内容、主体、目标、环境。因为高等学校的这几个基本教学要素几乎时刻在变化，这要求教学方法创新活动也必须每时每刻、无处不在。即使是同一个教学内容、相同的教学目标和同一个教学时空，学生的情况也各不相同，可以尽最大努力实施多样化教学方法或调整不同的教学进度。

（四）开放性原则

高等学校教学方法创新需要有一个开放的环境和宽容的氛围方能顺利进行，

现有的各种管理、评价、考核制度不是鼓励教学方法创新，实际上是限制甚至是扼杀了教学方法创新。就教学方法创新的内在需要而言，一要有开放的视野，不能仅在教育学的圈子里也不能仅在已有的高等教育学圈子里打转，创新就是突破和超越，站在井底就超越不了井口的视野，因此鼓励多学科、多领域、多国度的学习借鉴，当然，这种学习借鉴必须是认真消化了的、切合高等学校教学基本要素需要的；二是在教学管理上对待教学方法创新也必须是开放的，不能把课堂规定得太死，课堂就是教师和学生的课堂，要提倡把课堂还给教师和学生；三是在教学方法创新结果以及评价方面也必须持开放态度，既然是创新，就要允许有多样化结果，甚至容忍失败，而不能用传统的结果观念和标准考量创新的教学实践活动。同时，在评价某位教师的某门课程的创新价值问题上，也应该科学地看待评价主体（学生）的认识能力及其当下的感受，有时当下的感受可能是不真实的，需要很长一段时间加以内化、比较以后才能做出客观的评价，所以不应一味苛求课后即时评价的如潮好评。对教师来说，所谓的教学风格主要也是运用教学方法的相对固有模式，这种模式不在于让每一次教学活动都感受深切，一定有所变化、有所改进，风格是在一届又一届的学生事后评价中产生的。

（五）公利性原则

公利即公共利益，与私有利益相对。在人类社会发展中，对负面的"私利"的研究和剖析较多，而对普通的"公利"熟视无睹。公与私是一种系统联结概念，并非对立。公的根本价值在于为私服务，在于为私与私之间的利益分配提供公平保障。公是一个相对概念，从小处说是"私之外"，从大处说有国家民族之"公"、有人类社会之"公利就是具有某种可用性的价值体，分自然存在物之利和人为事物或事务之利两种。高等学校教学方法属于人为的无形有用价值，无论是使用还是创新，都属于公利范畴，按照"强互惠"理论就是一种典型的公利行为，比如人类教育的产生（一些人不劳动而集中学习成长）、义务教育的规定性、高等教育大众化进程等都是宏观的公利性。教师在教学活动中的教学方法创新，必须是公利性的。

作为一个具体个人的教师，公必然源于私，但是，一定要注意处理"公心"与"公利"的关联。尽管出于"公心"，但要明确利为谁谋，不是当下的自己和学生，教学方法的评价也不是当下的评价。私心谋私利，公心不一定都是谋"公利"，为了眼前的"公"谋利，是一种有回报的弱互惠交换行为，算不上公利性。公利性也不是常见的平均主义式的公平利益，而是适宜于每个学生发展的内在的公平之利，用一种方法对付全体学生不是这里的"公利性"所要求的。

第五节　大学教学方法创新路径与评价

教学方法创新路径与创新评价是高等学校教学方法创新活动中两个重要的实践要素。对这两个问题的研究，既可以是对过去或现存状态的追寻或总结，也可以是对未来教学方法创新的价值建构。

一、高等学校教学方法的创新路径

教学方法的工具理性决定了它没有意识形态的栓结，无论是过去已经存在的教学创新方法还是未来需要着力改进的新的创新方法，无论是各种自创的创新方法还是学习借鉴而来的创新方法，都值得被推崇，但都要客观地分析教学方法具有人文环境的适应性和技术支撑条件的差异性，不能盲目。

就教学方法创新的基本路径而言，科学性和新奇性是两个基本判据C在创新理论部分我们分析了教学方法的内在规定性是"价值实现"和"感受共鸣"，这对教学方法创新实践同样具有理论指导意义，"价值"是科学性创新路径的规定，"感受"是新奇性创新路径的规定。无论是自创还是借鉴的已经存在的教学方法，其本身的价值或科学性一般不存在怀疑，因此作为"感受"所必需的新奇性要加以重视。

在具体阐述教学方法创新方法之前，作为一种教学方法创新策略，必须提示两点：一是在方法创新过程中，借鉴异域高等学校教学方法是一个有效途径，这个途径不说明哪些方法的好坏，而是提高了教学方法的丰富程度—感受性的最大特点就是丰富性，否则师生对于教学方法的感受共鸣就是贫乏的；二是要重视教学方法的人文环境适应性和技术支撑条件的差异性的存在，在学习借鉴时，要根据不同对象创制并分析该方法创制的原始背景，加以利用，同时要注意克服推行过程中的技术限制因素，尝试其他途径或通过相关技术解决问题，这本身也属于创新思维范畴。

在教学方法创新实践活动中，掌握一些创新原理和方法只是能否实现创新的前提，不是解决创新的灵丹妙药。只有不断深入学习，深刻理解创造方法，积极开展创新实践，才可能有效地掌握创新方法，取得创新成果。由此，结合创新理论原则和高等学校教学方法的历史与现状，总结分析得出成功而有效的教学方法创新方法主要有如下七种。

（一）组合法

无论是在自然界还是在人类社会，组合创新非常普遍。就教学方法而言，就是将两种或两种以上的方法或方法理论的一部分或全部进行适当叠加和组合，形成新的教学方法。组合法是创新原理之一，也符合教学方法创新实践。爱因斯坦曾说："组合作用似乎是创造性思维的本质特征。"组合创新的概率与空间是无穷的。据统计，二十世纪的重大创造发明成果中，三四十年代是突破型成果为主、组合型成果为辅；五六十年代两者大致相当；从八十年代起，组合型成果则占据了主导地位，这说明组合已成为创新的主要方式之一。

（二）分离法

分离原理是把某一创新对象进行科学的分解和离散，使主要问题从复杂现象中暴露出来，从而理清创造者的思路，便于抓住主要矛盾。在创新过程中，分离原理提倡将事物打破并分解，鼓励人们在发明创造过程中冲破事物原有面貌的限制，将研究对象予以分离，创造出全新的概念和全新的产品。教学方法创新的分离法，就是把过去或原有的司空见惯的方法加以分解，按照一定逻辑关系进行整理，然后突出某一部分甚至将其扩充放大，成为一种等同甚至超越于原来方法作用的新方法。

（三）还原法

还原实际就是要避开现行的世俗规则，即将所谓"合理"的事物设定为"非"，而将事物的原状设定为"是"，就是要善于透过现象看本质，在创新过程中回到对象的起点，抓住问题的原点，将最主要的功能抽取出来并集中精力研究其实现的手段和方法，以取得创新的最佳成果。教学方法创新与其他任何创新一样，都有其创新原点，寻根溯源找到创新原点，再从创新原点出发去寻找各种解决问题的途径，用新的思想、新的技术、新的手段重新构造方法，从本原上解决问题，这就是还原创新方法的精髓所在。

（四）移植法

创新理论认为，移植法是把一个研究对象的概念、原理和方法运用于另一个研究对象并取得创新成果的创新原理。"他山之石，可以攻玉"，移植法的实质是借用已有的创新成果进行创新目标的再创造。教学方法创新活动中的移植法，可以采取同一学科领域的"纵向移植"（我国高等学校教学方法的通用手法是非理性的"下位"的基础教育教学方法"上移"，而当前基础教育教学改革中则采取了诸如研究法、实验法等更多"上位"方法"下移"），也可以采取不同学科领域、不同地域的"横向移植"，还可以采取多学科领域、多地域教学方法的理念、思维和方法等引入的"综合移植"。移植能够取得新的成果，在教学方法方面也符合"感受共轭"中的新奇性标准：没尝试过的就是新奇的。所以，在教学方法问题上，美国的许多常规方法引入到中国来就是创新，就能够产生新的效果，而中国的传统教学方法传播到美国去，也会产生意想不到的效果。

（五）逆反法

逆向思维是一种重要的创新方法，逆反法要求人们敢于并善于打破头脑中常规思维模式的束缚，对已有的理论方法、科学技术、产品实物持怀疑态度，从相反的思维方向去分析、去思索、去探求新的发明创造。实际上，任何事物都有正反两个方面，这两个方面同时相互依存于一个共同体中。人们在认识事物的过程中，习惯于从显而易见的正面去考虑问题，因而阻塞了自己的思路。如果能有意识、有目的地与传统思维方法"背道而驰"，往往能得到极好的创新成果。教学方法中有一种备受推崇的"深入浅出"的方法，其实从逆反法的角度分析，高等学校教学中的很多课程内容可能并不适合"深入浅出"，而采用"浅入深出"才能引人入胜。

（六）强化法

强化是一般创新方法之一，它是基于科学分析研判基础上的一种"包装术"——合理策划。强化法主要对原本一般的方法通过各种强化手段进行精炼、压缩或聚焦、放大，以获得强烈的创新效果，给人以感觉冲击。分析国家级"教学名师"们的教学方法，很多都是采用强化法，把普通的教学方法"概念化"，或者按照分离法原则把一个普通方法的局部元素加以剥离、充实，并开发到极致、应用到极致，最终打上首创者的名号。这样获得的教学方法不仅是"新"的，也是"强"的。

（七）合作法

高等学校教学活动是典型的深度合作活动。这种认识长期没有得到推广，以至于教学方法的单边主义长期盘桓，根深蒂固。改革现行屡遭诟病的教学方法，推进高等学校教学方法创新，思路之一就应该从教学活动本源入手。有学者分析"对话教学法"是以师生平等为基础、以学生自主研究为特征的典型的合作创新方法，并由此推演出"以教师为中心""以学生为中心""师生关系平等"和"突出问题焦点"的四种对话教学模式。其实，任何教学方法的创新，从创新主体而言，合作的路径是无限宽广的。这是因为科学的发展使创新越来越需要发挥群体智慧才能有所建树。早期的创新多依靠个人智慧和知识来完成，但诸如人造卫星、宇宙飞船、空间试验室和海底实验室等，仍需要创造者们摆脱狭窄的专业知识范围的束缚，依靠群体智慧的力量以及科学技术的交叉渗透完成创新。

二、高等学校教学方法创新评价

推进和深化高等学校教学方法创新实践的一个重要命题是是否要并如何开展教学方法评价。教学方法评价的缺失或不当，是教学方法创新实践衰微的先决条件。因此，建立适合高等学校教学内容、教育对象、教学发展特点的教学方法评价机制，有利于推进教学方法创新实践活动。

教学方法创新评价的起点是教学方法常态评价，通过对教学方法的常态评价促进教师的教学方法创新，通过教学方法创新评价进一步科学引导教师的教学方法创新实践。教学方法常态评价就是分析、判断任何教学活动中教师所使用的教学方法状况及其影响，并提出建议。

教学方法常态评价的目的不在于推选出一种或几种最优教学方法，而在于促进教学方法的多元化和有效性，使学生的感受得到积极健康的满足，从而激发学习兴趣，增强学习动力，提高教学活动的整体水平和质量。"最优"教学方法是不存在的.所有有效的教学方法几乎都是组合性和适切性的产物。因此，常态评价的标准不是组织设计性的，而是一种常态模式状态下的灵活评价标准，即符合基本教学方法要素，适应不同教学内容和教学对象，教师和学生的感受趋于一致。当然，由于教学方法最后是以"感受"为评判基础的，"新奇性"创新标准经常容易被教师误用为"取宠术"一满堂取悦于学生的奇闻轶事，这是在实施常态评价时应引起关注的。另外，教学方法常态评价过程必须是动态的，不能以一两次评价代替某位教师的某门课程教学方法状况。

（一）创新评价原则

教学方法创新评价是在教学方法常态评价基础上，用来引导和规范教学方法创新活动的手段之一，评价结果反映了教学活动中教师所用教学方法的科学性、合理性及有效性。进行创新评价或者评价某个教学活动中的教学方法是否具有创新性，应至少符合以下四项基本原则之一。

1. 批判性原则

与常态评价不同，考量一位教师的教学方法是否具有创新性，首要的判据不是方法是否稳妥、正确，而是方法中的批判性成分，包括该方法对教学内容的常理、现行结果等是否具有反思维或质疑，对学生的问题意识、探究情怀是否有暗示作用。现行教学方法中的知识讲授、灌输等方法之所以一直被诟病，就在于它使知识显得苍白而平面，不能培养学生的问题意识和探究兴趣。在评判原则之下，可以产生较多的具体方法，只要它们具备批判属性，就都属于教学方法创新范畴。

2. 挫折性原则

无论是抽象的观念还是具体的方法，举凡具有"新"的本质属性，或多或少都存在不被立即接纳和认同的境遇，人类社会在漫长的进化史中，有一个共同的经验，就是对于"新"既怀有期盼，又保持着戒备。一种新的教学方法被创设或引进到一个教学情境中，必然会有一定风险，会遇到各种阻力乃至反对，一片欢呼、推行顺畅的新方法十分罕见。这里，教师对于风险的评估以及是否决定推行被视为内阻力，而遭遇风险被视为外阻力。无论是内阻力还是外阻力，都是任何新方法所必须面临的挫折。同时，这种方法本身在实施过程中还含有"挫折"意蕴，如项目教学法就使学生在参与实施新方法的过程中体悟到探究和推演的复杂性和艰难，在挫折中寻求成功，进而体会新方法的宏伟意义和愉悦感。这种方法也是对学生进行学术品格培育的有效途径之一。

3. 丰富性原则

有效的教学方法很少是单一性的，通常是多方法的组合运用。评判一次教学活动或者一位教师一贯的教学方法是否具有创新性，应该考察其方法使用的丰富程度。在漫长的教育教学历程中，人类创造了无数的教学方法，每一种方法都没有好坏、正误之分，关键是是否适合这种方法的对象与教学内容、教学情境。具有创新性的教学方法必须具有一定的方法种类丰度，单一的方法在现今条件下即使具有创新性，也一定非常微观，无法解决常规教学层面的问题。总结教学名师们的教学方法，发现在其"品牌性"方法之外，都有非常丰富的教学方法贯穿于教学活动之中，其中还有一些是教学方案设计之外的"非设计"方法，被教师们临场发挥，服务于特殊需要的教学过程。"非设计"方法是教学方法创新丰富性的表现之一，它也准确地反映出不同教师运用教学方法的能力和水平，高水平的教师可以在教案设计方法之外游刃有余、得心应手地选择恰当的方法开展教学，而初任教职的教师可能在教案中设计了若干教学方法，或者用一些超出教学安排的计划来满足学生的一些兴趣。

4. 关联性原则

高等学校教学方法的实现途径正随技术进步发生着快速而深刻的变化，多途径实现教学目的成为现代高等学校教学方法创新的革命性特征。与传统的讲授法、灌输法相比，现代技术带来的教学方法（手段）创新突出了技术性优势，从"粉笔加黑板"进化到幻灯、多媒体以及网络课堂，有效地提高了教学效率，为交互式教学提供了时空与技术保障，师生教学灵感也及时得到了捕捉和储存。但这只是教学方法创新关联性的一个方面—方法与手段的关联。级联递增式的关联性在一定程度上否定了教学方法的技术元素，完全依赖现代教学技术推进教学方法创新也不妥当，因为人类的教学活动从产生到现在，从来就不是技术的"奴隶"。因此，关联性创新原则要求教学方法不能在技术面前无所作为，也不能搞"唯技术论"，应回归教学活动中"教"与"学"的本位开展创新。人是社会生活中最活跃的因素，离开先进技术设备条件依然可以开展教学方法创新活动，如很多大师成长经验或教学经验中的"点化法"，就屡试不爽，成就了不少人才。

（二）创新评价主体

在对教学方法及其创新性的评价中，主体必须是多元的，任何单方面的结论都不足信，尤其是从教学管理角度开展的教学方法及其创新性评价更是有违教学方法的本质要求，正如下一节要论述的，教学方法创新属于学术文化范畴，因此对于教学方法的评价不属于高等学校的行政管理而属于学术管理。学术性评价的主体应该是多重多元的，只有这样才能逼近教学方法以及教学方法创新性的本质，否则就是对教学方法的机械性误导，会极大地扼杀教学方法运用的灵活性和教学方法创新的积极性。

教学方法创新评价主体，首先是教学活动的直接参与者—教师和学生这个二元主体。而且学生这一方面的情况还是动态变化的，即某位教师的某一门课程的教学对于某一年级的学生一般只有一次，待教师重复进行教学时，学生已经全然改变。因此，教师的教学方法改革为什么尤为滞后，关键就在于学生对某门课程的学习以及对教师教学方法的"感受"是唯一且不可重复的，即使一些中肯的建议，但检验这些建议是否被采用的是下一届学生。所以，对教师教学方法创新评价主体中的学生界定必须持续几个年级学生。或者，对于通用性强的公共课程、专业平台课程等，要把多课头学生全部纳入评价主体的范围，但这对大量专业性课程并不适用。

教学方法创新评价主体的另一方面应该是教学团队成员。无论这个团队是否形成建制，或者规模大小、关联强弱，通过这个团队，可以从"方法适应内容"角度准确界定教师教学方法的使用及创新状况。

至于很多高等学校已经组建并运行的"教学视导"机构的人员，是教学方法创新的评价主体之一，但由于学科专业的巨大差异，他们只能从通用性方法，即从符合教学一般规律性的方法入手加以评价，不能代替教学团队的评价。

教学管理部门参与教学方法创新评价是间接的，只能从程序设计、持续推进、结果反馈和分析等方面着手。

第六节　大学教学方法文化创新

从基本职能和主要活动特征分析，高等学校属于社会的"文化和旅游部类"。而在内涵宽泛的文化概念中，学术文化是高等学校一切活动的内在属性和外在表现，它既包括科学研究，也包括教学活动，还包括社会服务中的成果转化与技术革新。创新是学术文化的生命元素，建设高等学校教学学术文化，必须高扬创新旗帜，为教师开展教学方法创新提供良好的环境和精神指导。

一、高等学校学术文化与教学紧密相关

现在，人们一提到"学术"似乎就指向了专门的科学研究活动。但在高等学校，这种认识是不准确的，或者说这种观念是在长期的"以偏概全"误导下对高等学校活动本质特征的误解。这主要是由于这种狭义的"学术"活动是很晚才出现的，而且它似乎还排斥科技应用，使"学术"陷入了一个非常狭窄的范畴。

追溯高等学校主要活动的起源，教学活动无疑是最为悠久、最为本质的大学活动类别，它与大学的出现同步或者更早。

高等学校发展到今天，已然形成人才培养、科学研究、社会服务三大基本社会功能。美国高等教育的"功能创新"也许给高等学校自身发展带来了预想之外的麻烦：教学或人才培养活动逐渐丧失其学术探究性特征，教学甚至被淡出"学术"视域，这显然不利于大学基本功能人才培养工作的开展。因此，20世纪80年代后期，曾任美国教育部长的卡耐基基金会主席厄内斯特·博耶首先提出了"教学学术"的概念，从"学术"的内涵出发，反诘了学术不只是专业性的科研，而是既有探究性也有整合性的学术，还有应用知识、传播知识的学术，在这个完整

的"学术架构"中,"传播知识的学术"被称为"教学的学术"。自此,教学的学术性引起了关注,学术文化被引入教学改革创新活动。

学术文化被引入教学活动不是"外来"的,而是高等学校教学活动本质的复归。高等学校教学活动从来就与学术探究活动密不可分,即使现在大学功能得到分化,也不能剥离教学活动的学术特性。具体来说,教学与学术探究有以下三重血脉联系:

其一,高等学校教学活动总体上与基础教育教学活动重在"传播知识"不同。其从教学目标出发,注重培养学生的探究和创新能力,亦即不仅让大学生知其然,还要使大学生知其所以然。基础教育教学是沿袭基础教育方式,在一般教育学、教学论指导下的"知识本位"教学观,高等学校教育活动则是从高等教育自身特点和规律出发的"能力本位"教学观。

其二,高等学校教学活动要培养大学生的创新思维、批判精神等内在素质,这种思想素质不是通过"传播—接受"模式可以实现的,纯粹的"传播式"教学达不到这个目的,必须在有关学术探究活动体验中让学生逐步"养成"。教学活动与学术探究活动的有机结合,有利于培养学生的学术精神。

其三,高等学校教学活动自身的教学内容和方法途径必须具有探究性。教学所需的知识信息要及时更新并按照教学传播实际需要对知识进行再加工,以适应教学对象,而不是某个已有知识的"原生态"。高等学校教学活动中对教学内容的选择还有一个"未定型"知识的纳入问题,长期以来,其对教学内容的选择基本是"定型"知识,所以方法手段要随技术发展不断改进。

二、创新是高等学校学术文化的核心

建立高等学校教学学术文化的根本在于以此引入学术的创新特征,促进教学以及教学方法的改革创新。一段时间以来,教学活动游离于学术之外,学术的创新特质也远离了教学活动,导致教学以及教学方法创新举步维艰。

整个高等学校文化的重要标志就是以创新为轴心的学术文化,按厄内斯特·博耶的界定,就是探究的学术文化、整合的学术文化、运用知识的学术文化和传播知识的学术文化。创新,无不植根其中。即使是按照大学功能划分,创新也蕴含在每项功能的发挥过程之中。高等学校的社会服务功能，其实是从转化高等学校科研成果，以及求解社会的生产、技术、管理等领域的问题起步的，这实际与科研工作一脉相承，甚至就是科研工作的延续或场所转移。因此，运用知识也是需要创新的。

在人才培养方面，尤其是作为人才培养核心环节的教学活动中，创新元素一直存在且非常普遍。比如，教学内容，最早的教师几乎就是教学内容的化身，没有教材等知识载体，教师日益更新积累的思想学说就是教学内容，被应用于教学活动中。这是教学内容的创新，思想有多远，学说就有多深。但随着信息载体的日益丰富发达，教师的思想学说反而相对减少，有的只是更新而非创新。因此，在当下意义上说，创新是高等学校学术文化的核心，而从起源上说，创新更是高等学校人才培养活动的核心。也就是说，教学具有以创新为特质的高等学校学术文化属性。

三、重振高等学校教学学术文化

高等学校教学活动是占绝对主体地位的高等学校活动。教学的文化生态样式决定了教学的价值走向。从创新元素的有无来评判，当今的高等学校教学文化生态缺失了"学术性"，也就缺失了"创新"这个灵魂，从而演化成一种几近功利甚或颓废的"应景文化"——学生参与教学活动是应付教师的某些机械化要求，教师参与教学活动是为了完成学校规定的工作量以便获得报酬，消极应付是其共同特点。几乎同时，高等学校里的另外几种文化活动——学生的文体活动、社团活动、社会活动等和教师的科研活动、研发活动、社会兼职与服务活动等，其积极的、忘我的甚至疯狂的价值体现与教学文化完全不同。

以创新为魂，重振高等学校教学学术文化是推进高等学校教学方法改革的"招魂"之举。教学方法创新不是凭空捏造新式工具，而是要构建一个适当的环境氛围。富有创新内核的高等学校教学学术文化既是曾经的教学生态样式，也是现在需要大力恢复和重建的教学生态。追溯教学文化传统样式的失衡，很可能是高等学校科研、社会服务两大后发功能的冲击导致的，现在重振高等学校教学学术文化是否要削弱这两大功能或淡化这两大功能中的创新元素呢？显而易见不是，而是要强化三者之间共同核心的渗透与通融，尤其是现代研究型大学的强大科研功能和大批应用型大学的社会服务功能，可以为教学活动注入无限的创新基因。

在已然被分化且独占名分的学术文化面前，高等学校教学学术文化应该如何重建？如何赋予其创新特性？综览高等学校教学活动的几个关键方面，首先要重建教学创新思维（回归高等学校教学价值本源）；其次要创新教学内容（空间并不大，尽管现在的教师热衷于科研，但他们的成果能够被纳入教学内容的可谓凤毛麟角）；再次要创新教学手段（由外界技术主导，高等学校以及师生能力有限）；最后要创新教学方法（这是大有可为的）。由此可见，以创新为核心重振高等学校教学学术文化，最可能的实现途径就是从创新教学方法打开突破口。

四、重构高等学校教学管理文化

教学学术文化的建设是一个系统性工程，也必然是一个长期的过程。作为重要推力之一，重构高等学校教学管理文化也是一个有效的推进选择。长期以来，在"教学非学术"语境下所形成的一系列教学管理制度与文化就是高等学校教学学术文化建设或教学创新的首要障碍。

通过对一系列管理制度的分析，无论是主要针对学生的教学管理还是主要针对教师的教学管理，基本上可以归并于三种属性：机械管理、规范管理、科学管理。这三种层次不同的教学管理，是现代以来高等学校教学管理文化的基本进化路径，但在不同国家和地区，不同高等学校有时间先后差别。机械管理曾经作为"科学化"的代名词，取代了千百年间一直沿袭下来的"自由教学"，这对教学规模的扩大，尤其是开始组织班级教学是有重要贡献和意义的管理革命。规范管理并非新生物，而是机械管理的改进升级版，无论就教学对象还是就教学方法而言，机械管理和规范管理都是扼杀创新、忽略个体差异性的。在教学方法创新上，二者形成一对阻抗—越是强调规范，创新越难以实现；越是创新的教学方法，越是打破规范的约束。科学管理注意到了各种特殊性的存在，在方法上具有一定的伸缩性，与教学方法创新可以相容。所谓科学，就是要尊重规律，尊重教学方法的规律进行教学管理是可以发挥教学方法创新作用的。

重构高等学校教学管理文化，就应该走科学管理的道路，更加注重教学学术文化特性，使教学管理更趋于学术管理（尽管现在的高等学校学术管理也严重存在"不科学"现象），不能过于规范，从而违背高等学校教学的学术精神、仅从教学方法及其创新角度来看，自由是创新的根本源泉，无论是现代意义上的科学研究还是教学改革，管理过于机械、规范的，自由度就越小，产生创新成果的概率就越小。因此，要呼吁教学自由。教学自由又必须从教学管理的变革开始，使教学管理富有自由创新色彩，在适度控制前提下可以分开教学自由，尤其是教学方法自由是完全可以分开的。有人回忆西南联大的成功之处就在于坚持了"学术自由、教学自由"。如果没有以教学管理文化改革为先导的教学自由局面的出现，教学创新和人才培养质量的根本提高就是一句空话。

第七章　实践教学创新之慕课教学

　　慕课教学模式是借助现代信息技术和互联网这个平台，让更多的学习者在这个虚拟的教室里自由地学习。慕课教学模式是无门槛要求的，是开放的，互联网所覆盖的任何地方、任何时间，只需借助信息工具就可以在虚拟的课堂教学中获取知识，传统教学的课堂可有可无。这就意味着，慕课教学模式向其他人展示了学习者将要学习什么，并记录其学习进度，检验其所掌握知识的精准度。因此，慕课教学模式更符合学习的一般规律，参与学习者自主选择学习内容，学习过程中有辅导和讨论，学习之后的成绩由第三方检验，最后由社会认可学习者的知识水平。由此看来，慕课教学模式将改变原有的知识传播的渠道及方式，对传统高等学校提出挑战，并为慕课教学模式的中国高校之旅提供相关的建议。

第一节　慕课教学模式的优势

　　慕课教学模式所提供的教育资源对于受教者来说是完全开放的，其所提供的学习机会是完全平等的。慕课教学模式不仅共享了免费而丰富的课程资源，又全程参与了教学过程。受教育者在这个平台上认真学习、分享观点、讨论问题、完成作业、评估学习进程、参加考试、获得分数进而拿到证书，这是学习的一个全过程。

一、大规模性

　　第一，就学生规模而言，慕课使受教育群体的数量产生了井喷式的增长，资料表明，截至2013年7月，有超过90万人在edX进行注册，Udacity（优达学城）的注册人数超过100万人，Coursera的注册人数超过400万人。有来自196

个国家的 15.5 万学员注册参与了"Power Searching with Google"（优化您的搜索技巧），由谷歌搜索教育专家丹·罗素主讲的慕课课程。吴恩达与同事首次在线开设"机器学"就吸引了 10 多万人在线注册，就该课程在斯坦福大学课堂的学生每次为 400 人左右的现状而言，这无异于吴恩达教育资源使用效率提高 250 倍。Udacity, Coursera 也正是在这种"育尽天下英才"的成就感中应运而生的。

第二，大量高校参与慕课平台之中。Coursera 每年选择学术排行榜上排名前五的学校为其合作对象。截至 2014 年 10 月，全球加盟 Coursera 平台的高校及科研机构共 83 所，加盟 edX 平台的共 28 所，其中包括北京大学、清华大学、香港科技大学、韩国首尔国立大学、日本京都大学等。

第三，教师以团队方式参与课程教学也是慕课大规模性的一种体现。慕课需制作大量的课件、视频置于网络，对学生的疑问适时予以解答，并有效地组织协调受教育者在学习社区中进行互动，引导学员如期完成教学任务，实乃一项系统工程，绝非一己之力所能及。以麻省理工学院"电路与电子学"一课为例，该课程教师清单上的成员数量为 21 位，其中 4 名指导教授，分管授课、实验室、作业与辅导，5 名助教，9 名开发人员及 3 名实验室助理。

第四，提供丰富的网络课程，给予学员较大选择空间也是慕课大规模性的一种体现。据不完全统计，截至 2014 年 10 月，作为全球顶尖高校联合共享教育平台的 edX，提供了 60 门在线课程，涵盖商学、法学、计算机科学等诸多领域。全球最大的网络课程联盟 Coursera 更是共享了 408 门课程，涉及健康、人文、社会、教育等诸多方面。科勒在"沃顿在线"接受访谈时坦言："在未来五年里，我们将会有 3000 门课程。"而就目前全球现状而言，一所典型的高教机构所提供的课程也就是 3000 门左右。同时，随着慕课的全球化发展，授课语言也呈现出多元化发展的趋势。目前，Coursera 平台除了提供英语课程之外，还开设了汉语、法语、德语、意大利语和西班牙语的课程。

二、开放性

慕课教学模式的开放性主要表现在以下几个方面。

首先，慕课教学模式的开放性体现在对受教育群体的全面开放，将"有教无类,,这一思想真实地嵌入教学实践当中。在传统的教育模式中,文化差异、种族、地域、年龄等因素都可能成为学习壁垒或屏障,而在慕课教学模式下,这些人们学习的障碍都将被开放网络时代——破除。

其次,开放性也意味着高质量的教学内容。教师将录制好的教学视频上传至慕课平台,并接受来自全社会、同行业和各种受教育者的检验和监督。因而也就使得课程的优劣与教师的个人声誉以及学校声誉直接相关,杜克大学的罗恩·布莱德就坦言,在其拍摄教学视频期间,为了有差别地应对水平参差不齐的学生,他本人不得不反复斟酌,仔细推敲教学讲稿,这一过程也使其教学水平达到了近十年来的巅峰状态。他甚至认为他的网络课程要比校内授课版本更为严谨,要求更为严苛。而且,在线学员多为自由、自主的学习者,享有更多的课业选择、退出权利,学员的退出投票机制使其对课程质量的评估更加直观。也可以说注册数、能见度、曝光率就是课程质量的试金石,借此,时时敦促教师不断提高课程质量,亦为学员求知途中的福音。

再次,慕课教学模式拥有更加开放的教学形式和学习形式。Coursera的创始人科勒就指出其平台所提供的课程主要基于主动学习、深度学习等理念,由10分钟左右的短视频、高频率回顾性(巩固性)测试、与学习材料的深入互动、家庭作业、作业批改、问答平台线上互动等整体建构而成。吴恩达在接受《文汇报》记者采访时说,他的一名斯坦福大学同事,在Coursera上开设了一门课,在答疑解惑时起身去倒了一杯咖啡,本打算回来再解决这一问题,结果就在这么不足1分钟的时间里,已经有来自全球各地的学生为这名提问者提供了相应的解决方案,而且他们已经就这一问题展开了热火朝天的讨论。

最后,慕课教学模式的开放性究其根本在于教育理念的开放。美国实用主今日,国家间、学校间、区域间、组织间、学科间的隔阂仍然比比皆是。但是慕课教学模式及其所传递的利他主义精神和知识公益精神为当前的教育理念转变提供了新的方向,为知识的传递及资源的利用提供了一片坦途。

三、无时空限制

无时空限制作为慕课课程的基本特点之一,首先就意味着教育的实施者和发起者可以将教学内容、课程与资源不受时间空间限制地上传至网络平台。随着网络信息技术的进步与革新，上传手段和内容方式也更加多样，更加迅捷，这将极大地有利于网络平台知识的适时更新。

其次，有利于破除学习者的学习空间和时间阻碍。这也就意味着所有具备上网条件之人，皆可不受时空限制，依照自己的兴趣爱好和生活节奏开展学习活动，并及时得到学习反馈。这是一种充分利用在线双向交互特点，支持教育者受教育者之间无间隙在线学习与互动的教学模式，优于早期线上课程、远程教学及其他形式的多媒体课程，改变了以往的网络课程都只是单向提供资源的弊端。

最后，无时空限制还意味着通过网络可以准确地了解学习者的学习过程，从而在大数据分析的基础上，正确掌握学习者的学习情况，跟踪其学习进程，探寻学习过程中所普遍存在的学习与认知规律。在慕课平台中心的构建过程中，通过数据资料的汇总，学习者对不同知识点的反应将被放大和发现，那么这将有利于深入研究认知科学，归纳行为科学的教与学的规律，也有助于提高学生的学习质量与学习效率。

四、以学生为本

慕课教学模式首先在课程的组织方面，强调翻转课堂，即将课内课外师生教学在时间上重新进行安排。在"Flipped Classroom"模式中，提倡让学生线上、线下，以自学或协作方式对教师预留内容进行学习，并针对学习疑虑提问，以此替代老式课外的时间让学生做作业的学习方式；课堂时间则以现在由教师引导学生互动讨论或进行问题答疑代替过去由教师讲授知识。从而将课堂中教师的主导权转移给学生，真正实现"学本位"的学习。

其次，慕课教学模式强调重组课程的内容。各学科专业领域的权威教育者可以将先行编制的多样化教学资料上传至慕课平台，这些资源设计之初未必相互关联，可以作为单独的学习单元，也可依照一定的目的、逻辑和意义进行排列组合，以此形成学习目标各异的学习单元集，从而实现课程资源的合理利用。

再次，慕课教学模式强调众包交互的课程学习方式。大量的学习者在慕课平台下构成了共同解决线上未知问题的"群众"，他们在现实或虚拟社区中协同互助，展开学习讨论活动，共同解决问题。学习者以多种方式在慕课平台中进行互动，其收获也许远比在教室中的要多。而且，通过这种众包交互的课程学习方式，学习被转化为一个高度个性化的主动建构过程，并会推动终身学习的普及。

最后，慕课教学模式也创新了课程评价方式。研究证明，学习者相互批改作业在统计意义上与教师批改作业的分数几近吻合，因而，在适当的管理下，学员互评在面对巨量的线上学生作业评阅需要时，将是一种非常有效的课程测评策略。同时随着网络技术的不断完善，以及数据的不断整合完善，慕课平台的程序编订也逐步满足了多种复杂程度不一的作业评阅需求。

五、高效率

"大数据"作为炙手可热的流行词汇在教育界也颇受关注。比如目前以关注学习过程为核心的学习分析研究已经成为一个研究热点。教育大数据成为趋势，学习数字化，合理应用教育数据，综合分析学习过程中的各项数据，并以此为据提供针对性强的学习建议和学习策略，在这一方面，慕课走在了前列。通过慕课教学模式，学习者将会在慕课平台产生大量的学习数据，这些海量的资源为我们提供了海量的样本进行数据分析与挖掘，进一步探明学习者的学习行为和规律，利用这些规律完善优化传统教育管理模式。

六、教育管理模式的创新

（一）"管理"的创新

平台的管理层、决策层。新时期的创业团队在管理的基础上有更鲜明的活力，不仅要对当前的在线教育模式进行全方位的审视，还积极寻求各方面的合作伙伴，构建强大的在线教育服务创新同盟。这与传统的教育机构封闭独立的运行模式截然不同，我国高校之间管理层的合作呈现一种谨小慎微的态度，在对MOOC有了相对全面的分析之后，制定符合新时期科技创业型企业的运维模式。

团队组成模式的创新使平台的管理模式与传统高校大相径庭。机构不需要再负担制作过程产生的费用，高昂的视频制作成本、师资授课成本由专门的制作团队承担，不得不说，平台式的合作方式更适合于现在的创新创业模式，给管理机构更多空间，不管是商业模式还是非营利性的模式，广阔的空间意味着更强大的生命力。

（二）"教"的创新

"教"已经不再是教师一个人的问题了，传统高等教育将"教"的过程交给了教师，由教师来负责所有的教学工作和管理工作，仅有助教可以承担一些事情，比如收交作业、监考、作业批改。在新的慕课时代，"教"是一个团队的共同合作，慕课平台的"教"包含了高质量的视频、在线的疑难点讲解、详细的学生学习成果评估等。教师本人仍然是这门课程的灵魂，但其精力可以完全放在教学内容上，而其他的工作，如学生的上课管理、教学设施的基本条件等可以交给平台的信息系统自动完成，视频现场的录制、视觉效果的调整、后期的制作这类工作则由视频制作团队来完成。如果把一门课程比作电影拍摄，那么教师就是导演+演员，摄影、制作、整理、特效、化妆等部门全部由辅助人员来承担。

（三）"学"的创新

学生的在线学习过程发生根本的转变，同样仅靠平台的信息系统就自己解决了注册、课程介绍、课程推荐、选课、测验的流程化功能，学习者只要花几分钟的时间就可以开始免费体验世界顶级名校、顶级教授的精品课程。

学习时间、地点的自由程度也是慕课方式受学习者追捧的原因，对于在校学生来说，固定的上课时间、上课地点是一种理所当然的情境，但是对于大多数需要充电和培训的非在校学习者来说，白天的时间会被工作或者琐事占用，不可能花大量的时间停留在固定的地方进行学习，可以自由地选择晚上或者周末空余时间。此外，移动互联网技术的应用也能增强学习自由度，手机应用APP的推出标志着慕课也进入移动互联时代，用户可以在手机上观看教学视频、进行学习和练习巩固，Couresa、edX、中国大学MOOC等平台都陆续推出自己的APP移动应用，其功能和PC完全相同。由于一堂课的时间在20分钟左右，并且可以随时暂停，学习者在任何地点利用白天的空余时间，如乘车时、午间休息时进行学习。

（四）"教""学""管理"创新的融合沟通

"教""学""管理"这些要素在现实中并不是单独存在的，其相互影响、相互依存的关系是整个教育体系的基石。

慕课是前瞻性和补充性教学，在合理的监管体系下使用慕课，可以帮助学生拓宽视野，提高自学能力；慕课借助生动的表现手法，以视频、讨论的形式为课堂增加生动的元素，有助于激发学生的积极性与创造性；课堂教学本身相比过去已经发生了变化，其中技术运用方面逐渐跟上科技发展的节奏，信息技术和网络技术的普及，为课堂上的互动提供了设备和技术基础，课堂上学生的参与度越来越高，"00后"更加个性的生活方式也使他们在课堂教学中有更多参与和互动；"翻转课堂""微课"是慕课时代的产物，其本身含义就是颠覆传统课堂"教师授课—学生听课"的模式。在这种授课模式的摸索中，教师发现更多的学生能够在课堂上发表自己的意见，课堂气氛更融洽热烈。这对锻炼学生的参与能力、提出问题解决问题的能力更有帮助；慕课的主体是学生，以人为本，以培养学生能力为中心开展课堂教育，是我国教育改革的重要思路。

"教"的质量可以反映教师团队的水平，使"学"能够获得更好的效果，学习者愿意更努力地去"学"，而"学"的积极性，则会影响"教"的成就感和未来的发展，两者自古以来就是相辅相成的关系，而在网络时代，教师和学习者是不会见面的，"管理"则为双方创造了更方便快捷的沟通渠道，留言频道、在线聊天、论坛等都是符合当前网络特性的交流方式。在实际的"管理"过程中，"教"应该遵循管理的规则，提供的课程应该符合要求并不断提高自身的水准。

大量的教学团队、更多的学习者加盟平台以后，会促进平台向更广阔的空间发展，直接的影响是增加课程的数量和用户数量，使平台的影响力、市值、规模迅速增长，也保持可持续健康发展的原动力。

（五）高度信息化

得益于高度信息化的管理流程，基于互联网的慕课体系相对高等教育的面授模式显得更生动而高效。工程师将新颖的人性化设计，灵活的功能融入平台中。用户的操作更加的简单，不需要太高的计算机技能就可以正常学习，同时不断地设计并加入新的功能，使学生的学习方法更科学，节约用户的时间和精力，同时他们保障平台的稳定运行，提高用户体验。更加智能化的是：大量耗费人力精力的统计、管理、分配工作已经可以由计算机信息系统来处理了，且这个过程是自动化和模式化的，不需要人工的干预，管理人员只需要制定规则和处理异常情况，如从学生的课程申请，到视频的播放，学习进度的管理，在线测验，阅卷，打分等都由信息系统来完成，这极大地解放了教学管理团队的人力资源，并且随着上课人数的增加，这个效果尤为明显。2015年Coursera平台上最受欢迎的课程是"如何学习：学习困难科目的实用思维方法"，仅在该平台注册并学习该课程的用户超过120万人，最后通过测试的学生有近15万。试想这种规模的学习在全球任何一个高校的面授课程中都是无法完成的，不论课程的主讲教师做何努力，美国加州大学圣地亚哥分校也无法容纳这么多学生，更不论需要对这么多学生的学习成果有效性进行评估，由此可见，信息网络技术确实为管理模式的发展与创新提供了无限的想象空间。

第二节 慕课教学模式带来的影响

慕课具有特殊的魅力和光明的发展前景，但是机遇与挑战并存，再者教育是一种极其复杂的社会活动，慕课并不是教育的唯一方式。但是慕课以现代信息技术的发展为基础，优质的高等教育资源突破学校的围墙，使高等教育发展呈国际化趋势，传统的高等教育模式亟待转变，这将对高等教育实践产生深远影响。

慕课给教育界带来了一场颠覆性的革命，它对高校教育教学的冲击是全方位的。慕课的开放性使学习的场所从特定的课堂延伸到了一切的可能空间。因此，慕课首先对大学教学相关管理制度带来了根本性的影响和冲击。

一、慕课对国际高等教育教学管理制度的影响

毋庸置疑，慕课由于其自身的特点，它可以使任何人在任何时间、任何地点获得任何知识，这些优势使慕课以爆炸式的速度超越国界蔓延开来。因此，国与国之间、国内各高校之间无形的教育藩篱必将被慕课击破。从慕课对国际高等教

育教学的影响来看，大致可以分为以下两种情况：一种是以美国为主的情况，一种是以欧洲为主的情况。

从杜克大学调查慕课学习者学习动机的数据来看，有30%的人希望能够通过慕课获得证书，以证明对完成课程的正式认可，这也是促使学习者完成课程的重要原因之一。2012年11月13日，美国教育理事会（ACE）同意对Coursera慕课平台上由顶尖大学提供的几门课程进行评估；而在2013年2月，Coursera宣布其5门课程进入了ACE的学分推荐计划，其中4门课程得到本科学分推荐，一门课程得到大学预科的学分推荐。目前，美国学生在慕课平台学习后，可以通过付费获得一个学业证书，无论是Coursera还是edX，提供在线课程的大学都不会直接向学生授予学分，但学生可向全美2000多所大专院校出示自己的ACE学分推荐，至于这些学分推荐能否被承认为某学位认可的学分，则完全由各个大学录取办公室决定。看来通过慕课平台的学习获得大学的学分认可并非遥不可及。

在欧洲，存在一个欧洲学分转换与积累体系（ECTS），ECTS是一套欧洲共同的学分制标准，用来比较欧洲各地高等院校学生的学识及成绩。在该体系下，学生可在已批准《里斯本认可公约》的53国中的任何一国，将已修学分转换成该国相应的同等学力。这一学分转化与积累体系最突出的特点就是促进了欧盟国的学生流动和优质教育资源流动共享。ECTS为学分互认互换提供了法律依据，欧洲大学协会（EUA）高等教育政策部门负责人迈克尔·格贝尔（Michael Gaebel）认为，不存在任何法律上的障碍阻止慕课在欧洲学分市场上立足。由此，我们可以理解为欧洲大学向学生在慕课中完成的课程授予学分是很有可能的发展趋势。德国慕课平台iverSity的联合创始人克鲁伯表示："慕课的公开透明，以及各大学对各自在线课程质量的自我管控，将为大学互认在线学分创造条件。"

二、慕课倒逼我国大学教学管理制度改革

慕课自2013年引入我国以来，国内对慕课的参与建设属于兴起和摸索阶段，很多高校已经或多或少地采取了行动，或积极主动参与世界慕课平台建设，或努力构建本土化慕课品牌，由国家主导或大学自主开发的多个慕课平台竞相投入使用，区域性或跨区域性高校联盟也开始出现，成果喜人，可以说慕课在短时间内

展现出了蓬勃发展之势。不可否认，这些举措无形中加剧了优质教育资源的流动，促进了高校的良性竞争和高等教育的创新性发展，但与此同时，高校面临的最大问题是教学管理制度如何跟进和匹配，其中会涉及学分认证、课程体系构建等方面的问题。当前，上海交通大学推出的"好大学在线"慕课平台结合联盟内的33所高校，已经在学分互认的道路上迈出了尝试性的一步。联盟内高校的在校大学生只要申请真实姓名、学号、学校名称等身份认证后完成所选课程的所有学习任务，并通过了所选课程的"线上"和"线下"综合考试，平台将把学生综合成绩反馈到所在学校相关部门，经确定后直接可以获得学分。由此，慕课平台让学生的选课自由度大大提升，学生可以走出学校的有形屏障，获取更丰富的教育资源。但高校联盟实行学分互认制的同时也紧接着带来了课程体系设置的系列问题，如何协调慕课联盟平台中的课程与本校其他课程的关系，如何重新整合课程内容、重构课程体系以保证教学质量和人才培养质量。因此，慕课的到来，正倒逼我国大学教学相关管理制度的改革。

三、对高等教育教学模式的挑战

慕课根植于传统之中，却又不是传统课程的复制，它具有传统不具备的新特点。而且，处于网络环境中的慕课比传统课堂的课程容纳量要大很多。它将全球顶尖大学的优质课程资源网罗在一起，并以极低廉的成本向所有有学习意向的群体开放，这对仍是以传统的讲授教学模式为主体的高等教育课堂形成很大的挑战。当学习者能够在网络平台上免费获得更为优质的课程资源、结识更为知识渊博且风趣幽默的讲师，甚者在论坛结交到志同道合的友伴时，他们必定会在二者之间做出比较和选择。由此，当学习者可以自由选择自己愿意参加的课程的时候，高等教育的传统教学模式注定会受到作为知识的消费者的学生的冲击。

除了能够提供优质的教育资源和师资资源外，慕课真正把"学习的主动权交给了学生"，它独有的自主学习模式允许学生根据自身情况，自由地选择自己需要或者感兴趣的课程加入学习，且学习过程中能够按自己方便的时间和环境开始学习，甚至有网友调侃，"唯一的限制也就仅仅在于学习者是否有一台能够连接上网的移动终端而已"。网络技术上的支持使得一门课程通过虚拟平台进行大规模教学、将知识分享给更多需要的人成为可能；也因为有了技术上的支持，很多传统教育模式没有办法做到的事情也得以在慕课中实现。比如通过对注册学习者的点击频率和论坛讨论等相关数据的跟踪，实现对学习者学习轨迹和习惯的追踪等。这对于课程研究者来说，可以基于实时的、具体准确的数据统计，进行综合的学习分析，优化已有课程的结构乃至推出更能满足学习者需要的课程；对于参与其中的学习者而言，能够做到有效的学习监控，在缺少教师引导的自主学习过程中，利用自己的学习数据调整学习步调，进一步形成更适合自己的良好学习习惯。

当然，就目前来看，因为慕课面对的是更大众的学习者群体，很多课程中的知识传授多少具有一些科普的意味，专门为满足学习者更为深入的专业性知识需要的课程并不多见，且大多有较高的相关专业学习背景限制。但是，传统高等教育中的专业系统课程同样也没有办法与慕课做比较。不过，教师从慕课中研究学习者的兴趣点和更好的教学方法，利用论坛了解学习者的学习与思维习惯，可以更好地进行课堂沟通，完成教学任务。很多在慕课平台开课的教师都表示，虽然同样的课程内容在线上与线下的讲课方式并不相同，但他们往往能从慕课的课程制作、讲授以及与学习者的交流讨论中得到启发，反哺于现实课堂。当新的想法灵活运用到实体学校课堂中时，学生往往有不错的反响。

可见，即使相对枯燥的专业课学习，也并不一定非按照严谨沉闷的方式授课，改变是可以发生的。在这个过程中，慕课之于当下的高等教育，就像绘鱼效应中那几尾鲸鱼一样，由一部分有志于改变现况的先驱教师发起，利用网络的便捷和慕课自身的优势为传统的高等教育的传统模式注入了活力。

四、促进高等院校的合作与竞争

传统的高等教育由于各高校不同的地理区位，往往各自为政，开放程度不高，国际化的体现局限于互派交换生、跨国人才交流或者科研合作等。学校的竞争力也主要体现在学校的历史传统、科研成果、校友声望等方面，日常的课程教学在学校的国际化进程中起到的作用并不明显。

2012年自慕课平台开始建立之初，各大慕课平台就以与世界各地的顶级院校合作为重要的发展战略，就如前面提到的 Coursera 的合作院校和研究机构超过 100 所一样，edX 同样与各大顶级大学和研究机构确立合作项目，共同开发课程，并借由平台收集的各种数据进行相关的研究。除了各大平台在高校寻求合作伙伴以外，很多其他地区的高等院校也意识到了慕课风潮的巨大波动，纷纷组建自己本地区的慕课联盟，谋求竞争中的共同发展。这使得传统的、有较为明显的地理界限的实体大学的边界弱化，在互联网的虚拟环境中，形成另一个"线上的校园"。在这个"线上的校园"，各大高校公开各种优势学习资源，发布新的课程，全力推动高等教育的国际化发展。

培生集团的米歇尔·巴伯这样评价这种趋势："今天的形势是数字技术在逼迫教学的发展，大学在网络课程领域不进则退。数字技术是大学保有竞争力的必然选择。"在高等院校打破自身的"城墙"，开始寻求开放式的发展时，与其他大学的合作与竞争便一直是需要关注的主题。

慕课之所以把高等院校放到了与世界竞争的圈子里，是因为这是一部分先行者的主动选择和另一部分剩余者的被动迎战。不过，不管是主动选择参与竞争还是被动接受现有情况，高等教育打破了之前的各自为政。对于整个高等教育体系而言，更多是有利于后续发展的。所以，高校处于这样的环境中，必须思考属于自己的国际化战略和开放式战略。其中，与已经建立的营利性或者非营利性平台合作，共同开发和分享平台上的资源，并由此提高自身的知名度，是一种选择；为了防止外来文化对本地区学习者的抢夺，建立以政府或者权威机构为依托的、具有地区或者国家性质的本土化平台，开发具有自己地区特色，或者更加适合本地区学习者的课程，也是一种选择。值得注意的是，平台的建立和依托只是为高质量的课程教学提供了可以发挥的平台，高等院校真正需要做的，还是修炼自己的"内功"：在保证课程的质量（包括学科内容的质量和优秀讲师的质量等）的同时，运用更为独特的视角和呈现方式吸引更多的在线学习者加入，并且，将慕课中获得的经验有选择地运用于实体课程中去，将线上线下的教学方式结合起来。

免费的慕课平台为高等院校提供了很好的宣传自己、实验新方法的场所，同时，作为合作方的各大慕课平台，为了更好地发展自己，扩大平台的服务范围，往往会推进一些需要有高校支撑的服务项目。Coursera 等大型的慕课平台一直致力于推动教育公平和民主化。他们开发的项目能够让学习者选修到除了自己学校之外的课程，提供更多的学习机会给更多人。有些课程，学习者通过严格的考试之后，还可以获得开设这门课程学校的学分。这为一些想要获得名校学历的学习者指明了可行之路，也缩短了学习者获得学位的时间，还使得后续的高校间学分互认成为可能。除此之外，Coursera 还致力于一项涵盖了许多热门的前沿学科领域的专项认证项目的推进，包括复旦大学在内的十所高校已经与之达成合作意向，"通过这一项目，注册学员能学习到来自世界顶尖学府的某一前沿学科领域的多个系统课程，从而获得在该学科领域更深入的学习体验"。

当然，高校间完全开放，实现各个学校的学分互认从目前看仍是个长远的过程，其中的深入讨论也一直没有间断。不过，正如吕世浩教授在回答"为什么要做慕课"时回答的那样，"对的事情总要有人去做"。高等院校的积极开放与合作对促进高等教育的公平与大众化具有积极作用。足够开放的大学能够提供更多的学习途径，给予不同年龄段的学习者更多的选择权，这种选择权不仅仅是对课程学习的选择，还是对学习的时间、环境的选择，甚至还包括对个人人生规划的重新审视与重新规划。

五、促使高等教育为终身教育服务

在高等教育领域，终身教育一直也是研究者关注的话题。自 1968 年保罗·朗格朗提出"终身教育"之后，终身教育的概念便作为教育的一项基本原则存在着。不过，虽然目前关于终身教育的理论研究有很多，但是终身教育的实践仍然受到不同程度的限制，发展规模有限，影响力也不大。很多的高等院校除了一些继续教育学院和函授课程站点等具有继续教育和远程教育性质的机构在运行之外，并没有更有效地实践终身教育理念的场所。

终身教育是面向所有人、包括所有内容的教育，它没有特定的接受人群，可以看作正规教育的延续，也可以看作正规教育的准备或者补充。就像朗格朗提到的那样，它是持续的、贯穿一生的珍贵过程。从某种意义上说，它是无所不包的，只要有助于人的完善和发展，都可以当作终生教育的一部分。而处于网络环境中、具有大规模且免费特性的慕课，几乎可以满足高等教育推行终身教育的大部分要求。

从学习对象范围上看，慕课面对的学习对象没有特定的指向性，也就是说，只要懂得使用电脑，拥有能连接互联网的设备，慕课可以为包括大到耄耋老人、小到幼齿孩童的所有人提供他们想要的教育。而且相对于很多的继续教育机构和远程教育而言，慕课几乎没有学历门槛，也不需要学习者支付高昂的学习费用。这给那些有学习意愿却难以支付学费的学习者提供了更经济实惠的选择，使教育得以走近更多人。

从课程教学模式上看，慕课的课程选择与设计比系统的专业学习要简洁易懂得多，它独有的十几分钟片段式讲座视频的授课方式不会占用太多的学习时间，降低了学习者的疲劳感，而且这也能够为学习者自己控制学习进度提供方便，可以满足不同年龄阶段、具有不同社会文化背景的学习者的学习要求。无差别的统一教学和平等交流的讨论区互动最大限度地容纳了更多有学习意向的人们，这是很多包括高等院校在内的教育机构无法做到的。

从未来的发展趋势上看，慕课的巨大空间也能够做到教育内容的无所不包，网络环境的大容量与多样化造就了慕课的包容性。在慕课平台上，学习不再只是为了拿到一纸文凭，而是利用优质的教育资源充实自己的知识储备，拓展自己的兴趣爱好，提升自己的业务水平，或者仅仅是通过听取讲座、参与讨论消磨闲暇的一种生活习惯。任何理由都有可能成为学习慕课的契机，真正做到了"提供一切给所有人"。

终身教育关注的就是人的自我完善，它没有硬性地规定必须达到什么样的标准和要求才算终身教育达成，只要各个人生阶段的人们在有学习需求的时候，有机会、有平台去满足他们的学习需求，并通过学习实现自我的完善，都可以称作终身学习的应有之义。

慕课平台的开辟，使得高等教育能够在终身教育的发展进程中承担更重要的职能，而且这种作用力是持久的。长久以来，研究者一直试图打破高等教育的壁垒，使得高等教育融入社会性服务，为作为个体的每一个社会成员提供除了获取学历文凭之外、更多是为了个体的自我完善的教育，这种教育不是只限定于一个固定的年龄段．而是可以随人们的意愿随时参与。埃勒斯这样评价这种转变："事实上，人们已经为此做出了很多努力。很多仍处于固有思想的人，在关于传统的高等教育机构是否能够转变为终身教育的积极推动者，担负起推动终身教育发展的职能的问题，也已经开始了讨论。他们也考虑过慕课能否成为达成这一目标的工具，得到的结论是，慕课在它的发展过程中，已经承受住了集中出现的大量批判性研究的'考验'，已经有足够的力量来挑战传统高等教育机构的权威……"

慕课的出现，对固守传统标准的高等教育机构是个很大的冲击，这种冲击更多体现在它"用另一种标准替换了本来应该按标准化存在的东西"。同时，它也是帮助高等教育实现之前受时代与技术限制而无法达成的教育理想的工具，它"更加强化了大学的社会组织与社会服务职能"。在这一点上，慕课与高等教育是互相成就、互相促进的。

六、促使教师由个人向团队合作转变

不可否认，教师是学校的重要组成部分，在高等教育阶段，教师还需要承担一定的科研任务。从目前高等教育的教师职能来看，除了一些具有研究型定位的大学中有专门进行科研的教师外，大部分教师的职能仍是以教学为主。学校人员组织不外是两大类，专业教师以及行政管理人员。不过，随着慕课的不断发展以及与高等教育机构的不断融合，这种人员组织形式会被打破。

我们从整个实施过程来看慕课的工作人员表中包含哪些人。

首先，课程创建之初必须要有对专门领域十分熟悉的专家型学者对整个课程内容进行把控。他提供的往往是一门课程最初的蓝本，会决定课程能否引起学习者的关注。其次，需要一个具有自己的个性特点、精于授课的主讲教师，这类教师一般风趣幽默，课堂经验丰富。

我国学习者对慕课认同感的调查显示，学习者对课程的授课教师的认同感仅次于对课程内容的认同感，可见优秀教师对课程成功的重要性。因为在线学习是时空分离的，授课教师在视频中表现出的教学素质和专业才能，往往对课程内容的展现具有决定性作用。其实在慕课经过几年的发展后，很多热门课程的授课者在慕课圈内已俨然是"名人"的代名词，很多学习者不仅会按照自己的需要选择课程，还会慕名前去学习固定几位教师的新开课程，即使课程内容最开始并不是他所需要或感兴趣的。因此，很多授课教师会在课程讲授中充分发挥自己的个性，甚至响应论坛中学习者提出的建议，使得自己的课程与众不同，这种平等放松的授课环境的建立，离不开优秀讲授者的努力。

上面提到的是构成慕课运作人员最主要的部分，他们承担了一门慕课最核心的职能。这里提到的课程设计者和讲授者可能是一个人，也可能是几个有相同志趣的合作者一起分担。除了他们之外，慕课的良性运作还少不了技术人员的支持，比如讲座视频的录制与剪辑、灯光、音效设备的调试，还有讲课过程中可能用到的软件等教育技术的提供、线上平台的维护……此外，还有许许多多帮助教师进行论坛管理、在线答疑、实时与学习者互动的助教。整个慕课教师团队就是个分工合作、缺一不可的完整体，这个制作过程，是传统教师自己独立完成不了的。论坛中有人曾这样形象地评价慕课课程制作过程，"用制作一部网络连续剧的方式制作课程"，编剧、导演、演员乃至后勤保障缺一不可，足见团队的重要。

总而言之，慕课的发展需要依托高等教育的支持，就像前面提到的二者的相互促进作用一样，以后的高等教育势必与慕课完成线上线下的融合。混合式学习方式也会一步步发展起来。在这个过程中，许多高等院校的公共课程可能已经不需要本校教师完成授课，而是通过慕课完成学习，再在线下进行考试获得学分。同样，很多学校缺少相关专业教师，本无法开设的课程也能够借助慕课的合作将课程引进实体课堂……这样的改变，使得一部分优于授课的教师成为课程的主要讲授者，致力于课程的完美呈现，剩下的更多是参与到课程制作的辅助工作中来。比如前面提到的技术人员、助教，还包括帮助线下在校学习者顺利完成课程的辅导教师等。从这种转变中我们可以看出，很多教师要么转换角色，成为整个课程制作团队的一部分，要么从原有的教学活动中抽离出来，获得更多的时间全身心投入科研任务中去。久而久之，高等教育机构和院校的教师便可以实现真正意义上的职能分离，各得其所，各司其职，既保证了教学的质量，也保证了科研的质量。

第三节　慕课教学模式的创新举措

近年来，随着互联网高新技术的发展，网络对教育产生了重大的影响，网络技术大大改变了教育的传播内容、形式与效果，使得教育资源可以免费重复使用。慕课是研究网络在线教育的重要切入点，它兼具互联网特色和教育特性，在很大程度上可以揭示现今网络教育的发展层次，且作为新的教学模式，慕课平台的教学理念、教授方式、互评机制和运作模式都是研究网络在线教育良好的样本。

在数字环境下，从传播模式这个角度来研究慕课是非常有意义的。该研究将不仅能够促进慕课自身模式的创新与完善，解决数字时代、多媒体时代慕课发展过程中出现的新问题，更能够从深层次上指导网络在线授课，为我国传统教育的改革和发展提供更为优化的方式，为在线教育模式的深入研究打下理论基础。另外，该课题的研究需要运用传播学、社会学和教育学三个学科的专业知识，跨学科的理论知识背景有利于提高研究者的理论水平。

慕课的发展非常迅速，作为一项崭新的尝试，慕课的教学模式、资源构建和运作模式均处于不断探索发展中，研究慕课对我国高等教育既是机遇又是挑战．它不仅显示了教育的公平性，更是大大提升了高校教育资源的使用效率，慕课对我国高等教育的改革创新具有重要的实践意义。

一、提高慕课教学质量

慕课平台如何提高教学质量的问题，现在还没有一个很好的解决策略。许多专家认为，在课程的设置上可以生动逼真地创设情境，在教学方法上寓教于乐，在学习者知识建构中实现碎片化和系统性二者的结合，以及提高教师团队的网络素养，这样或许可以进一步提高慕课课堂的教学效果。

（一）情境设置生动逼真

传统课堂教学中的一些生硬表现形式在慕课在线网络课堂上可以得到改善，慕课教学可以利用网络技术实现多媒体教学，在平台各种教学教务系统的辅助下实现各种教学信息的快捷传输和展示。立体化、动态化的表现形式更加形象逼真，可以使学习者身临其境地去探索更多未知。同时，慕课教学实现了静态到动态的转变，在教学过程中可以运用软件将静态图像转换成动态来呈现，比如加入飘移、翻折、旋转、闪烁、缩放等手段，慕课这种生动逼真地创设情境的方法有助于培养学习者的抽象思维，益于激发学习者的学习兴趣和探究知识的欲望。

（二）教学方法寓教于乐

不同的授课内容应该采取不同的教学方法和教学形式，有的课程在内容上需要加入更多的交互环节，在教学方法上也应该多元多样。很多成功的慕课课程在教学方法上引入了类似网络游戏的通关模式，即一节课程被分为 8~15 分钟的微课堂，观看下一节微课的前提是必须顺利完成上节微课中提出的问题，成功答对方可进入下一节微课继续学习，这种具有挑战意味的设置激发了学习者的学习动力，通关问题的设置也增加了课程的趣味性，而学习者在答对题目并顺利通关后也会获得成就感。慕课课程中内置游戏化环节是提升课堂效率的一种好的方法。COUrSem 平台上，叶丙成教授尝试使用游戏来刺激学习者，旨在激发他们的学习热情和学习潜力，在他的概率课上推出了多人竞技线上游戏 PaGamO，这是一款非常简单的游戏，每位玩家在进入游戏之初会被分配一块土地，需要做的就是不断地开拓疆土，而在游戏中玩家每点击一块中意的土地就会自动弹出一道概率题，做对后就可以获得土地。同时还可以玩防御，玩家可以用土地升值的钱买怪兽来保护自己的土地，怪兽等级越高，玩家就需要解答更难的题来冲破防御，玩家的排名也是实时显示，极大地刺激了学习者的争胜心和虚荣心。游戏一经推出便引发学习者的兴趣，研发团队推出的 70 道题计划支撑三周，但是没有想到的是第四天就有学习者留言说已经全部做完题目了，学习者也反映，做题通关的感觉真好，不知不觉竟然做了上百道题。教学方法的不断挖掘可以使学习者从被动接受者转变成主动出击者，教学效果也大大提高。

（三）知识建构实现碎片化和乐统性二者的结合

在现今的网络时代，人们获取知识的形式不再是完整的、系统的，而是零散的、分割的、不相关的。在慕课课程的讲授中是分章分节进行的碎片化知识点讲解，但是大多数的学科建构都是一个整体，具有严密逻辑体系，传统的大学教育也是在努力地建构系统性的知识构架。知识建构需要学习者在吸收理解新知识的同时，结合原有认知结构，建立知识间的相互联系，不能单纯刻板地学习，需要批判性地接收新知，并加入自己的思考、分析，形成系统的知识大框架。所以，学习者在面对海量碎片化的知识时候，可以采用"零存整取"式学习，即学习者将汲取的零碎知识有意识地、灵活地整合起来，创造性地重新建构系统知识体系。在慕课网络课堂教学中，授课教师需要有意识地为学习者梳理知识架构，深入浅出地揭示知识的形成过程，这样可以帮助学习者形成对知识体系的梳理，形成完整的知识系统。另外，慕课在线网络教育平台作为教辅工具，应该发挥其技术优势，将平台中知识体系的建构及其与各类资源的关联，化抽象为具体，将微观知识结构宏观梳理呈现，帮助更多的学习者来建构知识框架，也在一定程度上解决了学习者碎片化学习和系统内容整合的问题。

（四）提高教师团队的网络素养

慕课网络教学质量的保证离不开优秀的教师团队，对于慕课线上授课教师的选拔需要重视起来，实施严格的教师选聘和服务制度。首先，授课教师须具有一定的教学组织能力和较强的责任心，需对网络传播特点有一定的了解，熟练运用新媒体，掌握利用教学设计原理制作网络多媒体课件的技能，具备在线教学、网络作业批改、实现在线交互以及利用电子通信工具进行教学等方面的技能。最重要的是教师的教学理念和教学技巧，他们必须具备引导、培养学习者学习自主性、好奇心、想象力的能力，能够激发学习者的积极性，提高学习者分析问题、判断问题和解决问题的能力。

课前，授课教师制作多媒体课件，并熟练地设置更多交互式学习内容，使学习者更乐于参与其中，发散思维，积极谈论。值得一提的是，提高教学课件的质量，单纯依靠教师是不够的，还需要将专业软件公司与教师相结合，这样才能制作出高质量的既体现教学思想又适合在线教育的教学软件。在授课过程中，教师讲授专业知识，介绍该知识点的发展脉络及形成过程，有效地组织学习者学习，解答学习者疑问并针对相关话题开展小组讨论，同时教师也需要具备解决临时突发的网络技术问题的能力。在课后，教师需要针对课堂布置的作业开展课后在线研讨、疑难答疑、作业评价等辅助性工作。慕课的快速发展也对授课教师提出更高的要求，英国某些高校还借助在线教育平台实施了教师在线教育计划，通过学习加强对教师的教学培训，满足教师的学习需求。通过教师团队整体能力和素质的提升进而提高整个慕课平台网络授课的教学质量。

二、完善评价监督系统

慕课平台的过程性评价即考核学习者整个学习过程中的各个环节，包括课堂讨论、作业、课后测验等环节。总结性评价即在过程性评价基础上加之最后的结业考试成绩，给出最后的成绩判定。在评估模式上主要有机器评估和人工评估。机器评估即借助自动评分系统来测试学习者成绩，试题也多为客观题，像单项、多项选择题，项目匹配题，填空题等。机器自动测评具有较高的效率，保证了大规模慕课学习者学习机制的顺利进行，学习者也可以在最短时间内获得测评结果，了解自己的学习成果，也方便学习者及时查漏补缺。但是机器没有主观意识，对试题的判定只能根据程序设定的唯一标准答案来进行判定，对一些主观题目无法进行正确判定，所以还需要人工评估系统。人工评估系统主要包括学习者自评和同伴互评两种，即学习者的课后作业及期末考试试卷由自己或同班同学来评定，授课教师会提供一系列的评分量化标准给评估者。学习者自评和同伴互评机制可以激发学习者的兴趣，大家都很迫切地想知道对于一道题目自己和别人理解的不同之处，同时同伴互评机制还大大地减轻了授课教师和教务管理人员的工作量。慕课平台在测试和评估上也有其他的环节设置，比如在课程录制过程中穿插一些即兴问答，加深学习者对知识点的理解和掌握，如果学习者回答正确，就会获得相应的得分。但是这些考核都忽略了一个最重要的问题，即诚信问题。由于网络授课，对于学习者是否实实在在地答题无法给予考量，不排除替考、抄袭书本、网上搜寻答案等可能，所以现阶段的评价系统是不完善的，很多学者质疑慕课学习者学分的真实性和慕课课程结课证书的公信力。

建立有效的评价体系是慕课正规化运营不可缺少的，即学习者课后不仅顺利完成学习任务、获得学分，还通过了结业考试获得证书。且证书的公信力是得到认可的。基于此，我们必须采取智能化评价手段，即不单纯依靠作业成绩来判定，还有在学习者上课、做作业、做小测验的过程中，需应用技术手段（指纹识别、视网膜识别、笔记追踪系统等技术）去识别学习者是否为本人，保持评估模式的公正性。例如，Coursera平台的课程项目组研发的指纹识别系统将会对每一份提交的电子作业进行比较，将学习者的指纹信息搜集并绑定，保证每一份电子作业的真实性，虽然该系统还不完备，但是其独具的建构价值依然在慕课系统中广受追捧。植入笔记追踪系统的课程最后的结课证书上会有标注，这样的证书更有含金量和权威性。

三、增强网络学习的双向互动

慕课在线网络课堂的学习无法达到真正的双向互动，虽然有在线问答社区可以实现交流，但是与面对面双向互动的效果无法比拟，深入高效的学习是慕课平台问答社区无法达到的。慕课平台应该借助互联网技术手段来完善自身的双向互动。双向互动机制主要体现在两个方面：一个是线上互动；一个是线下交流会。线上互动主要包括网络选课、作业提交、批改作业以及课程资料下载。学习者在视频学习之前可以下载学习指南，获得课程学习资料，在学习过程中或是在一门课程学习之后的考核中遇到了问题，都可以通过电子邮件、微博、QQ、学习论坛以及电子公告板等社交工具向教师寻求帮助，从而解决问题。慕课的项目开发者正在尝试使用各种方法完善留言板的功能，尽力为学习者提供更为便捷、自由的社区交流空间，例如，在大多数的课程中均建立在地理毗邻、语言相近、兴趣相仿等因素基础上的谈论空间，方便学习者选择、并考虑加入。

现代的学习者可以十分熟练地使用各种社交软件，通过社交平台来交流情感，沟通思想，甚至传递知识、沟通讨论观点。有人指出，在线探讨系统是很有益处的，学习者在回答教师的问题之前，可以获得整理思路、深思熟虑的机会，而且系统还会提供给每一位学习者积极回应其他同学观点的平台，继而创造出学习者之间相互交流与学习的宝贵机会。同时，在线讨论系统还会强化授课教师在课程中的执行与监控作用，使学习者的意见得到充分的展现。尤其一些在公众面前比较害羞腼腆的学习者，在网络屏幕下一改不善言谈的性格，可以轻松无压力地表达自己的观点。

线上互动机制的制定需要考虑具体的受众目标，因为年龄、阶层、受教育程度的不同，学习者对慕课在线网络学习的接收能力不同和习惯的互动方式不同。例如，"60后""70后""80后"和"90后""00后"对于网络的操作和接收能力会有很大的差异，对教学的表现形式也不尽相同，"60后""70后""80后"更喜欢操作简单的设置，而"90后""00后"可能就对网络操作没有特别多的要求。在教学方式上，"90后""00后"更喜欢活泼生动的表达，而"60后""70后""80后"可能就更喜欢中规中矩、严谨的论述了，所以应该对用户进行各种数据分析并归纳整合，针对不同的受众采用不同的互动机制。

线下交流会可以克服线上交流的一些弊端。若学习者在学习中存在许多线上仍然无法解决的问题，教学教务团队就可以组织线下交流会集中解决学习者的疑惑，线下交流会是将网络虚拟社区发展为真实社区的模式，面对面的交流必将更加有益于知识的掌握，学习者在与教师近距离的交流中也可以彻底解决疑难问题。这种线下交流会的形式不仅灵活，学习者也更加熟悉，在友好的交流氛围中共同分享学习成果，这样的人际传播，双向互动效果更加明显。据说，有一种"现场办公"的视频软件在慕课课堂中大肆流行，广受欢迎，主要的功能是支持每周一次的班级例会，在这些会议中，各个课程的主讲者都会来到现场，针对一周以来在学习者问答社区中探讨的焦点问题给予集中系统的解答，学习者还可以在视频中与之交流。

四、创新大数据分析技术

任何一项通信技术的突破性进展都会在教育领域投入使用，旨在帮助更多的人接受新的知识。大数据在教育领域的运用为在线教育带来了前所未有的美好前景，东尼·雷加拉多认为，大数据技术是"过去200年来最重要的教育技术"。

现今慕课平台已经开始使用大数据分析技术来收集、记录和分析学习者在平台学习活动中的各种行为，数以万计学习者的在线学习数据会汇集成真正的"学习大数据"，数据挖掘系统记录和捕捉的数据，通过相关工具对海量用户的数据进行宏观和微观的精密分析，提炼出学习者详细的学习记录、学习特征、学习模式，进而提供有针对性的诊断报告，方便教师对学习者学习情况的掌握，也可以为学习者制定个性化的学习策略，推荐最适合学习者的学习资源，使得学习者的学习更加主动。大数据、云计算和人工智能等高新技术的运用，可以精准分析出影响学习者完成课程和获得成功的因素，使教育过程更加细化，也可以以此来甄别有可能辍学的学习者，形成真正意义上的智能教学系统。

在计算机网络作为坚强技术后盾的情况下，慕课可以提供高效的数据统计和分析，包括学习者的学习活动分析图、所学知识点饼状图、技能学习进度和练习过程的分析图。这些数据分析图都是实时更新的，教学教务管理者可以掌握学习者的最新学习动态。从学习者的学习活动分析图中，我们可以看到学习者每天都看哪些视频，花费多少时间，完成哪些任务。从学习者所学知识点饼状图中，我们可以看到每个小知识点、学习者的完成情况和正确率。从技能学习进度和练习过程的分析图中，数据更能帮助我们掌握每位学习者的学习进度、学习效率、完成情况，并能够针对问题给予针对性的辅导。大数据可以使教育机构知晓学习者的学习成果，通过数据收集和整合，给课程设置提供依据和参考，还可以为学习者量身定做学习任务和学习模块，实现学习者精准的学习推荐服务。同时"自带设备"的使用可以有利于数据的完整搜集。"自带设备"是一种服务于大数据学习分析技术的设备，它是一种装载在移动智能设备上的个性化应用程序，不仅可以方便学习者记录学习笔记和教学大纲等，还可以随时随地地获取详细移动数据，使得学习者的数据收集更加完整，切实帮助学习者建立较为完整的知识体系。

目前许多在线教育平台都使用此类服务，清华大学的"学堂在线"平台充分利用云计算、大数据挖掘等技术，深入挖掘、记录平台学习者的海量学习行为，全面跟踪学习者的学习过程，归纳分析其学习特点，为合作高校和授课教师提供分析报告和研究服务，也提高学习者的学习质量和学习效率。"学堂在线"平台同时利用大数据技术为平台的每一位学习者都建立个性化智能学习档案，通过对学习档案的分析，为学习者提供个性化的评估报告，根据评估报告为学习者制定学习方案，向学习者推荐最需要的资源，这些是未来在线教育平台的发展趋势。

目前国内的慕课平台上多数都是比较单一的课程发布，很少针对学习者创建个性化的学习系统，而现今慕课平台可以利用大数据技术挖掘，通过综合分析学习者的学习信息，创建学习者学习数据库，为学习者提供个性化的支持服务。例如，可以运用数据科学将部分课程分为由易到难的级别，学习者可以根据自己实际掌握情况和平台的推荐选择入门、进阶、高级等，使学习者可以根据自身的条件和课程难易度来选择适合自己的课程。在信息网络化时代，人们开始意识到学习的重要性，也有许多人秉持终身学习的理念。而慕课在线网络课堂为广大学习爱好者提供自由选择课程的学习机会，学习者根据自身兴趣、爱好来选择所需课程。随着慕课大规模网络课程的发展，学习者的个性化需求日益增多，这也对慕课平台提出了新要求。

五、完善信息化教学教务管理手段

丰富课程学习包，建立专业化教辅团队可以提高平台的管理效率。大多数的网络在线课程都会有一个学习包，包含课程材料、授课安排、课后测评内容、辅导答疑及学习包使用方法等。但是随着全球各个国家学习者的加入，越来越多的学习需求呈现出来，现今的学习者追求移动化、个性化的学习，对于课程资源的要求也越来越多样，慕课平台的教务系统需要丰富学习包，且对于现在已经提供的学习资源都实现移动化，支持学习者在移动端的获取，方便学习者使用。

建立专业化教辅团队，提供高效的信息化教学管理手段，使讲、授、评更加顺利。在慕课的发展初期，辅助教学团队大多由教师一人组织，整个团队缺乏统一管理和组织。在课程实施过程中，授课教师既要专注于课程内容本身又要忙于各种协调事宜，很难保证课程的质量。而现如今随着慕课的飞速发展，慕课平台上的教学内容组织过程与教学实施过程发生了分离，在教学实施过程的辅助教学管理，如线下实践内容的组织、课程的引导与答疑等，则正在出现专业化的趋势。专业化的辅助教学团队可以帮助教师来完成课后的一系列学习检测和督促的工作，且现如今的教学管理方式由原来的人工管理方式向智能化远程监管方式转变。基于大数据信息技术的数据记录和分析，加之学习内容管理和学习行为分析功能的学习管理系统，都可以对慕课在线教育平台的课程教学、学习者学习行为、个性化的表现等记录、监管，实现智能化的教学教务管理。

六、改革学分、结业证书等管理制度

慕课认证机制的构建关乎平台的长久发展，如何激发学习者参加结业考试，如何保证学习过程中测评的精准性、可信度,又如何提升慕课学分和证书的含金量问题,如何利用先进的技术手段来杜绝"作弊"现象,使慕课在线网络教育平台的评价机制得到社会大众广泛认可,现从以下几个方面来探讨。

诚信问题。电脑屏幕后的课后测评与结业,教师没有面对面的监督,如何保证拿到学分、毕业证的学习者确实是实实在在学习知识,通过考试的那个学习者慕课学分与证书的可信度受到质疑。面对诸如诚信、评估机制、评估标准等问题,单从技术上来实现杜绝作弊可能还需要一段时间,但是将慕课网络教学模式和传统"有人监考的考核方式"结合起来不失为一个好的解决办法,可以在一定程度上杜绝作弊,保障考试成绩的真实性。目前三大慕课平台的运营商也都与 Pearson 的考试中心签约合作,提供有监考的课程结业考试,慕课平台利用其成熟的全球网点,为学习者提供可信赖的结业证书。同时慕课平台也在尝试采取在学习过程中提供身份认证等监控措施。其中 Coursera 还启动了"打字节奏识别技术",即根据测试者打字节奏与数据中记录的学习者打字节奏的匹配度来判断是否为学习者本人,还有"特征跟踪"证书项目等,从而获得更具含金量的、"可信度"更高的官方防伪证书,但这些都不能杜绝"替学"或"作弊"行为。

学分、结业证书等管理制度的改革。对于学习者的学分认证问题,我国教育部相关负责人表示正在积极探索相关管理制度的改革,致力于建立适应学习者个性化学习需求和终身教育体制要求的管理制度。欧洲学分与转换积累体系也被认为是一个慕课学分、证书彻底翻身的机会,它主要是用来比较欧洲各地高等院校学习者的学识及成绩的一套标准,在该体系下,学习者可以在已批准的《里斯本认可公约》中任何国家的高校间实现将学分转换,欧洲学分与转换积累体系为该行为提供法律依据,一旦欧洲的大学认可慕课所修的学分,那么这些学分在欧洲的各个国家都将会得到认可。而我国国家开放大学也在积极探讨,将采用"学分银行"的形式实现学习者学分的认证、积累、转换等,此项目正在逐步开展。但是慕课证书及学分转化得到普遍的认可还需要很长的路,这需要协调大学与大学、大学与政府、企业与社会,还有各国间的评价体系,需要在日后的不断探索中走向完善。

第八章　移动自主课堂教学创新模式的构建

第一节　云课堂中师生进入自主学习角色

课堂教学改革是实施新课标的重要基点。现代社会要求年轻一代具有较强的社会适应能力，并能从多种渠道获得稳定与不稳定、静止与变化的各种知识。传统的教学模式是教师在课堂上讲课，布置家庭作业，让学生回家练习；而翻转课堂教学模式是学生在教师的指导下，通过积极参与教学实践活动来完成知识的学习。课堂变成了师生之间和学生之间互动的场所。由此可见，面对常规的每一节课，面对基础不一的每一个学生，面对每一个新的知识点和每一个学生不同的需求，打造翻转教学模式下以学生为中心的高效课堂教学就显得十分重要。

一、云计算支持下的教学模式诉求

随着现代信息技术的迅猛发展，网络技术在教育中的应用日益广泛和深入，特别是 Internet 与校园网的接轨，为学校教育提供了丰富的资源，使网络教学真正成为现实，为有效实施素质教育搭建了平台，并有力地推进了新课程改革。现代信息技术的发展在为创新人才的培养提出挑战的同时也提供了机遇。教育部《基础教育课程改革纲要（试行）》明确提出："要大力推进现代信息技术在教育过程中的普遍应用，促进现代信息技术与学科课程的整合"。而运用现代信息技术的教学具有"多信息、高密度、快节奏、大容量"的特点，其所提供的数字化学习环境，是一种非常有前途的个性化教育组织形式，可以超越时间和空间的限制，使教学变得灵活、多变和有效。处在教育第一线的我们，必须加强对现代化教育技术前沿问题的研究，努力探究如何运用现代信息技术，尤其是在课堂上将基于现代信息技术条件下的多媒体、计算机网络与学科课程整合，创新教学模式、教学方法，更好地激发学生的学习兴趣，调动其积极性，使课堂教学活动多样化、趣味化、生动活泼、轻松愉快，提高教学效率。

无线网络为我们提供了移动学习的基础设施，移动学习可解决传统教学时空受限的问题，可实现教与学随时随地进行，可开展"Anyone""Anytime""Anywhere""Anystyle"的 4A 学习模式。大数据为客观评价学习效果及教学质量、科学实施因材施教等指出了方向。慕课与翻转课堂已成为信息化环境下教与学模式研究的热点。但如何构建基于无线网络和大数据，吸收慕课和翻转课堂的优点，又结合我国基础教育班级授课制实际的课堂教学支撑平台呢？为此，我们根据需要设计并构建了云课堂教学模式。

云课堂包含的角色有学生、教师和管理员，他们都可通过 Web 或者 iPad（或其他平板电脑）与服务器交互，实现所需的功能，如出题、出卷、布置作业、考试、做题、批改作业等。Web 浏览器与服务器交互主要是给管理员和教师提供图形用户接口，以方便其使用电脑进行系统的管理工作，如系统参数设置、用户管理、题库管理、试卷管理、考试管理和教学质量分析等相关功能。平板电脑与服务器交互可为所有角色服务：管理员可以了解指定教师和班级的情况；教师可以实现实时出题、出卷、布置作业、批改作业、改卷、查询学生学习情况等；学生可以实现实时学习、考试、练习等功能。

以云课堂为核心，我们还设计了"四课型"渐进式自主学习方式。其基本模式是先学、精讲、后测、再学：教师提前通过学生学习的支持服务系统向每个学生发送资源包，包括导学案、课件、测试题及有关学习资源（包括微视频等）；学生参考资源包，依据课本进行预习自学，并记录问题或疑问；学生通过平板电脑或其他媒介展示反馈学习成果，或通过学生学习支持服务系统进行前测，通过测试展示学习成果或问题；对反馈回来的重难点内容可由学生或教师进行点拨，在充分质疑、交流的基础上进行归纳总结（教师与学生互动）；最后通过学习平台进行练习评价课，系统自动统计测试成绩并对其进行分析，之后由学生、教师或系统进行讲评。

这种课堂教学支撑平台支持下的课堂教学可满足以下诉求：第一，满足课堂教学的要求。慕课和翻转课堂无法支持课堂教学的各方面要求，而云课堂可支持课堂教学的各个环节，包括备课、上课、提问、课堂练习、单元测验、考试、学生评价等，并具有可操作性和方便性。第二，可随时随地组织课堂教学。慕课授课形式具有局限性，翻转课堂不能实时地进行课堂教学，云课堂则在无线网络的支持下，可以不限时间和地点地组织课堂教学。第三，支持各种形式的教学模式，其中包括慕课模式和翻转课堂模式。第四，支持因材施教。基于大数据，云课堂可以自动或人工地获取教学行为、学习行为等数据，建立评价体系和数据挖掘模型，客观评价学习效果、教学效果、学生分析等，从而根据这些数据和评价信息，实施因材施教。第五，支持教学资源开放、共享。原则上，云课堂支持各种形式的教学模式和学习方式。

二、云课堂中师生的自主学习角色

（一）学生角色

学生进入云课堂后会看到自己未完成的任务，其中包括教师发布的考试、作业和学习资源；能够查看自己制定的学习任务，如查看学习资源和错题练习等；系统会根据学习曲线算法在适当的时间给学生布置相应的学习任务，如学生长时间没有复习和练习某个知识点时，系统会将相应的学习资源和练习推送给学生进行复习和练习。

学生可以查看自己最近一段时间的学习记录，及时了解自己的学习情况。学习记录中包括最近学习了哪些资源以及学习每一种资源所用的时间、测试情况的反馈，包括每一个知识点测试题目的数量、正确率等信息。平时考试、做作业会产生错题，利用好这些错题可以有效提高学习效率。学生可以利用云课堂的"错题本"功能，根据时间顺序（倒序）、试题错误次数（倒序）、知识点归类和随机这几种方式查询最近的错题，每一道错题都可以进行即时练习，每一次练习都自动存入系统，并根据结果的对错调整该错题的权重。同时，系统可以自动推送与某道错题相关的知识点和学习资源，以方便学生进行针对性的学习（因材施教）。另外，云课堂的考试、作业功能可以根据学生的学习记录自动剔除学生已经牢牢掌握的试题，从而缩短学生的学习时间，提高其学习效率。学生可自主地在题库中以随机（由系统根据算法进行预筛选）或指定筛选条件等多种方式抽取试题来进行学习。系统会根据学生的特点推送与掌握不好的知识点相关的试题供学生进行练习（缩短学习时间）。同时，系统可根据高分学生的学习记录，推送这部分学生的学习资源和练习题供当前登录的学生进行练习，并根据练习题的测试情况调整推送参数，以探索最适合该学生的学习模式。针对每个学生的不同学习特点，系统能够对学习资源进行有效分类从而将知识点和学习资源建立网络结构，并根据教师指定的难度和实际测试过程中形成的难度数据建立分层结构（海量资源分类）。

（二）教师角色

教师可利用平板电脑或其他方式出题，同时指定试题的属性，如关联的知识点、体现的能力和难度系数等。对于试题的难度系数，系统可以根据学生答题的情况计算出来，自动将错误率较高的题目推送给教师并给出相应建议，从而优化题库。为了提高教学效率及资源利用率，系统可以统计每个资源的使用情况，包括学习次数和时间等，并针对使用过于频繁或者过少的资源推送通知。同时，系统还可以监控学生学习指定资源的情况，包括近期学了哪些资源、投入时间如何、成绩如何等，从而更准确地了解学生的学习情况，提高课堂教学效率。

教师可以通过考试系统发布随堂练习，及时查看学生对学习的掌握程度，以便当堂解决学生在本节课学习中存在的问题。考试系统可以根据历史数据，对试题库中的试题进行预筛选，剔除正确率非常高、近期出现频率过高的试题，同时将错误率过高、近期很少出现的试题前置显示，为教师提供更多的建议，从而提高出题质量，实现因材施教。在体现个性化教学方面，系统中的学生学习情况查询功能可以使教师了解学生的整体情况，包括错误率较高的知识点和题目；同时，将查询到的数据与相应学生学习资源的时间投入情况进行对应，以协助教师分析学生失分的原因；还可以针对指定学生，了解其最近的学习档案和考试、练习情况，包括其薄弱知识点、资源学习的盲区等，以便针对个体给出个性化的学习建议。

三、营造师生及生生互动的学习空间

(一) 师生、生生互动

云课堂采用先学、精讲、后测、再学，并有教师参与的教学模式。在云课堂中，教师根据学科类型、知识点特点、学生特点、教学目标与教学内容等，可采用灵活多样的教学方式，并且系统可自动记录学生行为和教师行为的数据。

教师根据系统提供的数据可以了解每一个学生的学习情况，学生也可以通过"点赞"或"不赞成"，"笑脸"或"哭脸"等方式对某知识点的学习心情、学习效果、教师讲解等情况做出直观的回应。学生之间可以针对某知识点的学习进行竞争学习，教师和学生之间可针对某知识点发起话题讨论等，在课堂教学中实现师生、生生互动。更重要的是，这样可采集到用于学生分析和管理的真实数据。

(二) 个性化学习

在课堂教学中，虽然学生是在教师的安排下进行有序学习，但课上时间主要集中在教师对疑难问题的解答或教学内容的精讲上。而那些在课上没学会或缺课的学生，则可以在课外登录云课堂，自主学习与在课堂教学中相同的内容。在课外，系统会根据每位学生的学习路径和近期的学习情况，针对教学过程中的重难点和每位学生学习过程中的错误点进行个性化推荐。根据系统记录的学生错误试题的数据，教师也可以进行个性化指导。

(三) 学习轨迹与成长记录

云课堂可以详细记录学员的学习过程和学习习惯等相关数据，再加上教师的指导，更能充分发挥这些数据的作用。

第二节 云计算网络移动自主课堂的改革突破

云课堂是基于无线网构建的课堂教学支撑平台，它充分吸收了无线互联的优势，教师可根据教学目标、教学内容、教学方法等，利用教学资源支持备课、上课等教学环节，并建立知识点之间的内在联系。

一、构建自主学习的移动课堂

自主学习（意义学习）是相对于被动学习（机械学习、他主学习）而言的，它是指教学条件下学生的高质量的学习。概括地说，自主学习就是自我导向、自我激励、自我监控的学习。学生可以明确提出课前自学，并提出疑问。教师可在课堂上引导学生进行分组讨论，解决问题，对于一些共性问题进行点拨。

我们要强调自主学习、合作学习、探究学习，要把所有学生的学习都提高到自主学习的高度。自主学习就是学生自我导向（明确学习的目标）、自我激励（有感情地投入）、自我监控（发展学生的学习策略和思考策略）的过程。作为教学的一个目标，应通过解决具体真实的问题来更好地明确解决问题所依据的原理。让学生能够把这一原理应用到更广泛的情境中去。原有的试图说服学生、命令学生、简单重复已有的正确结论的学习方式不仅禁锢了学生的思想，剥夺了学生质疑的权利，更压抑了学生的创造潜能。

自主学习具有以下几个方面的特征：学习者参与确定对自己有意义的学习目标，自己制定学习进度，参与设计评价指标；学习者积极发展各种思考策略和学习策略，在解决问题的过程中学习；学习者在学习过程中有情感的投入，学习过程有内在动力的支持，能从学习中获得积极的情感体验；学习者在学习过程中对认知活动能够进行自我监控，并做出相应的调适。

自主就是尊重学生学习过程中的自主性、独立性，在学习的内容上、时间上、进度上更多地给予学生自主支配的机会，给学生以自主判断、自主选择和自主承担的机会。过去的课堂是教师主导学生学什么、什么时间学，学生始终处于被动状态，这种过度控制压抑了学生学习的兴趣和在学习过程中的美好体验。自主学习可以有效地促进学生发展，大量的观察和研究充分证明，只有在此种情况下，学生的学习才会是真正有效的学习。学生会感觉到别人在关心他们，对他们正在学习的内容很好奇，同时也会积极地参与到学习过程中，在任务完成并得到适当的反馈后，他们看到了成功的机会，也对正在学习的东西更加感兴趣并觉得富有挑战性，感觉到他们正在做有意义的事情。例如，弗莱明发现青霉素的过程，反映了自主学习及时发现问题、提出问题、解决问题的过程。

1928年底的一天，弗莱明和他的同事在实验室闲聊，突然发现一只原本培养金黄色葡萄球菌的培养皿出现了一圈清晰的环状带，于是提出了"为什么霉菌周围的金黄色葡萄球菌消失了呢""是不是在霉菌中存在一种物质可以杀死葡萄球菌"的问题，他带着问题继续研究，终于制成具有杀菌力的青霉素。这说明科学的发现，需要多问几个为什么。要促进学生的自主发展，就必须最大限度地创设让学生参与到自主学习中来的情境与氛围。

二、构建合作学习的移动课堂

合作是对教学条件下学习的组织形式而言的，相对的是"个体学习"与"竞争学习"，是学生之间和师生之间的互动合作、平等交流。在合作学习中，学生不再是孤立的学习者，而是愿意与同伴一起合作学习，与人分享学习与生活中的失败与成功的体验者。合作是一种开放的交流。培养学生合作的品质，可使学生乐于与他人打交道，这是培养人的亲和力的基础。合作学习是学生在小组或团队中为了完成共同的任务，有明确的责任分工的互助性学习。它有以下几个方面的要素：积极承担在完成共同任务中个人的责任；积极地相互支持、配合，特别是在面对面的促进性的互动中；期望所有学生能进行有效的沟通，建立并维护小组成员之间的相互信任，有效地解决组内冲突；对于个人完成的任务进行小组加工；对共同活动的成效进行评估，寻求提高其有效性的途径。

合作动机和个人责任是合作学习产生良好教学效果的关键。合作学习将个人之间的竞争转化为小组之间的竞争。如果学生长期处于个体的、竞争的学习状态之中，久而久之，学生就很可能变得冷漠、自私、狭隘和孤僻，而合作学习既有助于培养学生合作的精神、团队的意识和集体的观念，又有助于培养学生的竞争意识与竞争能力；合作学习还有助于因材施教，可以弥补一个教师难以面向有差异的众多学生教学的不足，从而真正实现使每个学生都得到发展的目标。在合作学习的过程中，由于有学习者的积极参与、高密度的交互作用和积极的自我概念，因而教学过程远远不只是一个认知的过程，同时还是一个交往与审美的过程。

研究表明，如果学校强调的是合作，而非竞争，既不按智力水平分班，又不采取体罚的措施，那么在这样的学校里就不太会发生以大欺小、打架斗殴以及违法犯罪等事件。事实证明，要提高一个孩子的学习成绩，更有效的办法是促进他的情感和社会意识方面的发育，而不是单纯地集中力量猛抓他的学习。合作学习可以帮助学生通过共同工作来实践其社会技能。合作式的小组学习活动可以培养学生的领导意识、社会技能和民主价值观。

三、构建探究学习的移动课堂

"把课堂还给学生"即教师要积极地在课堂上开展探究式教学，让学生不仅知其然，还要知其所以然。探究教学的含义是：在教学过程中以具有教育性、创造性、实践性、操作性的学生主体参与活动为主要形式，以鼓励学生主动参与、主动探究、主动思考、主动实践为基本特征，以教师合理的、有效的引导为前提，以实现学生各方面能力的综合发展为目的，促进学生整体素质的全面发展。

与探究学习相对的是接受学习。接受学习是指将学习内容直接呈现给学习者，而在探究学习中学习内容是以问题的形式来呈现的。和接受学习相比，探究学习具有更强的问题性、实践性、参与性和开放性。通过探究过程以获得理智和情感的体验、建构知识、掌握解决问题的方法，这是探究学习要达到的三个目标。"记录在纸上的思想就如同某人留在沙上的脚印，我们也许能看到他走过的路，但若想知道他在路上看见了什么东西，就必须用我们自己的眼睛。"德国哲学家叔本华的这番话很好地道出了探究学习的重要价值。探究学习也有助于发展学生优秀的智慧品质，如热爱和珍惜学习的机会，尊重事实、客观、审慎地对待批判性思维，理解、谦虚地接受自己的不足，关注美好的事物等。

探究创新就意味着不故步自封、不因循守旧、不墨守成规，总是试着改变，所以创新、探究和发展是健康人格的重要组成部分。缺乏创新意识和能力的人的人格是不完善的，一个自我实现的人总是带有开拓进取、勇于冒险的精神，不会固守不变的东西得过且过。探究学习即从学科领域或现实社会生活中选择和确定研究主题，在教学中创设一种类似于学术（或科学）研究的情境，学生通过自主、独立地发现问题、实验、操作、调查、信息搜集、处理表达与交流等探索活动，获得知识、技能，发展情感与态度，特别是在探索精神和创新能力方面开发学习方式和学习过程。

中学探究性教学过程：启发引导—自主研究—讨论深化—归纳总结—应用创新。这种探究学习教学的基本思路是，先明确学习目标，带着问题去学习探索新知识，可通过预习列出知识框架并找出疑难点，然后查找资料，尽可能地先解决此时所发现的疑难点。在课堂上，教师要走下讲台，到学生中间去，当好"导演"，要调动好课堂气氛，让学生在课堂上有问题提、有问题探究，有问题通过小组合作来解决；要允许学生发表不同的观点，教师只在一些科学性的问题上给予明确答案，适时进行点拨指导，如果学生提不出问题，教师就要事先准备好有探究性的问题，不同类型的内容有不同的探究方法，如有对新的知识点的探究，有对概念间的区别的探究，有对科学家研究问题思路的探究，有探究性实验的设计，有探究性问题的资料研究，有对照实验设计的探究，有对实习、实践等问题的探究等。总之，新课程教学要真正体现把学习知识的主动权交给学生，那种靠教师唱独角戏，采取满堂灌或满堂问的做法都不能适应新课程改革的需要。

四、教师落实移动课堂的教学模式

教师走下讲台，创造活跃的课堂氛围，可以使学生迅速进入情绪高昂、智力振奋的内心状态，从而有效地促进学生思维方式以及思维过程中能力的迁移，达到培养学生联想类比能力的目的。这就是"激趣—探究"教学，其基本模式为：激发兴趣—提出问题，做出假设；设计方案—分组实验，合作探究；分析数据—发现规律；综合考虑—得出结论。这使课堂真正成为一种民主、和谐、共进的平台，最大限度地提高了学习的自由度。这种教学模式改变了师生在课堂中的角色定位，使学生成为课堂的主角，使教师担当了"导演"，通过教师的"导"，让课堂成为一个真正的"学习共同体"；使教师与学生能够分享彼此的思考、经验和知识，交流彼此的情感、体验和观念，共同创建一个"合作型的课堂"；使师生在合作的过程中都能有所收获，真正实现师生的共同发展；使教学从"主体失落"走向自身觉醒，教学觉醒意味着教学主体的回归，教学觉醒意味着教学过程是一种对话；使学生从边缘进入中心，这种教学模式需要重视学生的多元化，需要教学回归到学生的现实生活。

关注学生作为"整体的人"的发展,是指"为了每位学生的发展,让每一位学生都自信,使每一位学生都成功",就要谋求学生智力与人格的协调发展。倡导个性化的知识生成方式,是指学校教学应促进学生发现和创造的兴趣,满足学生主动认识世界的愿望,使学生形成独立思维的习惯以及终身学习的能力。我们所处的时代是一个知识激增的时代,知识浩瀚无边,教师所能教给学生的只是知识总量中极少的一部分。学生只有通过自己主动地探究学习,才能形成对自然界客观的、逐步深入的认识,形成一定的概念和概念体系。变"组织教学"为"动机激发",变"讲授知识"为"主动求知",变"巩固知识"为"自我表现",变"运用知识"为"实践创新",变"检查知识"为"互相交流"

第三节 构建网络移动自主课堂教学的重要性

网络移动自主课堂是对传统课堂的变革,是在优秀教师的指导下,先学后教的课堂教学模式。它以发挥学生参与性与主动性为目标,充分尊重学生各方面的差异,注重学生个性发展;它在知识高效传送的基础上,推动课堂教学从"知识导向"向"综合素质导向"转变。

一、网络移动自主课堂的价值定位

网络移动自主课堂,是利用当前多媒体技术的条件和大数据分析的优势,为改变学生学习方式和教师教学方式所做的一种教学改革尝试。它是指把由教师重复讲授的内容,如概念讲解和事实展示等放在课堂教学之前,通过视频或其他形式来供学生学习,从而让学生学习更加主动,让学生逐步学会对自己的学习负责。同时,在当前信息化的社会背景下,网络移动自主课堂可以充分利用多媒体技术,实现教与学的及时互动与信息反馈,把握学生的个体差异,强化教育教学的针对性,使学生的个性发展尽可能地得到满足,尝试为班级授课制背景下学生的个性化学习提供可能和载体;它使学生在课后高效学习的基础上,能够更加充分地利用课堂上的宝贵时间,用于学生完成作业、合作学习、动手操作、探究创造等,实现从"知识导向"向"知识与能力融合","认知导向"向"认知与情感统一"的转变。

（一）网络移动自主课堂的指向—让学生对自己的学习负责

从事网络移动自主课堂的研究者和实践者一再强调，让每个学生自己而不是教师和家长对学生的学习承担责任。个体终究要独立面对社会，处理各种复杂的社会问题。培养个体的自主自立意识和能力，既是一个社会问题，更是一个教育问题。在基础教育阶段，如何培养学生的自主学习能力，让学生自己而不是教师和家长对其学习负责，是学生学习成功的关键所在。当然，学生自主学习意识的培养、自主学习能力的养成都很难自然形成，需要教师和家长共同培养和教育。

在我国，学生的自主学习能力同样受到教育者的关注。有学者曾提出学生学习的"三个当家"的理论，即自己当家、他人当家、无人当家。在其他条件相似的情况下，如果孩子能对自己的学习负责，能自己当家，其学习以及今后的发展一般都比较好，在今后的社会生活中抗挫折的能力也较强；如果是教师和家长等他人为孩子的学习"当家"，其学习有的也不差，但是在未来的生活中，他们依赖性较强，独立性较弱；如果没有人为孩子的学习"当家"，在大多数情况下，这些孩子学习不会好，在未来生活中也会产生各种问题。这一事实表明了孩子自主学习意识和能力的重要性。

然而，在一家只有一个孩子的情况下，家长对孩子生活的过度关照、教育的激烈竞争导致的学校对孩子学习的过度安排，使不少的孩子很少有机会发展其自主的意识和能力，这对其在校学习、在社会中生存等都不利。如何培养孩子的自主学习意识和能力，已成为全球教育者共同关心的重要课题。

网络移动自主课堂作为一种"先学后教"的模式，在促进学生自主当家方面有着天然的优势。这一优势表现为：自定进度与步骤的自主学习方式有效地减轻了学生的心理负担，增强了学生主动参与讨论的积极性。

在班级授课制的情况下，教师在课堂上无法面对个别学生进行讲授，这样就会出现在部分学生并没充分掌握相关学习内容的情况下，教师已完成了他的授课任务。一句"大家都懂了吗"，似乎在提示不懂的学生可以提问（只要有学生提出问题，教师也是愿意为其做出进一步指导的），然而现实往往是，在课堂上很少有学生会经常地提出问题，因为他们害怕被别的同学认为自己比别人笨。

在微视频学习的基础上，学生初步掌握了基本的知识，他们在课堂上感到自己有话可说，有话能说，由此，在课堂讨论中的参与性就得到了极大地提高。

心理学的研究表明，人的任何行为都是由其动机所推动的。这种动机有时是内部的，譬如对阅读本身的喜欢、对探究知识的兴趣、对实验过程的好奇等，但是对学生尤其是低年级的学生而言，学习的动机更多是外部的：学得好就有更多机会在同学面前展示，就有机会教自己的同伴；学得好就能够得到教师的表扬、家长的鼓励、同学的赞扬等。网络移动自主课堂给了学生展示自己的舞台，这无疑对学习自主性的增强有着极大的意义。这是他们迈向自己对学习负责、自己对未来生活负责的第一步，其意义绝不能低估。

很多人都担心：中小学生中不乏一批自律性还不是很高的孩子，课后学生不学微视频怎么办？回到家中，手中拿着平板电脑，学生只玩游戏，不学课程怎么办？其实，这些问题就像我们现在问"学生回家不做作业怎么办"一样。微视频的学习要比做作业更"好玩"，更适合学生的"玩"的天性，因此，它要比作业更能吸引孩子，在这一判断的基础上，可以合理地假定，课后不学微视频孩子的比例不会超过不做作业的孩子。

当然，可以肯定地说，在任何时候都会有一些孩子抵挡不住外界的诱惑，出于贪玩的本性，课后不学微视频，或借学习的名义在网上玩游戏等。现代数字技术已经发展到了可以实时了解学生在线学习情况的程度，因此，就为家长与教师实时干预学生的学习，或者帮助学生树立良好的学习习惯提供了技术的支撑。

事实表明，孩子贪玩并不可怕，因为贪玩是孩子的天性。对教育而言，可怕的是让学习成为可怕的事。而网络移动自主课堂旨在转变这种状态，让学生喜欢学习，让学生发自内心地感到学习是自己的事，而不是为了应付家长与学校的布置的作业，最终让学生能对自己的学习负责。

（二）网络移动自主课堂的目标—让每个学生成为最好的自己

客观地说，现行的课堂是在历史发展过程中形成的，与特定的历史阶段相匹配，它有着极大的合理性。然而，随着社会的发展，人们对教育的要求越来越高，它的一些弱点也逐步地显现了出来。

1. 整齐划一的教学步骤

在班级授课的模式下，面对着数十个学生，教师很难照顾到学生的个体差异。教师只能以大体相同的教学进度来面对各不相同的孩子。然而每个孩子都是独特的主体，智能发展、人格倾向、个人喜好都有所不同，教师的教学活动一般都很难照顾到个体之间的差别。一种教学方式适应一部分学生，另一部分学生可能感到无所适从。课堂中以教师的教为主，学生学习被动，学生学习什么、如何学习、什么时候学习、学到什么程度等，都是被规定好的，学生只有被动地按照教师设计的轨道前进。

然而，每个学生都是独特的个体，有着不同的学习速度和学习风格。一个班级内，对于同一内容，有的学生很快学会了，有的学生可能需要花费更多的时间才能学会；有的学生喜欢听讲的方式，有的学生可能喜欢看演示的方式，还有的学生可能需要亲自动手操作才能学会；一个学生学习数学很轻松，但是写作文就很吃力，另一个学生正好与此相反；有的学生喜欢分析各种物理现象，还有的学生擅长手工实践等。

在传统的班级授课制的教学方式下，教师按照相同的课程标准、同一本教材、同样的学习时间、同样的教学方式，来面对这些学习有个性差异的学生。显然，有的学生很快学会了，觉得教师再讲解就得很啰唆；有的学生刚好学会；还有的学生跟不上教师的节奏，没有完全弄明白教师说的内容。下课时间到了，教师离开教室。课程进展到同一程度，留下了同样的作业，学会的学生作业很快完成了；学得不好的学生会一直困惑。第二天，延续同样的模式，困惑的学生会越来越困惑。教学的实践表明，只有学生每一步的发展得到保障，学生最终的成才才能得到保障。对绝大多数后进生来说，他们在学业上的落后并非天生的，而是在学习过程中慢慢积累的。今天的学习比别人差一步，明天的学习再差一步，长此以往，"欠债"越来越多，无从补起。

其实，按照布卢姆的观点，后进生和其他学生的差别，就在于他们学习同一内容所需的时间更长，如果时间允许，再加上有适合他们的学习材料，95%的学生都可以达到掌握的程度。

2. 相对滞后的教学反馈

教师夹着厚厚一摞作业本走进教室，课后又带着一摞学生新交的作业本走出教室，这是目前我们在学校最常见的情景。如前所述，作业是学生巩固所学知识的重要手段，也是教师了解学生日常学习情况的主要途径。教师在课堂上布置作业，学生在课后完成作业，教师从学生完成的作业中了解他们学习的情况，这是当前教学的常态。师生们已经习惯了这样的教学反馈模式。然而，事实上，当教师在隔了一堂课后即使准确地了解了学生学习的情况，也已经很难在课堂上及时并有针对性地采取补救的教学措施。

与此同时，教师批改作业也已成了很大的负担，以致出现了一些教师采取抽查作业甚至让学生互批作业的情况。客观上这已使作业失去了教学反馈的功能，只有在学生学业上的问题积累到了一定程度后，教师才能发现他们存在的问题。也就是说，教学反馈的相对滞后在相当程度上影响了教学质量的提高。

3. 多数沉默的互动现实

为改变课堂教学中学生被动接受的现状，近年来，不少学者和教师做出了诸多探索和不懈努力，如减少班级规模，尝试班级内的同伴互助、小组合作等策略都是这方面的探索。在实践过程中，这些措施都取得了一定的积极成效，但是在教学流程不变的情况下，其效果注定都是有限的。

在大班授课的情况下，人们看到，在班级互动环节中，比较活跃的总是那么几个"尖子"学生，他们思维敏捷，性格开朗，在师生互动中积极带头；而另一批学生往往成了"沉默的多数"，他们或者很少发言，或者只是在被教师点名以后才发言，或者跟在"尖子"学生后面发言，他们担心自己对教学内容理解不深、掌握不透，因而发言水平不高，有可能被教师和同学小看。长此以往，就造成了班级内的成绩分化。

4. 让每个学生成为最好的自己

如何让教学顺应学生的差异，从而为每个学生的充分发展提供指导和帮助，一直困扰着全球的教育工作者。网络移动自主课堂让每个学生成为最好的自己成为可能。

首先，"先学后教"的模式为在教学过程中给每个学生提供公平的机会创造了条件。学生的差异是客观存在的，然而，作为一种"先学后教"的模式学生在课下就已经掌握了基本的知识，尽管他们掌握这些知识所花费的时间，以及所采用的方式可能各不一样，但是，由此他们就有了在课堂讨论中的发言权，他们就不再甘心于充当"沉默的多数"这样的角色，他们也要在班级各种活动中积极参与，找回自信。

此外，及时而非滞后的反馈使得教师极大地提高了教学的针对性，而无须等到问题成堆以后再去解决。对于少数学生的个别问题，现代数字技术能够方便地找出其存在的原因，从而使得这些个别问题也能得以解决。

多种途径的学习为不同思维类型的学生找到适合自己学习的方式提供了更多选择的机会。凯特林·塔克（CatlinTucker）在以"网络移动自主课堂：超越视频学习"为题的论文中指出："慕课学习和网络移动自主课堂的魅力在于，它让人们意识到了学习可以有多种媒介和途径，而不仅仅是在课堂内。事实上，一段在线教学内容，人们可以找到多种表述方式的视频，张教师的没看懂，可以再换李教师的，学生总能找到一段适合自己的。""不让一个学生掉队，让每个学生成为最好的自己"就是网络移动自主课堂的目标。

（三）网络移动自主课堂的追求—让教育从知识本位走向综合素质本位

所谓综合素质，当然包含学生的认知、情感与身体各方面的素质。所谓教育从知识本位走向综合素质本位，也就是说教育要从以往只注重知识的掌握，走向也要注重学生能力—主要是学生高级思维能力的发展，同时更要注重学生态度、情感、价值观的养成，注重学生身体与心理的健康。从知识本位走向综合素质本位，是社会发展对教育的要求。重视学生综合素质的培养，尤其是价值观的养成，是基础教育阶段自始至终的重要任务，并在当前越来越受到世界各国的重视。2012年9月，联合国总部启动了《教育第一》的全球倡议行动，倡议指出，教育应充分发挥其培育为人之道的核心作用，培养全球公民意识，帮助人们构建更公平、和谐和包容的社会；在教育内容上更加强调价值观的培养。对社会发展的研究表明，人才培养目标至少应该包括以下几个方面。

1. 国际视野与本土情怀的融合

《国家中长期教育改革与发展规划纲要（2010—2020年）》(以下简称《纲要》)特别强调了教育的国际化，这是非常重要的。现代人需要有国际视野，要懂得国际社会，要理解各国文化，通晓国际规则，适应国际竞争，能在国际舞台上贡献自己的一分力量。

与此同时，我们不能忘记，在让学生有国际视野时，还要让他们爱家乡、爱土地、爱祖国。国际化并不是把更多的孩子送出国，或者使更多的孩子在学期间有更多的国际交流的机会。爱国是社会主义也是中华民族的核心价值观之一。国际视野与本土情怀的融合就是要让孩子热爱祖国、热爱家庭、热爱父母，这几项缺一不可。一个人如果对家庭都不热爱，对家乡都不热爱，就很难有什么东西再值得他热爱了。

2. 精英素质与平民意识的结合

一些优质学校提出，要培养各行各业的领袖人才，当然，这里所说的"领袖人才"不一定是政界的领袖，可能是n界的领袖，引领n技术的发展；可能是物流界的领袖，引领物流业的发展；可能是商贸界的领袖，带动商贸界品质的提升。

中国的发展呼唤在每个行业的国际竞争中都能涌现出领袖级的人。社会需要这批精英，他们能为社会带来财富，创造财富。但是千万不要忘记，这些精英一定要有"平民"的意识，要培养他们理解创造财富是为了解决民生，是为了服务大众，是为了每个百姓；要使他们能够关注社会中的弱势群体。那些高高在上、整天在炫富的"精英"不是我们教育的追求。为此，我们要特别强调把"精英素质"和"平民意识"结合起来，否则这些所谓的"精英"可能是飞扬跋扈的，他们最终也会被社会所抛弃。

3. 科技能力与人文素养的统一

没有科技的进步就没有经济和社会的发展，就不可能有产业的提升和转型。因此，我们培养的人才还需要有人文素养，有人文关怀，能够始终从人性出发，从而以高质量的人文素养把握科技发展的方向。唯有如此，我们的社会才有可能持续地发展，我们的地球才有可能持续地成为人类栖息的家园。

现在社会发展在很大程度上是依赖于高科技的。为此，学校要让学生懂得科学，懂得技术，这样他们才能为社会创造财富。但是客观地说，相比较而言，当今社会的人们对科学技术重视有余，而对人文精神敬慕不足。所以我们要珍惜生命、关爱他人，要有人文的情怀、人文的素养。所谓人文情怀，就是要关注生命的意义、生命的价值，学会相互理解，懂得包容和谐。

4. 身体发展与心理健康的和谐

身体健康是当前几乎全社会都给予了高度关注的问题。《纲要》提出，中小学生每天要锻炼一小时，《纲要》是一个很宏观的文件却把这么细小的一个点写进去，可见这个问题的严重性，值得教育工作者反思。

我们发现，那些最关心、最疼爱学生的父母和教师都在想方设法地把各种学习负担加给学生。因为他们相信，只有多学点知识，他们的孩子才会有更美好的未来，让孩子多学点知识，这是对孩子前途负责的唯一选择。

应当承认，家长在这一问题上的选择有非常理性的一面。从家长方面来说，他们看到了未来社会的竞争将日趋激烈，同时，他们对孩子的期望也在不断提高。家长对未来社会的竞争将日趋激烈的预期，应当说是基本正确的，对孩子的期望不断提高也是无可指责的。因为教育在客观上存在着选拔的功能。从某种意义来说，通过教育来选拔人才是最公正的选拔。通过教育来选拔人才从本质上来说，是根据人的能力来选拔，它比起根据家长的社会地位和经济地位来选拔要公正得多。它推动了社会的进步和文明的发展。成年人喜欢把今天学生在课堂上的学习看作是为了未来生活的准备，并提出所谓的"痛苦的童年是未来幸福人生的必要牺牲"，而事实上，学生的学习生活是其人生的重要组成部分，而童年只占了很少的一部分。学生接受现代教育，如果到高中毕业就已经在学校中度过了12年的时间，再到本科毕业需要16年时间，如果博士毕业则需要长达22~23年的时间。这部分的时间是人生重要的组成部分。如果学习是痛苦的会对学生未来的人生产生一辈子的影响，甚至有可能造成他们出现反常行为和反社会的倾向。过重的学习负担不仅会使学生失去童年的乐趣，影响他们身体的发展，造成他们心理的压抑和思维与创新精神的下降，严重的还会表现在社会中行为的失常。

当然，总体而言学习总是艰苦的，为此，我们要鼓励学生为了社会的发展，为了他们自身人生价值的实现，在今天要努力地学习，要鼓励他们有克服各种学习困难的毅力与勇气。但是，当学习成为一种折磨，而这种折磨超出了学生心理承受能力的时候，作为社会、家长和教育工作者，难道我们不需要认真考虑：我们让学生付出的代价是否太大，是否值得？尤其是，当学习的量超出了学生心理的承受能力，而致使学生表现出一些反常的行为的时候，我们有没有思考过社会为此付出的代价是否太大，是否值得，是否有可能减少不必要的代价。

  从这一事实出发，我们对家长和教师的建议是：千万别逼你的孩子或你的学生去学超出他能力的，或他不愿去学的东西。每个孩子都是不一样的。人家孩子能做到的，你的孩子未必能做到；人家孩子能学好的，你的孩子未必能学好。当然，你的孩子能做到的，人家孩子也未必能做到；你的孩子能学好的，人家孩子也未必能学好。最好的学习，是和你的孩子或学生兴趣相配的学习。学习不能只考虑学生的兴趣，也不能不考虑学生的兴趣。看到人家孩子在哪一方面成功了，就希望自己的孩子在这方面也能成功，不从孩子的实际出发，往往是教育失败的开始。

  5. 鲜明个性和团队意识的协调

  没有个性就没有创造。每个人都应该有自己的个性。你是你，我是我，人家一看就知道。然而，不管人有什么个性，在现代社会中，都要讲团队、讲协作。所以，人们希望今天的教育所培养的孩子的个性是鲜明的，同时又是具有团队协作意识的，能在未来社会当中成为一个能够交流的、健康生活的人。重视知识的传递，一直是教师职业的重要表现。新课程改革虽明确提出对学生培养的三维目标—知识与技能、过程与方法、情感态度价值观，但由于受到当前考试评价体制的制约，过程与方法、情感态度价值观的内容很难在纸笔测试中体现出来，导致在当前的教学过程中，被师生所重视的依然主要是知识的记忆、理解和应用，而过程与方法、情感态度价值观的教育和培养处于被弱化的状态。

  有不少人一直心有疑虑：慕课是否适合于中小学教育？在他们看来，中小学是孩子们人生观、世界观与价值观形成的主要阶段，虚拟的网络世界阻断了师生，甚至阻断了生生之间的面对面的交往。这种交往的缺失，必然会导致学生在情感、态度、价值观方面教育的缺失。事实上，在中小学，慕课一开始就是以"微视频＋网络移动自主课堂"为基本的模式，而这一模式为师生与生生之间的更深入交流提供了充分的时间，为他们相互之间产生的更深刻的影响提供了难得的机会。

微视频学习是网络移动自主课堂实施的前提，而网络移动自主课堂的目的是为了解决微视频学习不能解决的问题，如师生和生生之间的讨论交流，以及在此过程中的思维碰撞与深化、情感与心灵的交融、理想信念价值观的确立等。而这些都是需要在课堂上完成的，微视频学习和网络移动自主课堂的实施是密不可分的。这一事实就决定了网络移动自主课堂不会削弱对中小学学生情感、态度、价值观的教育。

二、云计算对网络移动自主课堂教学的重要性分析

（一）有利于学生多元化地获取知识

科学技术的发展，尤其是信息技术的到来，已大大变革了学生的学习方式。电子白板、移动学习终端等学习工具、教学工具的推广和普及，改变了由教师作为单一的知识来源的局面。云课堂教学模式让学生获取的信息量更多，探索的空间更为宽广，可利用的学习形式更为丰富有趣，从而使学生的学习从单一向多元化转变，从被动学习变为主动学习，从而真正成为学习的主人。

（二）有利于激发学生学习的热情，增加师生的互动

在传统的教学中，如果教师不能用知识的疑点去吸引学生，用优美的语言去感染学生，课堂教学就会呈现教师"单脚跳独舞"的现象。随着时间的推移，学生听得枯燥乏味，教师讲久了自己也觉得没劲。云课堂教学模式最大的好处就是全面提升了课堂教学的互动性，教师的角色已经从"内容的呈现者"转变为"学习的教练"，教师有时间与学生交谈，回答学生的问题，或参与到学习小组观察学生之间的互动，对每个学生的学习进行个别指导。在这样的环境中，学生更深刻地体会到了教师是在引导他们的学习，而不是发布指令，也不会因怕答错问题而拘谨，而是轻松、自信、想学、有意义。

（三）有利于让学生掌握学习的主动性

每个学生的学习能力和兴趣是不同的。在传统课堂教学的方式中，最受教师关注的往往是看起来"最好"和"最聪明"的学生，他们在课堂上积极举手、响应或提出很棒的问题。而与此同时，其他学生则是被动地在听，甚至跟不上教师

讲解的进度，也无法真正实现分层教学。云课堂教学则利用教学视频，使学生能根据自身情况来安排和控制自己的学习深度，真正实现分层教学，每个学生都可以按自己的速度来学习。学生可以在课外或回家看教师的视频讲解，使得其学习完全可以在轻松的氛围中进行，而不必像在课堂上教师集体教学那样紧绷神经，担心遗漏什么，或因为分心而跟不上教学节奏。学生观看视频的节奏快慢全由自己掌握，懂了的则快进跳过，没懂的则倒退反复观看，也可停下来仔细思考或做笔记，甚至还可以通过聊天软件向教师和同学寻求帮助。

（四）有利于改变课堂管理模式

在传统教学课堂上，教师必须全神贯注地注意课堂上每个学生的动向，关注自己所讲的每一个知识是否讲清、讲透。大家都清楚，讲课不可能每一节都有趣，一旦知识较难或教师准备不充分，或一些学生稍有分心就会有跟不上的情况出现，学生就会感到无聊或搞小动作甚至影响其他人学习。实施云课堂教学模式，使每个学生都在忙于活动或小组协作，这样使缺乏学习兴趣而想搞乱课堂的学生也有事可做，"表演失去了观众"，课堂管理问题也就消失了。

（五）有利于让教师与家长深入交流

云课堂教学模式改变了教师与家长交流的内容。大家都记得，每次开家长会，父母问得最多的是自己孩子在课堂上的表现和成绩如何。比如，是否专心听讲，行为是否恭敬，是否举手回答问题，是否完成作业，等等。这些看起来很普通的问题，其实在那种情景回答起来却很片面、很笼统。而在实施云课堂教学后，在课堂上这些问题也不再是重要的问题，取而代之的是：孩子们是否在学习？如果他们不学习，家长能做些什么来帮助孩子学习呢？这些更深刻的问题会带领教师与家长商量如何把学生带到一个学习的环境，从而引导学生主动地去学习，帮助学生成为更好的学习者。

总之，经过云课堂教学后，教师有精力、有时间去获取新知识和新理念，以便不断丰富自己。这样在45分钟课堂上教师不再是满堂灌，而是用高度概括的语言把知识精要在学生最需要的时候讲给学生，课堂中更重视知识的生成过程，以及教会学生归纳概括的能力。这样便能做到有的放矢，真正做到讲课的高效、学习的高效、时间的高效、效果的高效。

（六）有利于转变传统的教学模式

在传统的教学过程中，以教师讲解和学生听讲为主，然而在这种传统的教学模式下，出现了教师很努力但是学生仍兴趣不高的现象，这样的课堂无法形成真正的师生互动，更无法形成真正的生生互动。并且在这种教学模式下，学生的学习兴趣很低，学习效率也很低，尤其是对于以科学和严谨著称的信息技术课程，很多学生的学习积极性本应该很高，但是在传统的教学模式下，必然有很大部分的学生不喜欢信息技术。

网络移动自主课堂教学模式将这种传统的课堂进行了一次翻转，使学生成了课堂的主体，使学生在教师的引导下进行合作探究、互相讨论，彼此之间能够协作竞争、互相提高，并且教师在教学的过程中，其教学水平和业务能力也会有很大提高。

（七）有利于营造个性化的学习环境

在传统的教学模式中，教师如果准备一堂课，理论上这堂课要顾及班级里各个学习层次的学生，而现实是受讲授时间等原因，这堂课的内容仅仅能适合其中一部分的学生，对于其他部分的学生是不合适的。在这样的情况下，新课改所倡导的分层次教学就无法得以实施。而网络移动自主课堂的出现就打破了这一僵局，它要求学生在课前充分地预习课本内容，这样预习课的学习时间就变长了，从而提高了教学效率，并且教师在上课的过程中，利用多种教学情境引导学生相互协作、积极探究，在触发学生学习能动性的同时内化了所学知识。这样的课堂适合于每一个学生，适合于每一个层次的学生，使他们能根据教师发放的学习任务书来达成自己的学习目标。

在利用网络移动自主课堂的时候，电脑的基础知识很重要，但是单纯的信息技术知识很枯燥，学生不喜欢学习这些电脑知识，所以教师可以通过网络移动自主课堂设置一些个性化的学习环境让学生去学习、去应用。比如现在的中学生对电脑游戏比较感兴趣，所以为了让学生能更好地学习电脑的基础知识，教师可以设置或选择一些有益于学习的小游戏，让学生进行通关式的学习，在通关的过程中，让学生学习电脑相关的硬件知识，这样不仅学生学得比较牢固，并且学生通过探索合作完成整个游戏也会提高继续学习的兴趣，在这个合作的过程中，学生的合作能力也有了显著的提高。

（八）有利于构建互动、协作、探究的学习模式

学习不是一个学生独立完成事情的过程，它需要教师与学生通过交流、互动来共同完成，在这个过程中学生完成了对知识的内化。但是在传统的课堂上，这种对知识的内化实现起来非常难，因为教师面对的是整体的学生，而网络移动自主课堂却将这一内化的过程拉长，学生不仅仅在课堂上可以通过学习得到知识，在课堂外也照样能够习得知识。并且网络移动自主课堂还可以利用多媒体及网络来实现教师授课的随时暂停、反复播放等有利于学生参与其中并且反复观看、揣摩、思考等行为的实施。并且网络移动自主课堂也能实现教师与学生、学生与学生之间的互动，使学生能够以合作探究小组的形式一起探究，最终达到学会的效果，并且能够灵活地进行知识的应用。

因此，在平时的教学过程中，教师应该专门建立一个学习、交流的平台，然后将自己制作的课件或者是攻克难点和重点的过程放在这个平台上，供学生下载学习，比如信息库的设计方式、如何发布信息和处理信息等。有了这个平台，学生就可以随时随地地学习、复习这些知识，即使有些学生在上课的过程中没有听懂这些内容，在课下自己学习和再复习的时候，也能慢慢地理解这些内容，这其实就是网络移动自主课堂的一种方式。

（九）有利于促进教学评价的改变

在传统的教学过程中，教学评价的方式简单而又直接，即利用考试成绩来评价学生的学习努力程度和学习态度，但这种方式有一定的局限性。自网络移动自主课堂实施以来，教学评价方式也发生了相应的转变，它不仅仅评价学生的学习结果，还利用学生档案的形式评价了学生的学习过程；不仅仅做到了定性评价和定量评价相结合，更做到了形成性评价对总结性评价的总结和补充；另外，网络移动自主课堂还注重以学生的自评和互评相结合的方式对学生进行评价，不仅仅让学生知道自己有哪些方面做得不足，还可以请同学对自己进行监督和评价，这样，学生能够随时看到自己的不足，也能够随时地根据评价内容来调整自己努力的方向。

参考文献

[1] 吴江萍 ."引导—激发—创新"教学模式构建与实践——湖南大学女生形体课教学模式实践研究 [D]. 湖南师范大学 [2023-07-26].

[2] 赵晓明 . 工科院校艺术设计专业创新教学模式研究 [D]. 东北师范大学 [2023-07-26].

[3] 雷蕾 . 面向教学创新的学校数字化教学资源建设实践研究 [D]. 华中师范大学 ,2018.DOI:CNKI:CDMD:2.1018.243570.

[4] 张桂清 . 学习方式的变革与创新 [D]. 聊城大学 ,2006.

[5] 周莎 . 财务管理课程"三维立体式"教学模式创新与实践 [D]. 2020.

[6] 欧阳泓杰 . 面向创新创业能力培养的高校实践教学体系研究 [D]. 华中师范大学 [2023-07-26].

[7] 戴莉莉 ."三层次一体化"在机械设计实践教学中的应用与研究 [D]. 南昌大学 ,2009.

[8] 赵月望 , 李传义 . 高等职业教育教学改革创新与实践 [M]. 重庆大学出版社 ,2011.

[9] 俞冬伟 . 我们在实践中：教学改革创新案例 [M]. 高等教育出版社 ,2012.

[10] 赵有生 , 赵宏宇 . 高等职业教育创新与实践——长春职业技术学院教学改革之路 [M]. 清华大学出版社 ,2016.

[11] 王彦春 , 王红 . 高校教学改革与实践创新 [M]. 天津社会科学院出版社 ,2014.

[12] 高爱芳 . 高职德育教学改革的实践与创新 [M]. 山西经济出版社 ,2011.

[13] 朱敏 . 理工类创新人才培养探索与实践 [M]. 四川大学出版社 ,2010.

[14] 北京市教育委员会组织编写 . 高校教学模式创新的理论与实践 [M]. 人民出版社 ,2015.

[15] 尹庆民. 应用型高校教育改革与教学实践创新 [M]. 知识产权出版社,2012.

[16] 韩海荣. 改革·创新·发展 教学改革与实践论文选编 [M]. 中国林业出版社,2008.

[17] 周建松, 盛健. 高等职业教育教学创新与实践成效 [M]. 浙江工商大学出版社,2015.

[18] 李双寿. 工程实践和创新教学 -- 改革与发展 [M]. 清华大学出版社,2016.

[19] 周春林. 孜孜以求 创新实践：南京师范大学实践教学改革与实验室管理探索 [M]. 南京师范大学出版社,2003.

[20] 尹庆民. 应用型高校全员育人教育改革与教学实践创新 [M]. 知识产权出版社,2011.

[21] 王晨晖. 高职院校电气自动化专业实践创新教学改革研究 [J]. 中国科技经济新闻数据库 教育,2023(4):4.

[22] 李慧. CDIO 教育模式下实践教学体系的创新与改革 [J]. 中文科技期刊数据库(全文版)教育科学,2023(4):4.

[23] 石磊娜. CDIO 理念下实践教学课程模式改革创新研究 [J]. 商情,2023(9):5.

[24] 陈玮, 唐杰, 王晓芳, 等. 突出创新创业能力培养的实践教学改革研究 [J]. 中文科技期刊数据库(引文版)教育科学,2023(5):3.

[25] 沈萍, 刘莉. 高职土木工程类专业实践教学改革与创新措施探究 [J]. 中国科技期刊数据库 科研,2023(3):4.

[26] 李睿. 新媒体时代高校英语教学改革创新与实践——评《计算机网络视角下的英语教学探究》[J]. 中国教育学刊,2023(2):1.